中国著名帝王

武则天传

夏红梅◎编著

煤炭工业出版社

·北京·

图书在版编目（CIP）数据

武则天传 / 夏红梅编著.– –北京：煤炭工业出版

社，2018

（中国著名帝王）

ISBN 978 – 7 – 5020– 6123 – 4

Ⅰ.①武…　Ⅱ.①夏…　Ⅲ.①武则天（624–705）—

传记　Ⅳ.①K827=421

中国版本图书馆CIP数据核字（2017）第233759号

武则天传（中国著名帝王）

编　　著	夏红梅
责任编辑	马明仁
编　　辑	郭浩亮
封面设计	盛世博悦

出版发行　煤炭工业出版社（北京市朝阳区芍药居35号　100029）
电　　话　010-84657898（总编室）　010-84657880（读者服务部）
网　　址　www.cciph.com.cn
印　　刷　永清县晔盛亚胶印有限公司
经　　销　全国新华书店
开　　本　710mm×1000mm¹/₁₆　印张　20　字数　300千字
版　　次　2018年9月第1版　　2018年9月第1次印刷
社内编号　9003　　　　　　　定价　39.80元

目录

第一章　雏凤降世

不寻常的家世

武则天的父亲名叫武士彟，并州文水（今山西文水县）人。武家先祖居住在安徽宿县。六代祖武洽，是魏国的平北将军、五兵尚书，被封为晋阳公，因此徙家于北国文水。五代祖武神龟，曾当过国子祭酒。高祖武克己，官至本州大中正、越王长史。曾祖武居常，是北齐镇远将军。祖父武俭，为后周永昌王咨议参军。父亲武华，为隋东郡丞。虽然也算得个官宦人家，但几代无名人。武士彟则以经商为主。所以，就家世而论，武士彟只是个庶族子弟。

但是，武则天的母亲杨氏却出自门阀士族。杨氏世居弘农（今河南灵宝北）。六代祖杨铉，系燕北平郡守。五代祖杨兴，为后魏新平郡守。高祖杨国，后魏中散大夫。曾祖杨定，后魏都督，新兴、太原二郡太守、并州刺史，封晋昌穆侯。祖父杨绍，后魏征西将军、金紫光禄大夫兼通直散骑常侍、骠骑大将军、北周开府仪同三司、晋位大将军、封傥城郡公。父亲杨达，隋雍州牧司空观王士雄、道抚二州刺史邢国公士贵之弟，北周同内史下大夫，封遂宁县男；隋开府仪同三司、黄门侍郎、吏部刑部二侍郎、尚书左右丞、越鄯二州刺史、纳言，死后赠吏部尚书、始安侯。不仅世有达官，而且是杨隋皇室的亲戚，所以门第相当显赫，无疑是士族中的高门。

按照魏晋以来的门阀制度，士族和庶族之间是不能通婚的。武士彟与杨氏之所以能够结为夫妻，与南北朝后期士族制度的松弛有关，但这不是主要的。主要的原因是隋末农民战争沉重地打击了门阀士族制度，改变了武士彟的地位。

隋末农民战争是由于隋炀帝的残暴统治而引起的。隋炀帝曾经是一位励精图治的皇帝，但为时不久，却变得昏庸腐朽，奢侈荒淫。营建离宫，三征

李渊像

高丽，游幸江都，劳役百姓，弄得民不聊生，天下离心。大业七年（611），王薄在山东长白山登高一呼，各地饥民纷纷响应，到处燃起了起义的烽火。

后来，逐渐形成三股巨大的力量：李密激战于中原，窦建德鏖兵于河北，杜伏威驰骋于江淮。杀得士族社会，落花流水；杨隋统治，摇摇欲坠。在这种情况下，一些官僚缙绅也相继反隋；李渊就是其中的一个。李渊是隋炀帝的近亲，老谋深算，智勇兼备。大业十二年（616），炀帝南巡江都（今江苏扬州），命李渊安抚太原（今山西太原市）。李渊见天下大乱，就在其子李世民等人的帮助下，暗地里秣马厉兵，准备争夺天下。也就是在这个时候，李渊认识了武士彟。

在此之前，武士彟一直不大得志。年轻时，以贩卖木材为业，并因此大富。但他不满足于做一个商人，还想跻身仕途，光宗耀祖。仁寿（601—604），在汉王杨谅的引荐下，认识了司空杨雄、左仆射杨素和吏部尚书牛弘等，但因不久隋文帝死去而未能入仕。大业七年，他开始研究兵法，写成《古今典要》三十卷。后又参加过讨伐农民义军杨玄感的战争，被封为晋阳宫留守司铠参军。与李渊相识之后，李渊"虚心结契，握手推诚"；武士彟十分高兴，以为遇到了知己，便倾心相从。李渊曾多次前往河西镇压历山飞领导的农民起义，途经文水，就住在武士彟家中。

义宁元年（617），李渊当上了太原留守。这时农民起义的烽火越烧越旺，隋王朝的统治江河日下，武士彟暗中劝李渊举兵，并送兵书及符瑞。李渊大喜，说："你别多说了，兵书和一些东西先保存着，将来用得着。我知道你的好意了，如果大事成功，将来咱们一同享受富贵。"随即大量招募勇士，令刘弘基、长孙顺德等分别统率。副留守王威、高君雅疑其有诈，对武士彟说："刘弘基之流都是征高丽时的逃兵，罪行严重，我想把他们抓起来审问，你看如何？"武士彟竭力袒护李渊，回答说：他们都是李留守的贵客，如果贸然抓人，恐怕不大妥当。王威等人听言，只好作罢。李渊又令武士彟伏兵晋阳宫东门，以防不测。留守司兵田德平知道此事后，准备上告王威。武士彟晓以利害，制止了他的行动。

同年五月，李渊借故杀掉王威和高君雅，打起了反隋的旗号。武士彟被任命为中郎将兼司铠参军，主要掌管军帐兵器。一切准备就绪之后，李渊乘农民军与隋军主力决战之机，向关中进发。一路上，武士彟频立汗马之劳，李渊也不吝赏赐。攻破吕州后，授武右光禄。平定霍邑（今山西霍县）后，拜武寿阳县开国公。攻下长安后，迁光禄大夫，赐宅一区，钱三百万，绸五千段。及李渊居大丞相之位，武士彟又被任命为礼部侍郎、黄门侍郎，改封义原郡开国公，增食邑至一千户，赐良马二百匹、粟二千石。

义宁二年（618）三月，隋炀帝在江都绝望之际被宇文化及等人杀死。五月，李渊自立为帝，建立唐朝。宴庆之余，论功行赏，武士彟被列为二等功臣，恕一死，拜上柱国金紫光禄大夫、散骑常侍兼检校并钺将军，赐田三百顷、奴婢三百人、彩物二万段、黄金五百斤，别食实封五百户。

武德三年（620），武士彟在原有职务的基础上，又加工部尚书，修令典，振纲纪，十分称职。李渊很高兴，晋封武应国公，加实封八百户。武士彟"固辞不受"，李渊乃封其兄司农卿武士棱为宣城县公；行台左丞武士逸为六安县公，使武家一门三公。此后，武士彟又担任了检校右厢宿卫，判六尚书事等重要职务。

这样，武士彟便居官显赫，飞黄腾达，由文水的木材商，变成了长安的新贵族。

从政治、经济方面来讲，武士彟这几年是很得意的。但是，在家庭问题上，却有许多不幸。起初，他与汾阳相里氏结婚，生了四个儿子。在他当并钺将军的时候，有两个儿子病死了。一年后，相里氏也因病身亡。这对他是个沉重的打击。然而他并没有因此而消沉，仍一如既往，尽忠皇上。据说儿子病夭，无暇过问；妻子危笃，也不去看，唯哀悼而已。李渊知道后，深受感动，当即下敕，说："此人忠节有余。去年儿夭，今日妇亡，相去非遥，未尝言及。遗身徇国，举无与比。"给予高度评价。随后亲自给武士彟选夫人，并选中了杨氏。

杨氏自幼聪敏，不学针线女红，轻视纺绩织布；明诗习礼，阅史披图。据说写过一句箴言："当使恶无闻于九族，善有布于四方"，并藏之壁中。后来翻修房子，被工匠发现，交给其父杨达。杨达感叹不已，认为杨氏是"隆家之女"。后杨达跟隋炀帝征高丽，死于道中。杨氏从佛尽孝，为其父诵经追福。光阴荏苒，青春易逝。十几年时间过去了，已是半老徐娘的杨氏仍然顶礼佛门，不曾出嫁。

唐高祖李渊认为杨氏嫁武士彟比较合适，就告诉武士彟："隋纳言遂宁公杨达，才为英杰，地则膏腴。今有女贤明，可以辅德。你们如能结合，那再好不过了。"并亲当婚主，官供所需，为他们举行了隆重的婚礼。时在武德五年（622）前后，武士彟约四十六岁，杨氏约四十四岁。

文水武则天庙

武士彟与杨氏婚后生的第一个孩子，是后来嫁给贺兰越石的韩国夫人，武则天是他们的第二个"千金"。

武则天的故乡在山西文水县南徐村。武德七年（624），武则天出生时，武士彟在京城长安（今西安市），任工部尚书、判六尚书事等职。杨氏也一直陪伴在丈夫身边，不曾出远门。而武德八年以后，由于武士彟奉命到外地任职，杨氏也就带着两个女儿，跟随丈夫一起离开了繁华的长安城。

不安宁的童年

〔去扬州〕　武则天诞生之日，正值唐王朝勃兴之时。河南、河北、江淮等地的农民起义先后被镇压了，薛举、李轨、刘武周等割据势力也相继败亡。摆在唐朝统治者面前的任务是如何医治战争的创伤，维护封建王朝的统治。为此，唐高祖李渊采取了不少措施：一方面，健全各种规章制度，保证国家机器正常运转；另一方面，注意选贤任能，加强对中央，特别是对地方的控制。作为李渊的一个比较信赖的官员，武士彟也尽了自己最大的努力。

武德八年年末，扬州（今江苏扬州市）有人诬告扬州都督赵郡王李孝恭谋反。李孝恭是李渊的堂侄，在建唐过程中颇有战功：破朱粲，灭萧铣，镇压辅公祐，威名赫赫。李渊听说李孝恭谋反，立即将他召进京来，付狱审察。同时，任命堂弟襄邑王李神符为扬州大都督，以武士彟为都督府长史。于是，武则天跟随父亲来到扬州。

扬州位于长江下游，气候宜人，风景秀美。但隋末以来，战火连年：大业十二年（616），隋炀帝带着大批禁军逃到扬州。武德元年（618），扬州落入隋御卫将军陈棱之手。二年九月，李子通领导的农民军攻入扬州。不久，杜伏威的大将辅公祐、阚棱等打败了李子通。五年，杜伏威在降唐之后，进京做官。六年，辅公祐再次举兵。

唐高祖遣赵郡王李孝恭等南征扬州。七年三月，双方决

扬州文峰塔

战于芜湖，辅公祐兵败被杀。至此，扬州才真正归属于唐廷。李渊遂拜李孝恭为东南道行台（治南兖州，即扬州）右仆射，李靖为兵部尚书。后来，废行台，以李孝恭为扬州大都督，李靖为都督府长史。不久，李靖奉命征讨东突厥，扬州只剩下李孝恭。李孝恭本应忠于朝廷，恢复生产。但他却是拥兵自重，耀武扬威，筑宅享乐，不顾百姓死活。所以，当武士彟一行到达扬州时，这里仍然是饿殍遍野，满目疮痍。

按照唐制：大都督由亲王兼任，一般遥领而不亲临其境；大都督府之政，由长史主持。但襄邑王李神符与赵郡王李孝恭一样，不是遥领，而是亲临。不过，只是挂个名儿，并不管事。因此，府内的一切政务，都要武士彟处理。

面对扬州的具体情况，武士彟软硬兼施，招抚、镇压不安定分子，"抚之以诚恕，经之以权略。"结果"降北海之渠，未逾期月；尽南山之盗，讵假旬时"，很快就稳定了形势。

接着，他又移动州治，以加强控制能力。历史上扬州治所屡有迁徙。武德二年，李子通进占江都，唐政府侨置扬州于丹阳（今南京市）。杜伏威投降，击破李子通后，唐政府以江都为南兖州，扬州依然侨置丹阳。辅公祐再度起兵时，移江北百姓于江南，拆毁江都。李孝恭镇压辅公祐后，改南兖州为邗州。扬州仍在江南，起不到应有的作用。

武则天像

有鉴于此，武士彟修整邗州而去其名，把扬州治所又从丹阳迁到了江都，并且不到一个月就完成了迁徙。从此，扬州治所便固定下来，直到唐朝结束，也没有再迁徙。此外，武士彟还鼓励开辟田畴，促进了农业生产的恢复和商业贸易的初步繁荣。因此，扬州百姓对武士彟很有好感，数月之间，就得到许多称赞。

起初，唐高祖派遣武士彟时，让他半年复命。到时间后，武士彟准备回京，但扬州人联合赴京上表，请求他再留一年。唐高祖同意了他们的请求，武士彟继续供职扬州。繁华的扬州，显得很平静。

但是，这时远距扬州的京师却风云突变，统治集团内部的明争暗斗愈演愈烈，终于导致了一场残酷的厮杀，那就是"玄武门之变"。当时，武士彟和他不满三岁的女儿武则天，还不知道事变的真相。

所谓"玄武门之变"，就是李渊的儿子们为争夺皇太子之位而相互残杀的事件。

李渊的皇后窦氏生有四个儿子。老大建成，老二世民，老三元霸，老四元吉。老三早夭，李渊称帝时还有三个。按照传统的宗法制度，立嫡以长，李建成当上了皇太子。但是，从晋阳起兵到虎牢之战，秦王李世民的功绩远远超过了李建成；齐王李元吉虽然战功不多，但野心却不小，也梦想着做太子。因李元吉势单力薄，便与李建成结党，共同对抗李世民。李渊称帝初期，兄弟之间的矛盾还不甚明显。

可是唐王朝的统治一旦有所巩固之后，兄弟之间便明争暗斗，相互倾轧。在此期间，李渊开始有意以李世民代替李建成为太子，这样就促使建成与元吉加紧结合；随后李渊又改变主意，并且偏袒建成，反而促使李世民紧急做应变准备。李建成企图先发制人，因有人向李世民告密，结果阴谋败露；李世民暗中箭拔弩张，表面却装出不忍骨肉相残的模样。

武德九年六月四日（626年7月2日），李世民设下圈套，率领心腹长孙无忌、尉迟敬德等人，伏兵于玄武门。当李建成、李元吉入朝经过时，遭到了突然袭击。李建成中箭身亡，李元吉也被杀死。就这样，李世民踩过兄弟的尸体，当上了皇太子，并受命处理军国庶事。

〔去豫州〕 李世民当上皇太子，开始处理国政后，为笼络元老功臣，巩固自己的地位，将武士彟召回京师，授使持节豫、息、舒、道等四州诸军事、豫州都督。于是，武则天又随父到达豫州（今河南汝南）。一个多月以后，李渊被遵奉为太上皇，不理国事。李世民登基，是为唐太宗，改年号为贞观，从而开始了中国历史上著名的"贞观之治"。贞观元年（627）十二月以前，武士彟一直担任豫州都督。武则天在豫州长了一岁。

〔去利州〕贞观元年十二月，利州都督李孝常因入朝留京师，与右武卫将军刘德裕及其外甥统军元弘善、监门将军长孙安业互说符命，图谋以宿卫兵发动叛乱，结果被杀。李孝常死后，他的部下在利州很不安定。唐太宗遍访群臣，以为武士彠可以收拾局面，就任命他为利、隆、始、静、西、龙等六州诸军事、利州都督。

利州前接关表，后据剑门，自古为兵家必争之地。治所绵谷（今四川广元市），隔嘉陵江与乌龙山相望，山清水秀，颇具巴蜀风景之趣；但远离京师，比较偏僻。武士彠受命之后，带着妻女，踏栈道，越剑阁，于贞观二年年初风尘仆仆地来到绵谷。根据当地的具体情况，武士彠采取宽仁政策，招抚叛亡，赈济贫乏，不久即大见成效，境内逐步安定。唐太宗下制褒美，增封邑五百户，并赐珍物服玩之类，以示恩宠。

武士彠当了四年利州都督，武则天也在利州度过了四个春秋。从五岁到八岁，孩提时代的武则天是多么喜欢这个山清水秀的蜀乡啊！她喜爱蜀乡，蜀乡的人们也喜爱她。后来利州一带产生的关于武则天的许多传说，如“武则天坝”“天后梳洗楼”等就说明了这一点。“江潭感孕”和“袁天纲相面”也是两个比较重要的传说。

江潭感孕，是说有一天武士彠之妻杨氏在州治附近的黑龙潭里荡舟自娱，突然她感到潭龙来到她身边，回家后就有了身孕，生下了武则天。感龙而孕，在今人看来是不可思议的，但古人却不这样认为。武则天后来当了皇帝，他们对这种情况无法解释。在他们的脑海里装的是简狄吞玄鸟之卵以生夏契，姜嫄践巨人之迹而诞周稷。龙种当然与平常人不一样啦，既然武则天当过真龙天子，那必然与龙有关。她母亲来过利州，利州又有黑龙潭。这样，利州出现江潭感孕的说法并代代相传就不奇怪了。

袁天纲相面，说的是袁天纲给武则天相面的事。武士彠当利州都督时，相面专家袁天纲受召进京，途经利州，见到武士彠夫妇。袁给杨氏看了脉相，说：“夫人当生贵子。”武士彠把儿女叫来，让袁细看。袁天纲先看了元庆和元爽，说：官至刺史，但不得善终。接着看武则天的姐姐，说：将大富大贵，但不利其夫。时武则天甚小，尚在襁褓之中，穿着男孩服装。袁天纲见而大惊，预言：此郎君龙睛凤颈，长相非凡，是贵人中最尊贵的；若是女子，日后将成为天下之主。这一传说流传甚广，似乎确有其事。然而仔细

皇泽寺

考察，实际不然。袁天纲确是当时有名的术士，但最早反映袁氏事迹的专著《袁天纲外传》和《定命录》中并没有提到给武则天相面的事。因此，有人对这一传说表示怀疑，不是没有道理的。

〔去荆州〕　武则天八岁那年，也就是贞观五年（631），武士彟改任荆、峡、澧、朗、岳、果、松等七州诸军事、荆州都督。贞观六年春，武士彟全家又来到了荆州（今湖北江陵）。

荆州地处长江中游，"东连吴会，西通巴蜀，利尽南海，北据汉沔"，属长江重镇，"人多剽悍"，号称难治。武士彟到任后，严惩贪残，省刑约法，传播"礼义"，劝课农桑。据说贞观六年大旱，武士彟亲往长沙寺，迎阿育王像，祈雨行道七日，果然老天睁眼，大降甘露。天降瑞雨，并不是由于武士彟的虔诚，也不是由于阿育王的法力。但武士彟能在大旱伤稼之际祈雨七日，在当时是甚得民心的。由于武士彟勤恳为官，治理得当，因而取得了不少的政绩。唐太宗特下诏书褒奖："公比洁冬水，方思春日。奸吏豪右，畏威怀惠。善政所暨，祥祉屡臻。白狼见于郊垌，嘉禾生于垅亩。其感应如此。"

江陵荆州古城

在武士彟担任荆州都督期间，武则天母女表现得非常活跃。后来，甚至在靠近南海北部湾的钦州，都有关于他们的传说，并予以纪念。宋人记载："广右人言武后母本钦州人。今皆祀武后也。冠帔巍然，众人环坐。所在神祠，无不以武为尊。巫者招神，和曰武太后娘娘，俗曰武婆婆也。"

〔回并州〕 贞观九年（635）五月，太上皇李渊谢世。武士彟在荆州哀悼成疾，呕血而死。当时，武则天只有十二岁。

武士彟的灵柩在长沙大崇福观里放了七个月。唐太宗认为武士彟是忠孝之士，并追赠礼部尚书，令官办丧事。贞观九年十二月，武则天兄妹护送着武士彟的灵车，长途跋涉，回到并州（治所晋阳，在今山西太原市西南）故里，在并州大都督英国公李勣的监护下埋葬了他们的父亲。

从此，武则天一家开始了孤儿寡母的悲凉生活。

武则天在童年时代，一直随父母奔波，几乎游遍了小半个中国。扬州的烟花，豫州的绿野，利州的山水，荆州的竞帆，并州的飞雁，都在她的脑海里留下了深刻的印象，陶冶了她的情操，培养了她的气魄，这是同时代的同龄人很少享受的际遇。

武士彟夫妇与武则天朝夕相处。士彟为人忠厚，性情开朗，通晓兵法，懂得为官之道；杨氏笃信佛教，富有个性，熟悉经史，能写善画。这无疑会对武则天产生潜移默化的影响。此外，武士彟曾经做过商人，杨氏未曾生男，传统观念较少，不甚重男轻女。因此给武则天传授文化知识也是情理中的事，这在同龄人中也是不多见的。

由于缺乏记载，后人无法弄清武则天童年都干了些什么。但从现有材料推断，她不像普通官僚的女儿那样深居闺房，学做家务之事，而是比较"开放"，阅读过文史书籍，学习过书画、音乐、舞蹈，等等。

武则天的童年，就是在这样的时代、这样的家庭环境里度过的。她经历过唐初的风云，跟随父母身旁，由一名天真无邪的孩童，成长为一位亭亭玉立的少女。历史将为她安排怎样的命运，当时她连想都不曾想过。

顺陵石走狮

第二章　初次进宫

入宫受封

贞观十一年（637），杨氏带着武则天姊妹离开了山西文水。本来，按照传统的习惯，杨氏母子要为武士彟守孝三年。但是，武士彟的冢土未干，其元配夫人相里氏所生二子就对杨氏母女百般刁难，武士让的儿子维良、怀运也欺负他们。杨氏感到无法在文水待下去了，便决定返回长安，投靠亲戚。当时武则天已是十四岁的姑娘。

杨氏到达长安后，武士彟的同僚故旧，相继前来探望。安慰之余，他们发现武则天长得很美。

武则天美在哪里？史书上没有明确记载。文水武则天庙原有她的塑像，今已不存。唐代的许多寺观里也有她的石像"真容"，但开元以后逐渐损坏，到清朝末期，只剩下广元皇泽寺中的一尊，今也面目全非。唐宋时代的画家，曾给她画过几幅图像，但流传到今天的只有唐张萱的《唐后行从图》和明刻本《历代古人像赞》《君臣图鉴》《三才图绘》《历代帝后像》等作品中的画面。多凭想象构图，且都描绘的是武则天中年时期的形象，很难从中了解她年轻时的相貌。

不过，据史书记载，武则天认为太平公主像她。太平公主"方额广颐"，

唐太宗像

武则天肯定也是如此。方额广颐，说明五官端正丰满。五官端正丰满，一般身段协调健美。这是唐代美人的基本模样。若仅仅如此，武则天也只不过是一个普普通通的美人而已。事实上，武则天有她特殊的地方。唐人崔融说武则天"奇相月偃"，可见她生得眉清目秀。袁天纲相面的故事中也说武则天"日角龙颜""龙目凤颈"，是"伏曦之相"。虽然这个故事是编造的，但当时社会上一些寺庵里还有武则天"真容"，恐怕长相问题上不致妄诬。由此看来，武则天还有一双迷人的眼睛。

就在武则天十四岁这一年，唐太宗听说她花枝招展，长得非常漂亮，且能披史阅图，知书达礼，便下了一道诏书，要武则天进宫去给他当才人。

"才人"是内官名称之一，属妃嫔中的一个等级。唐沿隋制，除皇后外，宫中还置有众多的妃嫔。其中贵妃、淑妃、德妃、贤妃各一人，正一品；昭仪、昭容、昭媛、修仪、修容、修媛、充仪、充容、充媛各一人，正二品；婕妤九人，正三品；美人九人，正四品；才人九人，正五品；宝林二十七人，正六品；御女二十七人，正七品；采女二十七人，正八品。才人的地位在妃嫔中算个中等偏下，其职责是记录妃嫔们的饮宴睡寝和蚕桑之事，向皇帝叙述她们一年中的收获情况。相对而言，这种内职是比较重要的。唐太宗直接封武则天为五品才人，是挺看重她的。

杨氏得知皇上要召自己的女儿武则天入宫，悲喜交集。喜的是，没想到她这个寡妇居然成了皇戚；悲的是，不知女儿此去命运如何，何时才能再相见。武则天起程之日，杨氏哭得很伤心。武则天却泰然自若，对母亲说："见皇上难说就不会是件幸福的事，还有什么可悲伤的呢。"杨氏觉得言之有理，就不再哭泣，亲自将她送出了家门。

迷倒父子

长安城里的皇宫，宏伟壮丽。以前，武则天只是从远处瞧瞧；而今进了皇宫，觉得一切很新鲜。入宫不久，她见到了唐太宗。太宗看她如花似玉，妩媚可爱，特意赐予一个名号，叫作"武媚"，人称"武媚娘"。从此，武则天带着"武媚娘"的美誉，开始了她的宫廷生涯。

由于职责的关系，武则天常常可以见到唐太宗。与当时的其他妃嫔一

样，武则天很想在皇帝面前表现自己。据说有一次，唐太宗在宫女们的簇拥下去看驯马。那马是西域的贡品，名叫"狮子骢"，性情刚烈，高大肥逸，谁也不能调教驾驭。武则天看到这种情况，便对唐太宗说道："妾能制之，然须三物：一铁鞭，二铁挝，三匕首。铁鞭击之不服，则以挝挝其首，又不服，则以匕首断其喉。"唐太宗闻言，对她的气魄表示称赞。

但不知为什么，她却没有得到唐太宗的宠幸。也许是因为唐太宗这位一代英主，只喜爱像长孙皇后、徐贤妃那样温柔的女性，而武则天的个性过于刚烈的缘故。就这样，日复一日，年复一年，十多个春秋过去了，不少妃嫔都有所晋升，而她仍然是一个普普通通的才人，过着寂寞无聊的生活。这对她来说，当然是很失意的事。

但是，在此期间，她也学到了不少新东西，在学识方面比以前有了较大的长进。

首先，她接受了严格的宫廷教育。按照唐制：妃嫔不仅要跟皇后等学妇礼、四德、祭祀、宾容，而且还要跟宫教博士学书算众艺。由于长孙皇后病故，唐太宗没有再立皇后，所以，武则天进宫后没有受到皇后的约束，除尽到自己的职责外，就同众妃嫔一起学习礼乐，特别是诗歌和书法。在这一过程中，她进一步熟悉了上流社会，提高了自己的文化和礼仪素养。

其次，她自觉不自觉地受到了唐太宗的影响。唐太宗以亡隋为鉴，知人善任，从谏如流，励精图治，是封建帝王的楷模。在他统治期间，政治清明，经济发展，社会安定，国力强盛，这是尽人皆知的事实。作为唐太宗的才人，武则天虽然没有干预政事的权力，但对此一定是很清楚的。很难想象，一个多年生活在皇帝身边的妃嫔对皇帝一无所知。可以推断，在唐太宗的熏陶下，武则天的阅历逐渐增加。

再次，她基本上弄清了宫廷生活的内幕。长期的才人生活使她深深感到，皇宫并不是每个人的天堂。这里有承欢粉黛的笑颜，也有皓首宫娥的辛酸。表面上，妃嫔举止，彬彬有礼；实际上，争风邀宠，矛盾重重。尔虞我诈，不进则退。从这里，她得到了许多有益的经验和教训。

唐太宗晚年，猜疑大臣。史载，贞观十九年（645），宰相刘洎因为说了一句"圣体患痛，极可忧惧"的话，被褚遂良诬告，唐太宗就令他自尽。二十年（646），另一宰相张亮又因"有义儿五百"，被太宗以谋反罪杀掉。

这在当时都是重大事件，武则天不会不知。她进一步懂得，政治斗争不比花前月下散步。于是，她逐渐丢掉了天真和稚气，变得成熟起来，开始为自己的前途担忧。

贞观末年，唐太宗的身体越来越坏，病情日甚一日。武则天与其他妃嫔轮番入侍。日子久了，同经常前来看望太宗的皇太子李治渐渐混熟。

李治字雉奴，是唐太宗的第九个儿子，在长孙皇后所生诸子中排行第三。贞观二年（628）

唐高宗画像

六月生于东宫之丽正殿，比武则天小四岁。本来，他是当不上皇太子的。他的大哥李承乾是皇太子的法定人选，且于武德九年（626）十月得到了太子地位。此人小时比较聪明，颇得太宗宠爱。但当上太子以后，"每临朝视事，必言忠孝之道，退朝后便与群小亵狎"。太宗知道后，心中不悦，加之李承乾又有足疾，太宗更不高兴，便开始偏爱魏王李泰。李泰是长孙皇后第二子，颖悟博学，曾组织学者写成《括地志》一书。

李泰见李承乾失德如此，太宗偏爱自己，便有夺嫡之志。于是二人拉帮结派，明争暗斗，关系十分紧张。为了保住皇太子地位，进而登上皇帝宝座，李承乾在汉王元昌和宰相侯君集等人的支持下索性谋反。同谋者皆割臂，以帛拭血，誓同生死，企图率兵攻入太极宫。贞观十七年（643）四月，李承乾阴谋败露。太宗杀掉汉王元昌等人，将李承乾废为庶人。李泰以为时机已到，在太宗面前倍献殷勤。太宗当面应允立他为太子，大臣岑文本等人也表示支持。但是，长孙无忌却坚决反对，他请求立晋王李治为太子。

李泰怕太宗改变主意，便暗中威胁李治，说："汝与元昌善，元昌今败，得无忧乎？"意思是说，不要与我争，不然，后果不堪设想。李治听后，忧形于色。唐太宗见了奇怪，多次问其原因。于是李治将真情说了一

遍。太宗恍然大悟：立泰，承乾与治皆不得全；立治，则承乾与泰皆安。遂决定立晋王李治为太子。

为了立李治为太子，唐太宗还演了一出滑稽戏：一天，太宗罢朝，群臣退出，只让长孙无忌、房玄龄、李勣、褚遂良留下，对他们说：朕弟元昌和儿子承乾不忠不孝，实在令人寒心。话音刚落，便一头栽倒于床上。无忌等人大惊失色，急忙上前扶抱。刚扶起来，太宗又抽出佩刀，做出准备自杀的架势。褚遂良一看不好，将刀夺下，交给李治。无忌等人问太宗何以如此。太宗说："我欲立晋王。"无忌说："谨奉诏，有异议者臣请斩之！"就这样，李治才当上了皇太子。

李治当上皇太子以后，唐太宗给他配备了一批得力的僚属。以当朝宰相长孙无忌为太子太师，房玄龄为太子太傅，萧瑀为太子太保。以李勣为太子詹事兼太子左卫率，李大亮为太子右卫率。以于志宁、马周为太子左庶子，苏勖、高季辅为太子右庶子。以张行成为太子少詹事，褚遂良为太子宾客。让这些元老重臣都来辅佐太子李治。

鉴于李承乾堕落的教训，唐太宗十分注意对李治的教育，"见其饭，则曰：'汝知稼穑之艰难，则常有斯饭矣。'见其乘马，则曰：'汝知其劳逸，不竭其力，则常得乘之矣。'见其乘舟，则曰：'水所以载舟，亦所以覆舟。民犹水也，君犹舟也。'见其息于木下，则曰：'木从绳则直，后从

步辇图

16

谏则圣。'"

而且，自己处理朝政时，常令李治站在一旁观看，或发表意见。还专门给李治写了一本书，名叫《帝范》，从君体、建亲、求贤、审官、纳谏、去谗、戒盈、崇俭、赏罚、务农、阅武、崇文等十二个方面总结自己的统治经验，以供李治学习。同时，故意让他参决朝政，锻炼实际临朝的能力。

李治有一个特点，就是忠孝老实。贞观二十年，唐太宗病重，诏军国大事，并委李治处决。李治在听政之余，入侍药膳，不离左右。太宗让他玩一会儿，他也不肯。太宗极为感动，便在自己的寝殿旁设置"别院"，供李治居住。也就是在这个时候，李治认识了武则天。

武则天与太子李治在名义上是母子关系。按照封建伦理道德，他们之间绝对不能有什么越轨的行为。但事实上，唐初皇族的伦理观念比较淡薄，男女之间的禁忌也比较松弛。出于独特的审美观念，李治被武媚娘的美丽吸引住了。而武则天在受多年冷落之后，也从李治这位未来的皇帝身上看到了一线希望。

于是，他们之间逐渐产生了爱情。后来李治在一个诏书中写道："朕昔在储贰，特荷先慈，常得侍从，弗离朝夕。宫壶之内，恒自饬躬，嫔嫱之间，未尝连目。圣情鉴悉，每垂赏叹，遂以武氏赐朕，事同政君。"意思是说，他在当太子的时候，深得太宗喜爱，常常待在太宗身边。妃嫔往来，他连看也不看。太宗对此十分赞赏，就把武媚娘赐予了他。这件事就同汉宣帝给皇太子选王政君一样，"常得侍从"，确系事实；"未尝连目"，则文饰之词。至于说唐太宗把武则天赐予了他，恐怕完全是他编造出来的谎话。

史书上记载着这样一件事：贞观二十二年（648）七月，太白星多次白天出现，太史对此进行占卜，得出了"女主昌"的结论。与此同时，民间流传着一种《秘记》，上面也说："唐三世之后，女主武王代有天下。"唐太宗听到这些消息，心里非常烦恼，但他不相信有哪位女子会成为取代李氏天下的一国之君。不久，太宗在宫中与武将们宴饮。行酒令时，让各自说出自己的小名。

左武卫将军武连县公武安县人李君羡，说他的小名叫五娘。太宗不由一愣，佯装笑脸，说道：哪来的女子，这般勇健！罢宴之后，太宗想，李君羡的官称和封邑上都有"武"字，小名又叫五娘，说不定就是那位要夺大唐江

第二章 初次进宫

17

山的"女子"。于是，下令把他贬出京城去当华州刺史。几天以后，便把他杀掉了。

李君羡死后，太宗问太史令李淳风："《秘记》所云，信有之乎？"李淳风答道："臣仰稽天象，俯察历数，其人已在陛下宫中，为亲属，自今不过三十年，当王天下，杀唐子孙殆尽，其兆即成矣。"太宗又问："疑似者尽杀之，何如？"答曰："天之所命，人不能违也。王者不死，徒多杀无辜。且自今以往三十年，其人已老，庶几颇有慈心，为祸或浅。今借使得而杀之，天或生壮者肆其怨毒，恐陛下子孙，无遗类矣！"。唐太宗这才罢手。由此看来，似乎武则天在贞观末年还有过一次没有降临的灭顶之灾。

其实，这只不过是稍后史家捏造的故事，根本不可相信。其一，这一记载本身有许多漏洞。如太白昼见则"女主昌"，这是谶书早已讲过的。当时思想统治甚严，民间怎么会流传此类《秘记》。其二，唐太宗如果真的知道武氏会夺取他的江山社稷，难道会因李淳风一言而听天由命？他在与李治的交谈和遗诏中怎么不提此事？其三，如果确有其事，后来高宗要立武则天为皇后时，长孙无忌等人用尽各种办法加以反对，又为什么不拿出那个《秘记》。显然，这一记载是封建史家无法解释武则天紫宸易主的原因而归之于天命的产物。李君羡的确死了，只是他的死因为当时史家所掩盖，而被巧妙地用在这里罢了。

第三章　二度入宫

出家为尼

贞观二十三年（649）五月十六日，唐太宗死于终南山之含风殿。两天以后，太子李治即位于柩前，是为高宗。唐高宗为了给太宗追福，决定将太宗的妃嫔加以剃度，让她们从佛念经。就这样，武则天随众妃到感业寺当了比丘尼。比丘尼又叫苾刍尼、沙弥尼（梵语音译），也就是通常所说的尼姑。自汉明帝同意刘峻之女和洛阳妇阿潘出家之后，中国便有了尼姑。魏晋以后，尼姑渐多，宫嫔出家者也不乏其例。所以，武则天当尼姑并不是什么新鲜事。

感业寺位于长安城朱雀街西崇德坊的西南隅，靠近清明渠。其东侧有太宗别庙。周围地势平坦，林木丛郁。但矮小的佛庐怎能与高大的皇宫相比？对于过惯了优裕生活的妃嫔来说，来到这里，无异进了地狱，不仅是因为这里生活条件较差，而且是因为尼寺里有各种各样的清规戒律。

削了发，受了戒，才算是尼姑。当了尼姑，就要按戒律办事。此外，平时一定要比师父起来得早，听经读经不能有丝毫差错，还要努力克服女人的八十四态。这对武则天等人来说，当然是很不情愿的。

大唐感业寺

尽管武则天一行是唐太宗的妃嫔，感业寺的"师父"不敢在她们面前说长道短，但既然她们是奉了皇帝之命来当尼姑的，就不可能不受尼寺清规戒律的限制。

武则天虽说幼年即受佛教影响，但她性情开朗，当尼姑绝非本愿，因此在感业寺的心情是很沉痛的。佛教的清规禁锢不住她对李治的思念，但她不知道自己还能不能见到高宗。

永徽元年（650）五月二十六日，也就是唐太宗去世一周年的时候，唐高宗举行隆重的祭典仪式，并来感业寺行香。礼毕之后，与武则天相见。

武则天望着唐高宗，似乎满肚子委屈，一时不知从何说起，便一个劲儿地抽泣起来。唐高宗见她这副模样，想起贞观末年的往事，也情不自禁地流下泪来。

此后，高宗常来感业寺与武则天相会。武则天在名义上是比丘尼，实际上已成了唐高宗的妃嫔。唐高宗十分喜爱武则天，但武则天毕竟已成为尼姑。他一时还找不到一个恰当的借口将她接回宫去，只好让她继续在感业寺里居住。

武则天对唐高宗的不忘旧情十分感激，两人的恩爱日益加深。如果唐高宗较长时间不到感业寺去，武则天就相思不已。她曾经给唐高宗写下这样的诗句：

看朱成碧思纷纷，憔悴支离为忆君。

不信比来长下泪，开箱验取石榴裙。

意思是说：我等你、盼你，以至于看朱成碧，形容憔悴。无限的思念使我暗地里不知哭了多少回。如果不相信，请你打开箱子看看我的石榴裙，那上面还有我流下的泪痕。

时来运转

武则天多么希望唐高宗把她接进宫去，但她也知道，像她这样的尼姑，要重入宫阙不大容易。正当她为此忧虑的时候，京师长安发生了两件与政局有关的大事：

首先，武则天在感业寺生了一个男孩，这就是后来的太子李弘。关于李弘的生年，史书记载不一。《旧唐书·孝敬皇帝传》云：上元二年（675），太子弘薨，年二十四。依此逆推，武则天生子于永徽四年（653）。《通鉴》卷二百云：显庆元年（656），"立皇后子代王弘为皇太子，生四年矣。"

《全唐文·孝敬皇帝睿德记》云："年才一岁，立为代王。"《唐会要》卷二："李弘永徽四年正月封代王。"据此，则当以三年出生为是。不过说正月封代王似有误，因同年五月武则天才从感业寺重新入宫。又，永徽六年十一月，许敬宗奏言："永徽爱始，国本未生，权引彗星，越升明两。"彗星指燕王忠。由此可知李忠立为太子时，李弘尚未诞生。燕王忠是永徽三年七月立为太子的，而李弘之生当在七月以后。李弘的降生，无形中抬高了武则天的身价。

其次，王皇后与萧淑妃争风吃醋，矛盾达到了尖锐化的程度。

王皇后是西魏大将王思政的玄孙女。其父母两家都与唐室有一定的血缘关系。唐高宗为晋王时，她在同安公主的推荐下被太宗选为晋王之妃。贞观十七年（643），李治当上皇太子后，她被册为太子妃。高宗即位不久，她又被立为皇后。她是唐太宗心目中的好儿媳，长得也很有姿色，但却不大为高宗喜欢。只是出于对唐太宗的顺从和对长孙无忌等佐命大臣的尊重，才将她立为皇后的。

萧淑妃为何许人，史无明文记载，可见其家世不如王氏。李治当太子时，她被选入东宫，封为良娣。高宗即位，她又被升为淑妃。在当时众多的嫔妃中，她是唐高宗比较喜欢的一个。王皇后不会生儿育女；萧淑妃却儿女双双，从而直接危及王皇后的地位。因此二人钩心斗角，这又引起了唐高宗的不快。

这两件事都为武则天离开感业寺创造了有利的条件。

永徽四年（653）春，王皇后与萧淑妃之间的关系空前紧张。王皇后的命运关系到士族官僚的利益。如果王皇后倒了台，那么，与她相关联的士族利益必然遭受损失。所以他们要想方设法，阻止萧淑妃地位的上升。长孙无忌等人经过一番密谋后认为，燕王忠是高宗长子，而生母卑贱。若立他为太子，一则可以扼断萧淑妃的晋升之路；再则不会影响王皇后的地位。于是联

皇泽寺的洞窟

合上奏，请立燕王。高宗看他们的要求颇为强烈，又迫于立嫡以长的传统观念，便立燕王忠为皇太子。

但是，萧淑妃并不因此而罢休，继续在高宗面前说王皇后的坏话。燕王忠立为太子，萧淑妃受宠如故，使得王皇后更加嫉妒。她也时常在高宗面前说萧淑妃的坏话，但高宗不予理睬，急得她无计可施。忽然，她想起了武则天与唐高宗的关系，以为武则天有子，可以夺萧淑妃之宠，若使她二人相争，则自己必能收渔翁之利，就在同年五月建议高宗把武则天从感业寺接回宫中。而这正是高宗求之不得的好事，当然一拍即成。

于是，武则天奉唐高宗之诏，告别了生活四年之久的感业寺，再一次踏进了皇宫的大门。第二次入宫以后，她被高宗册封为"昭仪"。昭仪，正二品，是妃嫔中较高的一等。当时，武则天已经二十九岁。

第四章 登上皇后之位

杀女争宠

武则天第二次入宫后不久，其子李弘也被册封为代王。这样，她就在妃嫔中有了较高的地位。但她并不自尊自大，相反，总是彬彬有礼，显得和蔼可亲。对于王皇后更是"卑辞屈体"，伺候得十分殷勤。王皇后大喜，以为自己选对了人，便在高宗面前不止一次地说武昭仪是如何如何的好。

唐高宗本来就喜欢武则天，武则天立为昭仪后的表现又十分得体，经王皇后这么一说，越发觉得武则天可爱。这样，萧淑妃就被逐渐冷落了。王皇后见萧氏终于败下阵来，心中有说不出的高兴。可是，她哪里知道，她的"计划"正潜伏着破灭的危机。

萧淑妃是被冷落了，但唐高宗专宠武则天，这是王氏始料所不及的。王皇后看到萧氏失宠之后得宠的不是自己，而是武昭仪时，才恍然大悟。她感到自己有些愚蠢，同时，又对武昭仪产生了仇恨的心理。

萧淑妃也许还不了解王皇后的计划。她眼睁睁地看到，打破自己美梦的是武昭仪这个"不速之客"。她未曾料到，这个从感业寺中迎来的美人，如此得宠，如此富有魅力，竟然轻而易举地取代了自己的地位。因此，发疯般地妒恨武则天，决心拔掉这颗眼中钉。

在这种情况下，王皇后和萧淑妃之间的矛盾缓和了。她们不再彼此攻击，而都将矛头对准了武昭仪，必欲先除之而后快。

武则天对王皇后和萧淑妃的用心十分清楚。以往的经历告诉她：要保住既得利益，就绝不能退让。她必须同王、萧二人进行一番较量，并取得胜利。

这不仅仅是寻常的后妃之间的争风吃醋。武则天与王皇后、萧淑妃争宠，还反映了当时各派政治势力之间的明争暗斗，因而显得十分尖锐。

从当时的具体情况来看，她们三人各有长短：

王皇后出自名门，姿色秀丽，又是太宗亲自选定的儿媳，已为皇后，有许多达官贵人撑腰。但她与唐高宗感情不深，又无子女，且喜妄自尊大，在后宫中比较孤立。

萧淑妃长得漂亮，与高宗感情较深，又生有一男二女。但在朝廷中势力单薄，在后宫中没有威信。

武昭仪不仅生得美丽，聪明巧慧，与高宗感情很深，而且在后宫中威望较高，朝廷中也有一部分支持者。但出身低微，曾经当过唐太宗的才人。

与王皇后、萧淑妃相比，武则天有一个很大的优势，那就是与唐高宗有深厚的感情。但是，王皇后有很大势力，萧淑妃也不好对付。因此，谁胜谁负，就要看谁的手段高明。

王皇后和萧淑妃反对武则天的劲头很足。但她们不能很好地合作，只是各自为战，捏造事实，给武昭仪脸上抹黑。而武昭仪则不然。她一方面无微不至地体贴唐高宗；另一方面，在后宫中拉拢势力，特别是拉拢被王皇后排斥的那些人，"伺后所不敬者，必倾心与相结，所得赏赐分与之"，通过她们掌握王皇后、萧淑妃的一言一行，"后及淑妃动静，昭仪必知之"，然后添枝加叶，告诉高宗。这样，高宗便不信王皇后和萧淑妃而独信武昭仪。史书说："帝终不纳后言，而昭仪宠遇日厚。"

奕棋图

虽然如此，唐高宗还没有马上废掉王皇后的意图。武则天认为，有王皇后在，她自己就不得安宁，更不可能当上皇后。这一劲敌必须扫除。

永徽四年（653）年末，武则天生了一个女孩。唐高宗很喜爱，视为掌上明珠；王皇后无儿无女，也很喜欢。永徽五年初春的一天，王皇后来到武则天的住所，看视胖乎乎的小公主。王皇后一走，武则天就偷偷扼杀了自己的女儿，并给她盖上了被子。

一会儿，唐高宗来了，武则天装出笑脸，走到床前，去抱公主。一揭被子，便惊慌失措，大哭起来。高宗被这突如其来的事弄得摸不着头脑，就问身边的人是怎么回事。得到的回答是：皇后刚来过。高宗大怒，说道：一定是皇后干的。武昭仪见阴谋得逞，又抽泣着把王皇后的罪状诉说了一遍，从而激怒高宗，使他将皇后废立，提上了议事日程。

此事未必完全可靠。但事实上，此事确已拉开废立皇后的序幕。

废立之争

永徽六年（655），唐朝最高统治集团围绕着皇后废立问题的争论形成两大派别。

争论的一方是贞观老臣，以宰相为主，其代表人物是长孙无忌、褚遂良、于志宁、柳奭、韩瑗和来济。

长孙无忌，河南洛阳（今洛阳市）人。祖上本是鲜卑贵族，姓拓跋氏。北魏时战功最多，又为宗室之长，故改姓长孙。高祖稚，西魏太保、冯翊文宣王。曾祖子裕，西魏卫尉卿、平原郡公。祖兕，北周骠骑大将军，开府仪同三司，袭平原公。父晟，隋右骁卫将军。妹即太宗之长孙皇后。家世异常贵盛。

无忌幼时，与秦王李世民关系密切。后参与"玄武门之变"，功居第一，晋封齐国公。贞观年间，屡见宠遇，位至宰辅。在宰相马周等人相继病故后，检校中书令，知尚书、门下事，独揽相权，深得太宗倚重。曾力主以晋王李治为皇太子。太宗死后，他以国舅、太尉、顾命大臣的身份辅佐高宗，地位十分尊崇。

褚遂良，杭州钱塘（今浙江杭州市）人。其先世居住在河南阳翟（今河南禹县），后渡江仕于南朝。高祖湮，梁御史中丞。曾祖蒙，太子中舍人。

祖玠，陈秘书监。父亮，唐初"十八学士"之一，历任通直散骑常侍等职。褚遂良博涉文史，尤工隶书。贞观时日渐重用，官至中书令。太宗临死前，命褚遂良与长孙无忌共同辅助太子，并令遂良草录遗诏。高宗即位，奉遗诏辅政，颇有权势。

于志宁，雍州高陵（今陕西高陵）人。出自鲜卑贵族。曾祖谨，西魏八柱国之一，北周时任太师，封燕国公。祖义，隋潼州总管，建平郡公。父宣道，隋内史舍

长孙无忌像

人。家世相当煊赫。于志宁初从太宗征讨，后又兼辅太子李承乾，为太宗所重，官至侍中、太子左庶子。永徽元年（650），加光禄大夫，晋封燕国公，继续担任宰相。

柳奭，蒲州（今山西永济一带）人。祖庆，西魏宰相，封平齐景公。祖旦，隋太常少卿，封新城县公。父则，隋左卫骑曹。门望较盛，且与隋、唐皇室也有一定姻亲关系。高宗即位后，柳奭因是王皇后的舅父，渐被重用。永徽三年，官至中书令。

韩瑗，雍州三原（今陕西三原县）人。曾祖褒，西魏、北周重臣，以少保致仕，封三水县公。祖绍，隋太仆少卿，封金崖县公。父仲良，唐刑部尚书、秦州都督府长史，封颍川县公。韩瑗袭父爵，与长孙无忌及李唐皇室有间接的姻戚关系。永徽三年（652），拜黄门侍郎。四年参与朝政。五年，加银青光禄大夫。六年，又迁侍中，兼太子宾客。

来济，扬州江都（今江苏扬州市）人。其先世并不显华，但父亲来护儿是隋代名将，官至左翊卫大将军，封荣国公。贞观时，来济拜太子司仪郎兼崇贤馆直学士。永徽二年，拜中书侍郎。四年，同中书门下三品。五年，加

银青光禄大夫，封南阳县男。六年，迁中书令，检校吏部尚书。

从家世和身份来看，这些人几乎都是士族的后裔，身为宰相，权倾内外，无论是政治上还是经济上，都拥有雄厚的资本。

争论的另一方是所谓庶族官僚、寒门士子。其代表是李勣、许敬宗、李义府、崔义玄、王德俭、袁公瑜等人。

李勣，曹州离狐（今山东东明）人。本姓徐，隋末参加瓦岗军，降唐后赐姓为李。祖上是山东土豪，没有名人。本人屡经战阵，在维护唐朝版图方面有很大的功绩。封英国公，出将入相，地位较高。但不是"元从将领"，没有参加"玄武门之变"，也不是拥立晋王的功臣。因此，多少受到太宗猜忌。贞观二十三年（649）四月，太宗病危，曾对太子李治说：李勣才智有余，但你对他没有恩泽，恐怕不能驾驭。我现在准备将他贬出朝去。如果他马上动身走，我死后，你就把他用作宰相，当成亲信；如果他徘徊观望，那么我就把他处死，给你解除后患。于是，将李勣贬往千里之外的叠州（治所合川，在今甘肃迭部县一带）。李勣明白太宗的心事，接诏后没有回家就前往贬所。高宗即位后，按照太宗的遗旨，任命李勣为开府仪同三司、同中书门下三品、左仆射。但李勣知相权掌握在长孙无忌等人手中，固求解职。高宗遂解除李勣的左仆射，只留下开府仪同三司、同中书门下三品相当于宰相的空名号。因此，实际地位远远不及长孙无忌。

许敬宗，杭州新城

李勣像

（今浙江富阳西南）人。其先祖自高阳南渡，世世代代在南朝做官。祖亨，陈卫尉卿。父善心，陈通直散骑常侍，隋礼部侍郎，在江都被宇文化及杀死。门第虽不很高，但仍属于士族。其人颇有学问。初为秦王府十八学士之一，后在太宗之世一度掌执枢密，又尝为太子右庶子。高宗即位后，他资格很老，却未能复登相位。又因嫁女于少数民族首领冯盎，多收财贿，一度被贬为郑州刺史。后虽拜礼部尚书，但总觉得自己才高位卑，不甚得意。

李义府，瀛州饶阳（今属河北）人。先世曾居四川，家境寒微。有辞学，善属文。剑南道巡察大使李大亮荐于太宗。据说太宗令其赋诗，立成，有"上林许多树，不借一枝栖"之语。太宗大悦，言"吾将全树与汝，岂惟一枝"。后在刘洎、马周等人的推荐下当了监察御史、太子舍人，加崇贤馆直学士。刘洎被杀，马周病故之后，李义府久不得志。及长孙无忌辅政，李义府更加感到自己随时都有被贬官的危险。

崔义玄，贝州武城（今山东武城县西）人。出自清河崔氏南祖房。但自五代祖以下，皆无名位。因此，已算不上士族。据两《唐书》本传，崔义玄隋末投靠李密，未得一官半职，后拉拢大将黄君汉降唐。永徽初，任婺州刺史。以镇压陈硕真起义之功，拜御史大夫。

王德俭，幽州（今北京市）人。曾祖清，梁安南将军。祖孟，陈东衡州刺史。父纩，楚州刺史。德俭永徽年间官至中书舍人，是许敬宗的外甥，多智谋，时人号曰智囊。

袁公瑜，陈州（今河南周口市一带）人，曾祖虬，魏车骑大将军、行台大都督、汝阳郡开国公。祖钦，北周昌城太守、汝阳郡开国公。父弘，唐雍州万年县令、舒州刺史。公瑜年十九，调补长孙皇后挽郎。历任大理司直、晋阳县令、

李勣三梁进德冠

大理寺丞、兵刑二部员外郎、兵部郎中、御史中丞等职。

这些人的出身比较复杂。有的是士族，但更多的是庶族。当时，他们有一个共同的特点，就是政治地位较低，受到宰相集团的排挤。

以长孙无忌为首的一派，反对立武则天为皇后。原因是：其一，如果立武则天，势必要废王皇后。王皇后是唐太宗托付给他们的。若同意废掉，别人会说有负遗旨。其二，武则天曾当过太宗的才人。若拥立武氏，会有损于他们的体面，违背传统观念，给他人留下离经叛道的口实。其三，王皇后与他们有千丝万缕的联系，王皇后的地位与他们的利益密切相关。废王立武，势必损害他们的既得利益。这一点是最重要的。

以李勣为首的一派，支持立武则天为皇后。主要原因是：他们对长孙无忌等人独掌相权、把持仕途的局面深恶痛绝。他们不满现状，要求改变现状，企图通过废立皇后的办法来提高自己的政治地位。

因此，这两个派别之间的冲突，从表面上看来好像是士庶之争，因为一派全是士族，一派以庶族为主；但从斗争的具体内容上看，并不是纯粹的士庶之争，而主要是维护或夺取相权的权利之争。

永徽六年（655）年初，唐高宗开始谋划皇后废立之事。袁公瑜、许敬宗揣测圣意，暗中表示支持。唐高宗和武则天认为，要实现皇后废立，长孙无忌是一个重要人物。因为他既是国舅，又是顾命大臣。如果他同意了，就会减少许多阻力。因此，他们双双来到长孙无忌的府第。酒酣，破格提升长孙无忌的三个儿子为朝散大夫，并赐予金银宝器各一车，绫绵十车，试探这位国舅的态度。然后趁无忌高兴的时候，高宗叹息一声说：王皇后无子。意思是暗示无忌，希望他感恩戴德，同意废王后而立武氏。长孙无忌心里明白，但不顺从高宗的旨意，故意打岔子，说些别的事。二人碰了钉子，感到极为扫兴，愤然回宫。后来武则天又派母亲杨氏和许敬宗前去说情，长孙无忌更不客气，干脆顶了回去。

唐高宗本欲长孙无忌回心转意，没想到他竟如此顽固，心中有说不出的恼怒。但无忌既是舅舅，有拥立之功，又是顾命大臣，权势很盛，不好随便处置。他只好忍气吞声，把自己的心事暂且搁下。可武则天却咽不下这口气，她是不肯屈居王皇后之下的。她相信，凭着高宗的宠爱和自己的机智，总有一天，她会如愿以偿的。因此，一点儿也不灰心。这年三月里，她写了

一篇《内训》，俨然以皇后的身份自处。

王皇后看到武昭仪宠遇日隆，自己这般冷落，心急如焚，妒火中烧。无奈之下，想出一条奇策，与其母柳氏找来巫师施"厌胜"之术。但她不曾料到，她身边就有武则天的心腹，把这一情况传送给了武则天。武则天立即向高宗作了汇报，说王皇后诅咒圣上，罪不容诛。高宗闻言大怒，下令把柳氏赶出宫门，不许再进宫，并免去柳奭的宰相职务，贬为遂州刺史，这件事更坚定了高宗废王立武的决心。

武则天当时的职位是昭仪，在她上面还有贵妃、淑妃、德妃、贤妃等。在这种情况下，要把她直接立为皇后，似乎有些名不正，言不顺。有鉴于此，高宗下诏特封武则天为"宸妃"，以提高她的地位。但宰相韩瑗和来济拼命反对，说后宫内职古有定制，从来没有什么宸妃；以武昭仪为宸妃，会破坏大唐帝国的礼仪。高宗不想因此招来更多的麻烦，就取消了宸妃之号，武则天仍当她的昭仪。反对派又取得了一个小小的胜利。

长孙无忌乘胜进攻，想采用釜底抽薪的办法削弱武则天的支持者，便利用手中的大权，草拟敕书，准备贬李义府为壁州司马，把他赶往剑南。可

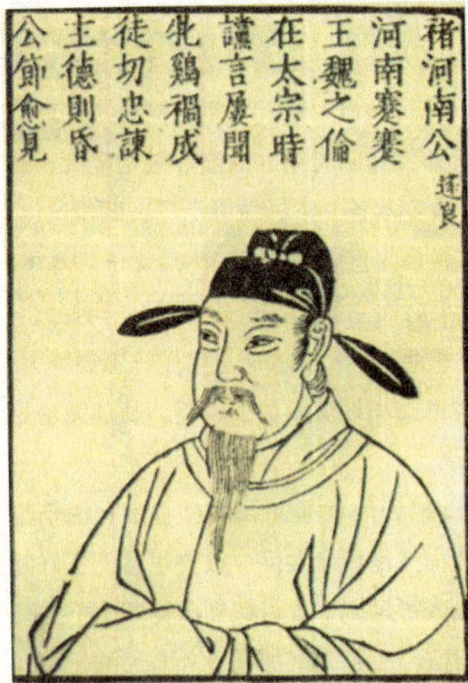

褚遂良

是，敕书还没有传到门下省，就走漏了风声。李义府得知后，忙找好友中书舍人王德俭商量对策。王见李处境危险，恐唇亡齿寒，便出主意说：武昭仪甚承恩宠，皇上早就想把她立为皇后，之所以到现在还不下诏书，是害怕宰相们反对。你如果能挺身而出，公开主张立武昭仪为皇后，就可以转祸为福，坐取富贵。李义府听了连连称是。

次日，他代王德俭值班，即叩阁上表，请立武昭仪，废王皇后。高宗大喜，立即召见，赐珠一斗，留居旧职。武则天又派人前去慰劳。不久，李义府被提拔为中书侍

郎。崔义玄等见李升迁，也前来"申劝"，与许敬宗、李义府、袁公瑜等互为表里，逐渐成为武昭仪的心腹。

唐高宗见武昭仪有了一些支持者，便重新提起了废立之事。九月某日，高宗退朝，召长孙无忌、李勣、于志宁、褚遂良进入内殿。他们都知道，肯定是为皇后的事，各自盘算着如何表态。李勣担心与长孙无忌发生正面冲突，心生一计，说他病了，不能去。所以来到内殿的只有三人。高宗对长孙无忌说：莫大之罪，无过于绝嗣。王皇后无子，而武昭仪有子。我想废王立武，你认为如何？无忌十分狡猾，首先推出褚遂良，说：先帝以遂良为顾命大臣，请陛下问他。

不等高宗开口，褚遂良就说：皇后出自名家，是先帝为陛下娶的媳妇。先帝临终时，曾拉着陛下的手对我说："朕佳儿佳妇，今以付卿。言犹在耳，陛下还记得吧。这些年来没听说皇后有什么过错，怎么能轻易废掉！我不敢屈从陛下而违背先帝的遗命。"高宗很不高兴，挥手让他们退下，回去再认真考虑一番。

第二天，唐高宗询问考虑结果。于志宁既怕违旨得罪，又不肯赞同，看看高宗，再看一看长孙无忌，不作一声。褚遂良只好再次出阵。他的态度很坚决，声色俱厉地说：陛下假如一定要换易皇后，天下名门闺秀哪里没有，何必非要武氏！武氏曾经当过先帝的才人，这是人所共知的。若立她为皇后，世人将谓陛下为何如！愿陛下三思！臣违背陛下旨意，罪该万死。但只要不负先帝，死也甘心。说完，把笏朝殿阶上一放，又说：还陛下此笏。接着解下头巾，叩头流血。用辞职和生命威胁高宗。高宗见褚遂良态度如此顽固，勃然大怒，喝令来人，把他拉出去。坐在帘后的武昭仪喊道："何不扑杀此僚！"长孙无忌立即站出来为褚遂良辩护："遂良受先朝顾命，有罪不可加刑。"这样，才算稳住了阵脚。

褚遂良被赶下宫殿之后，长孙无忌又推出了韩瑗和来济。韩瑗对高宗说：王皇后是陛下为太子时先帝亲自选定的，直到现在并没有过错，而陛下却要加以废黜。这件事要是让后人知道，谁能不感到困惑不解。愿陛下以社稷为重，不要轻举妄动。说罢呜咽流涕。高宗强按怒火，一言不发。

翌日，韩瑗又谏，内容与昨日略同，但感情更加悲切，几乎控制不住自己。高宗让人把他送回家去。可他还不甘心，又上了一道奏疏。其中有这样

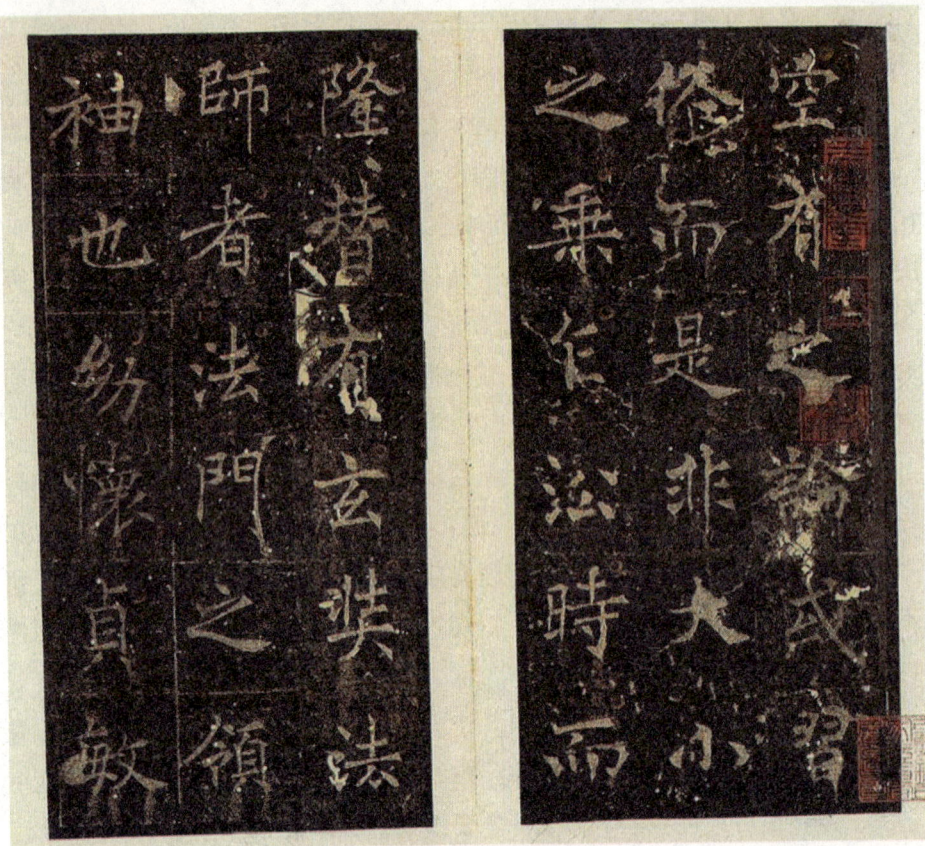

褚遂良同州圣教序

的话语：匹夫匹妇，犹相选择，何况天子！皇后是用来母仪万国的，天下的善恶都由她来决定。嫫母虽丑，但能辅佐黄帝；妲己虽美，终于倾覆殷商。《诗经》上说："赫赫宗周，褒姒灭之。"可见女在德而不在色。我以前看到古代这类事情，常常废书兴叹，没想到会发生于今日。愿陛下悬崖勒马，不要给后人留下笑柄。过去吴王不听伍子胥的话，结果麋鹿游于姑苏之台。如果陛下不听我的话，恐怕海内失望，宗社为虚的日子就不远了。其中，把武昭仪比作妲己、褒姒，而且字里行间充满了对高宗的恫吓。

来济也上表谏阻，他说：王者立后，只有选择名家闺秀，才能孚四海之望。高宗感到这些都是陈词滥调，皆不予采纳。

但皇后废立之事已牵动这么多大臣，他们的态度如此顽固，高宗感到阻力太大了。他在烦闷之际想到了李勣，就秘密地来到李勣的住宅，用试探性的口气征求他的意见：朕欲立武昭仪为皇后，可是褚遂良等人都表示反对。

遂良既是顾命大臣，你看这事是不是就算了？

李勣与长孙无忌等人有着较深的矛盾。他从心底里是支持高宗此举的。但这位足智多谋的政治家又不愿十分露骨地说出自己的立场，便说："此乃陛下家事，何必要问外人！"这句话虽然很短，但意思十分清楚：不要理睬褚遂良等人，您想怎么干就怎么干。因此，高宗听后觉得很痛快，精神为之一振，从而更加坚定了废立之志。

此时，许敬宗也在朝中大发议论，说什么田舍翁多收十斛麦，尚欲换掉旧妇，何况天子富有四海，立一皇后，有何不可？此事和我们这些人有何

唐宫侍女图

相干而竟妄生异议！武则天得知后十分得意，让人把这件事又向高宗作了汇报。于是，高宗决心排除一切干扰，立武则天为皇后。

七月，唐高宗开始行动，任命李义府为中书侍郎、参知政事。九月，贬褚遂良为潭州都督。这样，拥立者日益得势，反对者节节败退。武则天当皇后的日子已为时不远了。

如愿以偿

永徽六年（655）十月，皇后废立之争到了尾声，谁废谁立，大局已定。因此，唐高宗决定用诏书的形式，将结果公布于众。

十月十三日，是王皇后和萧淑妃最痛苦的日子。这一天，唐高宗下了道诏书：

> 王皇后、萧淑妃谋行鸩毒，废为庶人，母及兄弟，并除名，流岭南。

其实，王皇后和萧淑妃并无毒害高宗之举。所谓"谋行鸩毒"，完全是欲加之罪。王皇后和萧淑妃接到诏书，相对而泣，随即被置于别院。其亲属原来跟着沾了光，如今也跟着倒了霉。

王皇后被废后，文武百官，尤其是皇后废立的支持者，纷纷上表，请立武昭仪为皇后。于是，十月十九日，唐高宗又下了一道诏书，云：

> 武氏门著勋庸，地华缨黻。往以才行，选入后庭。誉重椒闱，德光兰掖。朕昔在储贰，特荷先慈，常得侍从，弗离朝夕。宫壸之内，恒自饬躬；嫔嫱之间，未尝近目。圣情鉴悉，每垂赏叹。遂以武氏赐朕，事同政君。可立为皇后。

武则天出自新贵家庭，与太子李治私下结合已如前述。唐高宗在这里有意抬高武氏门第，并把他们的结合堂而皇之地说成太宗恩赐，显然是为了说明立武则天为皇后的合理性。武则天接到诏书，忘记了争宠以来的疲惫。她所感受到的，是由衷的欣慰。

《立武昭仪为皇后诏》颁发之后，太极宫和武氏宅院张灯结彩。唐高宗按照传统习惯，开始举行隆重的"纳后"仪式。

首先是"命使""纳采""问名""纳吉""纳徵"，以司空李勣、左仆射于志宁为正副使者，备礼"求婚""定婚"。

接着进行最重要的册封之礼：李勣、于志宁乘辂，持节，备仪仗，至武家大门外，于西侧就位。武家主人穿着崭新的朝服立于东阶西面。傧者出门，问有何事，李勣说道："某奉制，授皇后备物典册。"傧者入告主人，主人出门迎接李勣等，向北再拜。李勣等并不答礼，入大门，立于左侧。主人入，立于右侧。这时，奉册宝案者将册宝交给于志宁。于志宁交内侍。内侍西向受之，转向交给内谒者监。内谒者监持入，立于武则天所处阁外之西，向东，下跪，置之于案。尚宫以下入阁，协助武则天戴首饰，穿皇后袆衣。打扮就绪，尚宫引导，武则天在傅姆的陪同下立于庭中，面向北方。尚宫跪取制册，尚服跪取宝绶，立于武则天之右，面向西方。司言、司宝各一，立于武则天之左，面向东方。这时，尚宫说道："有制。"尚仪立即说"再拜"。武则天闻言再拜。拜罢，尚宫宣制：

维永徽六年十一月一日，皇帝使持节司空英国公李勣等册命前荆州都督武士彟女武氏为皇后。咨尔易基乾坤，《诗》首关雎。王化之本，实由内辅。是故皇英嫔虞，帝道以光。任姒妃周，胤嗣克昌。皇后其祗勖厥德，以肃承宗庙，虔恭中馈，尽敬妇道，帅导六宫，作范仪于四海。皇天无亲，惟德是依，可不慎欤。

话音刚落，尚仪又令再拜。然后，尚宫将册文授予武则天，武则天又授予司言。尚服把宝绶授予武则天，武则天复授之司宝。武则天升坐，内官以下皆贺。

礼毕，皇后入室，李勣等人回宫复命。"册后"礼结束后，又举行了"奉迎""同牢"之仪。武则天在浩浩荡荡的仪仗引导下，被迎入宫中，与高宗"会餐"，然后进入

武则天画像

35

"洞房"。

　　这是戴凤冠的时刻。尽管这些仪式异常烦琐，冬季的长安寒风刺骨，然而，武则天的心里却是热乎乎的。她回想起随父南北奔波的岁月，回想起第一次入宫前母亲的眼泪，回想起感业寺的青灯，而如今，辉煌的前程就在眼前。她按捺不住内心的喜悦。喜悦之外，她还有一种感激之情。她感激失意官僚、寒门仕子的支持。如果没有这部分人，长孙无忌等人一手遮天，那么，即使高宗宠爱她，恐怕也是很难当上皇后的。

　　她感激高宗对她的深厚情爱。如果高宗不爱她，或者说爱得不是那样深，而宠信王皇后，那么，即使李勣等人有通天的本领，也无异于痴人说梦。在感激之外，她还颇有一点儿自恃，那就是她的美貌和才智。如果不是相貌出众，富有魅力，高宗怎会被她吸引？如果不是聪明智慧，通文史、晓音律、懂书法，与高宗有共同的语言，高宗怎能对她有如此深厚的情爱？不管怎么说，凤冠戴上之后，武则天就成了大唐高宗的皇后。这时刻，对武则天来说是终生难忘的。

第五章 巩固地位

解除威胁

武则天通过艰苦的斗争，终于夺得了皇后的地位。当高宗举行隆重的"纳后"仪式，为她戴凤冠的时刻，她为自己的尊严而骄傲。当高宗"再赠士彟至司徒，爵周国公，谥忠孝，配食高祖庙；母杨氏，再封代国夫人"时，她也为这样的荣耀而自豪。但是，她并没有得意忘形。她知道，皇后地位来之不易；要保住这一地位，还得进一步努力。她认为后宫中的一些人，特别是太子忠和长孙无忌等仍然在威胁着自己。所以武则天刚当上皇后，就接着开始了解除威胁的斗争。

所谓后宫，就是皇帝的妃嫔所居住的宫室。唐代的后宫叫掖庭宫，位于宫城内太极宫之西。武则天懂得，皇后地位是当时女子所能得到的最高地位。它对于每个妃嫔都具有极大的吸引力。她自己就是由昭仪晋升为皇后的。如果其他妃嫔得宠，自己的地位将岌岌可危。因此，要保住自己的地位，就要首先控制住后宫，慑服其他嫔妃，防患于未然。也许正是出于这种考虑，武则天十分注意后宫中的动向。谁可能对她产生不利影响，她就要收拾谁。王皇后和萧淑妃之死，便是在这种情况下发生的。

《资治通鉴》卷二百永徽六年十一月条记载说：

故后王氏，故淑妃萧氏，并囚于别院。上尝念之，间行至其所，见其室封闭极密，惟窍壁以通食器，恻然伤之，呼曰："皇后、淑妃安在？"王氏泣对曰："妾等得罪为宫婢，何得更有尊称！"又曰："至尊若念畴昔，使妾等再见日月，乞名此院为回心院。"上曰："朕即有处置。"武后闻之，大怒，遣人杖王氏及萧氏各一百，断去手足捉酒瓮中，曰："令二妪骨醉！"数日而死，又斩之。王氏初闻宣敕，再拜曰："愿大家万岁！昭仪承

恩，死自吾分。"淑妃骂曰："阿武妖猾，乃至于此！愿来生我为猫，阿武为鼠，生生扼其喉。"寻又改王氏姓为蟒氏，萧氏为枭氏。

《旧唐书》卷五十一《高宗废后王氏传》和《新唐书》卷七十六《高宗废后王氏传》所载略同。只是描写武后的情节稍有差异："武后知之，促诏仗二人百，剔其手足，反接投酿瓮中。"

从这些记载来看，武则天对王皇后和萧淑妃十分残酷。起初，把她们囚禁在暗无天日的"别院"中。后来，又把她们残害致死。但仔细考察，其中颇多疑窦。第一，既然武氏大怒，遣人杖王、萧各百，以至斩尸，何来"王氏初闻敕"？到底此二人是高宗下诏杀掉的，还是武则天擅自杀掉的？第二，如果高宗确有使王、萧二氏重见天日之意，武氏初为皇后，岂能遂促诏杀之，而且杀得那样残忍？第三，既剔其手足，又何必"反接"？因此，有人怀疑这些记载的真实性。史家之所以如此描写，恐怕是出于对武则天的仇视而比于汉代的"人彘"之酷。《史记》卷九《吕太后本纪》载，吕后怒汉高祖宠姬戚夫人。高祖死后，吕后"断戚夫人手足，去眼，烧耳，饮瘖药，使居厕中，命曰'人彘'。"此事汉代或许有之，至于唐代，则恐未必。两《唐书》后妃传所谓"促诏杖二人百""王氏初闻敕""自缢而死"表明，王皇后、萧淑妃之死，是武则天怕她们卷土重来，请求高宗将她们处死；高宗下诏，令她们自缢的。

王皇后和萧淑妃死后，武则天慑服了后宫。从此，妃嫔们没有人敢与她争衡。

太子是皇帝的继承者，十分重要。武则天当上皇后之初，皇太子仍然是燕王李忠。如前所述，燕王忠是在柳奭、褚遂良、韩瑗、长孙无忌等人的提携下当上皇太子的。永徽六年二月，又加了"元服"。他是站在长孙无忌一边的，一旦当了皇帝，必然对武则天不利。另一方面，武则天并不是没有儿子。按照传统习惯，皇后有子，则不以他人为储。武则天已当上皇后，以自己的儿子做太子，不仅顺理成章，而且对保持皇后地位也是至关重要的。因此，除掉王、萧之后，又开始了换易太子的活动。

永徽六年十一月三日，礼部尚书、高阳县公许敬宗见武则天已当上皇后，揣测太子问题必将提出，乃诣阙上奏，请高宗换易太子，略曰："今之

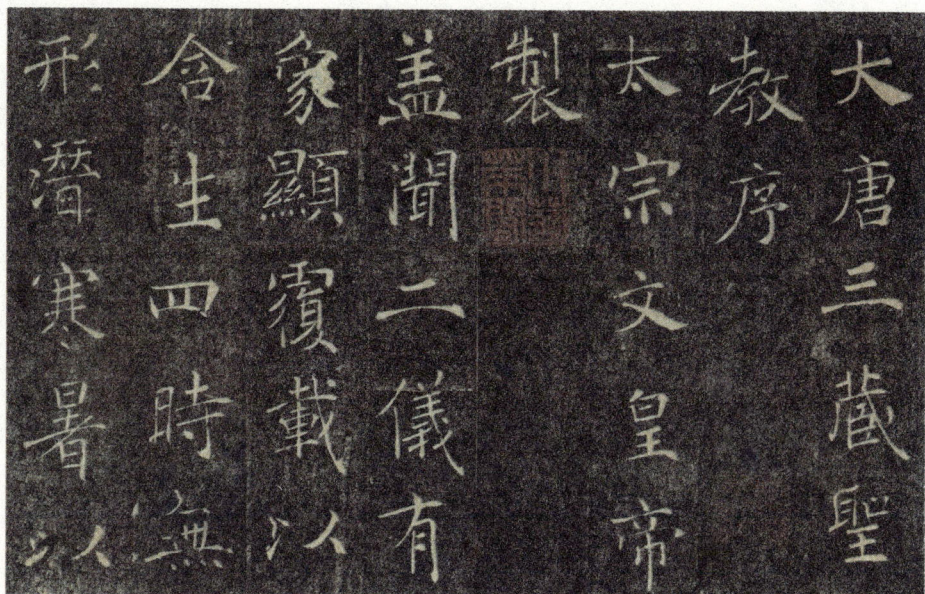

褚遂良书《雁塔圣教序》局部

守器，素非皇嫡。永徽爱始，国本未生，权引彗星，越升明两。近者元妃载诞，正胤降神。重光日融，爝晖宜息。"

高宗召见许敬宗，问"立嫡若何"，意思是想立武则天长子李弘为太子。许敬宗深表赞同，并进一步强调说："皇太子，国之本也。本犹未正，万国系心。且在东宫者，所出本微，今知国家已有正嫡，必不自安。窃位而怀自疑，恐非宗庙之福。"

在他看来，不换太子已经不行了。而高宗也认为如此，君臣二人一唱一合，易储之事便很快确定下来。对于这一决定，拥立太子忠的柳奭、韩瑗、长孙无忌等人已一蹶不振，也不敢出来反对。于是，显庆元年（656）正月六日，太子忠被降为梁王、梁州刺史；武则天的亲生子，年方四岁的代王弘，当上了皇太子。

太子忠的被废，代王弘的晋升，对武则天来说，是巩固地位的重要一步；对长孙无忌等人，则又是一次沉重的打击。

换易太子事件发生后，以长孙无忌为首的反对派处于更加不利的窘境。但是，他们并没有退出政治舞台。史载，当时褚遂良被贬为潭州（治所在今湖南长沙市）都督，此外，长孙无忌仍为太尉，韩瑗仍为侍中，来济仍为中书令，职位均未变动。而以许敬宗为首的支持者却没有得到他们所期冀的政

治权力和经济利益。他们迫切希望取代长孙无忌等元老重臣的地位。对此，唐高宗和武则天都很清楚。

显庆元年（656）正月，唐高宗任命于志宁兼太子太傅，特设太子宾客，由韩瑗、来济、许敬宗兼任，让他们共同辅佐太子。这实际上是限制反对派活动，提高支持者地位的一种尝试。但是，反对派不肯继续退却。为了防止大权旁落，他们开始重整旗鼓，伺机反扑。

显庆元年十二月，韩瑗上疏，为褚遂良叫苦喊冤：

伏见诏书以褚遂良为潭州都督，臣夙夜思之，诚为未可。遂良运偶升平，道昭前烈，束发从宦，方淹累稔。趋侍陛下，俄历岁年，不闻涓滴之愆，常睹勤劳之效。竭忠诚于早岁，馨直道于兹年。体国忘家，捐身徇物。风霜其操，铁石其心。诚可重于皇明，讵专方于曩昔。且先帝纳之于帷幄，寄之以心膂，德逾水石，义冠舟车，公家之利，言无不可。及缠悲四海，遏密八音，竭忠国家，亲承顾托，一德无二，千里懔然。此不待臣言，陛下备知之矣；臣尝有此心，未敢闻奏。且万姓失业，旰食忘劳；一物不安，纳隍轸虑，在于微细，宁德过差。况社稷之旧臣，陛下之贤佐，无闻罪状，斥去朝廷，内外甿黎，咸嗟举措。臣闻晋武弘裕，不贻刘毅之诛；汉祖深仁，无患周昌之直。而遂良被迁，已经寒暑，违忤陛下，其罚塞焉。伏愿缅鉴无辜，稍宽非罪，俯矜微款，以顺人情。

在韩瑗看来，褚遂良是古今罕见的忠良、功臣，贬为潭州都督，完全是蒙受了不白之冤，应当昭雪平反。否则，便会违逆人情，有损于皇上的英明。实际上是要求高宗将褚遂良调进京来，跻身中枢，再握相权。唐高宗不是傻瓜，无论从维护武则天的地位还是从维护他本人的尊严方面考虑，他都不会答应。事实也是如此。他不客气地对韩瑗说："遂良之情，朕亦知之矣。然其悖戾犯上，以此责之，朕岂有过！卿言何若是之深也？"韩瑗争辩说："遂良可谓社稷忠臣，臣恐以谀佞之辈，苍蝇点白，损陷忠贞。昔微子去而殷国以亡，张华不死而纲纪不乱，国之欲谢，善人其表。伏愿违彼覆车，以收往过。"言辞越来越激烈，不但把褚遂良的被贬说成是高宗听信谗言的结果，而且把是否召回褚遂良说成是关系国家兴亡的大事。但高宗却不以为然，依旧不予理睬。

韩瑗见高宗拒不采纳自己的意见，便以辞职相要挟。高宗看出他的用意，不许辞职。"辞职"也不见效，韩瑗知道要立即调回褚氏是没有可能了，便与来济等人商议，决定利用自己手中的权力，先改善褚遂良处境，然后再做打算。遂于显庆二年三月改褚遂良为桂州（治所始安，在今广西桂林市）都督。

这时，许敬宗等人也在积极活动。他们密切地注视着反对派的动向。他们看到，打倒反对派对高宗和武皇后也很重要；而且皇帝皇后有了进一步镇压反对派的倾向。因此就在褚遂良当上桂州都督后不久，"希皇后之旨"，诬告韩瑗、来济、褚遂良"朋党构扇""潜谋不轨"。根据是"以桂州用武之地，故授遂良桂州刺史，实以为外援"。高宗并不去辩别真伪，毫不迟疑地用事实予以答复：八月十一日，贬侍中、颍川县公韩瑗为振州（治所在今海南三亚市西）刺史，中书令兼太子詹事、南阳侯来济为台州（治所在今浙江临海市）刺史，再贬褚遂良为爱州（治所在今越南清化）刺史，柳奭为象州（治所在今广西象州县东北）刺史。

这样一来，反对派元气大伤，完全处于被动状态。史载，褚遂良至爱州，上表自陈，罗列自己的功绩，字里行间充满了哀求：

往者濮王、承乾交争之际，臣不顾死亡，归心陛下。时岑文本、刘洎奏称："承乾恶状已彰，身在别所，其于东宫，不可少时虚旷，请且遣濮王住居东宫。"臣又抗言固争，皆陛下所见。卒与无忌等四人共定大策。及先朝大渐，独臣与无忌同受遗诏。陛下在草上之辰，不胜哀恸，臣以社稷宽譬，陛下手抱臣颈。臣与无忌区处众事，咸无废阙，数日之间，内外宁谧。力小任重，动罗愆过。蝼蚁余齿，乞陛下哀怜。

他摆出过去立储君、受遗诏、处众事的功劳，希望以此打动高宗，放宽对他的处罚。可是高宗已横下了一条心，"表奏，不省。"显庆三年（658）冬，褚遂良在忧郁中死去，时年六十岁。

褚遂良是太宗高宗两朝的重要人物之一。在政治上，一些见解并不高明，有时近乎迂腐，还诬陷过刘洎。在经济上，曾强占民田。但他勤于职

白瓷贴花高足钵

守，有较强的办事能力，确实为大唐帝国出过汗马之力。而且知识渊博，是唐初著名书法家之一。结果就这样，在争权夺利的斗争中充当了牺牲品。

褚遂良死后，许敬宗等人又把矛头对准了长孙无忌。长孙无忌自武则天当上皇后以后，很少抛头露面，主要承担领导编纂书籍的职责。显庆元年，与史官、国子祭酒令狐德棻缀集武德、贞观二朝国史。五月，又进史官所撰梁、陈、周、齐、隋《五代史志》三十卷。三年，复与礼官等修成《新礼》一百三十卷。这期间，他似乎没有参与政治斗争，实际上，仍是反对派的总后台。在此，当韩瑗、来济等人被贬逐，褚遂良贬爱州之后，他就直接成了别人的对手。

显庆四年（659）四月，也就是距褚遂良之死半年的时候，洛阳人李奉节等告太子洗马韦季方和监察御史李巢互为朋党。许敬宗借题发挥，上告李巢与长孙无忌勾结谋反。于是，高宗下诏削无忌太尉及封邑，以为扬州都督，于黔州安置。但仍按一品官的待遇供给伙食："每日细白米二升，粳米、粱米各一斗五升，粉一升，油五升，盐一升半，醋三升，蜜三合，粟一斗，梨七颗，苏一合，干枣一升，木橦十根，炭十斤，葱韭豉蒜薑椒之类各有差；每月羊二十口，猪肉六十斤，鱼三十条，（各一尺），酒九斗。"这样的处置在当时是很少见的。从史书记载来看，长孙无忌之被贬，似乎完全出于许敬宗等人的诬陷，唐高宗则处于被动状态，对无忌还很有感情。其实，自皇后废立事件发生后，唐高宗与长孙无忌之间，在感情上已产生了很大的裂痕。虽为甥舅，但已失去了内在的引力。

在唐高宗看来，他的舅舅大权在握，德高望重，既已站在了自己的对立面，便是危害自己统治的重要政敌；而他这位年轻的皇帝是绝不允许任何臣下有震主之威的。因此，当许敬宗等人诬告长孙无忌的时候，他并没有去分辨真伪，甚至连问也没问，就把他贬了出去。

如果说唐高宗和长孙无忌之间的关系没有恶化，那么，他怎能断然贬逐这位凌烟阁的功臣，这位拥立自己当太子并受遗诏辅政的舅舅呢？

长孙无忌离京不久，许敬宗又奏："无忌谋逆，由褚遂良、柳奭、韩瑗构结而成；奭仍潜通宫掖，谋行鸩毒，于志宁亦党附无忌。"高宗又下诏，追削长孙无忌官爵，除掉柳奭、韩瑗名籍，免除于志宁职务。无忌子秘书监驸马都尉长孙冲等皆除名，流于岭南。褚遂良之子褚彦甫、褚彦冲等流放爱州，途中被杀。七月，高宗命李勣、许敬宗、辛茂将、任雅相和卢承庆重新审察无忌等人，实际上是想对这桩"谋反"案作最终裁决。许敬宗等遣袁公瑜往黔州（今四川彭水苗族土家族自治县），逼令长孙无忌自缢而死，然后具状奏闻，说铁证如山，完全属实。于是高宗再次下诏：斩柳奭、韩瑗；籍没三家，近亲流岭南为奴婢。这样，柳奭被杀于象州，韩瑗虽死，仍发棺验尸；长孙氏、柳氏被贬降者十三人，于氏九人。至此，以长孙无忌为首的反对派彻底失败。

扶植新贵

在解除威胁的斗争中，掖庭宫中的武则天所依靠的力量，仍然是她争夺皇后地位的支持者，即唐高宗和那些职位较低或不得志的官吏。唐高宗之所以支持她，是因为与她感情深厚，见识略同；这些官吏所之以支持她，则是为了获取拥立之功，得到更多的政治经济利益。换句话说，他们支持武则天，是想得到她的扶植。而武则天为了打倒反对派，进而巩固自己的地位，对这些人也是极力扶植的。

李义府、许敬宗、崔义玄、王德俭、侯善业、袁公瑜等人在拥立武则天为皇后的过程中不遗余力。特别是许敬宗、李义府等还为武则天解除威胁立下了大功。因此，他们率先得到了武则天的提携和唐高宗的重用。

李义府是最早受赏的一个。史载，永徽六年七月，也就是武则天被立为皇后的两个月之前，李义府就因"密申协赞"而擢拜中书侍郎、同中书门下三品、监修国史，赐爵广平县公——又参知政事，由中书舍人一跃而至宰辅之位。显庆元年，又以本官兼太子右庶子，晋爵为侯。不久，兼太子左庶子。

二年，李义府代崔敦礼为中书令，兼检校御史大夫，监修国史、学士并如故。复加太子宾客，晋封河洛郡公。三年，追赠其父德盛为魏州刺史，"诸子孩抱者并列清官，诏造甲第，荣宠莫比。"不但得到了高官厚禄，而且得到宠信和保护。如洛阳有位淳于妇人，长得颇有姿色，因犯罪被关押在大理寺监狱。李义府让大理寺丞毕正义违法释放，准备纳为己妾。大理寺卿段宝玄上书揭发此事。高宗令给事中刘仁轨等人前去审讯。李义府怕事端败泄，逼正义自杀。高宗知道后，"原义府罪不问"。李义府即使有忤旨行为，也很少处罚。《旧唐书》卷八十二《李义府传》载："义府本无藻鉴才，怙武后之势，专业卖官为事，铨序失次，人多怨讟。帝颇知其罪失，从容诫义府云：'闻卿儿子女婿皆不谨慎，多作罪过，我亦为卿掩覆，未即公言，卿可诫勖，勿令如此。'义府勃然变色，腮颈俱起，徐曰：'谁向陛下道此？'上曰：'但我言如是，何须问我所从得耶！'义府睆然，殊不引咎，缓步而去，上亦优容之。"

高宗之所以这样重用、优容李义府，并不是因为他德高望重。史载，当时李义府在社会上的名声是很坏的。"义府貌状温恭，与人语必嬉怡微笑，而褊忌阴贼。既处机要，欲人附己，微忤意者，辄加倾陷。故时人言义府笑中有刀，又以其柔而害物，亦谓之'李猫'。"也不是因为他廉洁能干。事实上，李义府"贪得无厌"，并无多少可以称道的政绩。只是由于他有拥立皇后之功，是支持者中的重要人物而已。当然，李义府才思缜密，也有一定的文采，当人们读"镂月成歌扇，裁云作舞衣，自怜回雪影，好取洛川归"等诗句时，就不能不承认这一点。

许敬宗一直是武则天最得力的支持者。早在武则天第二次进宫后不久，他就成了武则天的心腹人物。当唐高宗欲立武则天为皇后时，他与李义府等人赞成其计，不仅暗地里东奔西跑，拉拢势力，而且宣言于朝，制造舆论。当武则天要解除政敌威胁时，他又诬奏韩瑗、来济与褚遂良不轨，进而诬奏长孙无忌谋反，将他们或贬或杀，收拾殆尽。因此，他受到唐高宗和武则天的高度重视。永徽六年十二月，"遣礼部尚书、高阳县公许敬宗每日待诏于武德殿西门"。显庆元年，加太子宾客，寻册拜侍中，监修国史。三年，晋封郡公，"代李义府为中书令，任遇之重，当朝莫比"。

众所周知，许敬宗是歪曲历史的能手。如他在隋末江都兵变之际，父亲许善心遇害之时，贪生怕死，不敢营救。封德彝知道此事，并说了出去。于是，他便对封氏怀恨在心，"及为德彝立传，盛加其罪恶。"他将女儿嫁给出身微贱的左监门大将军钱九陇，"乃为九陇曲叙门阀，妄加功绩，并升与刘文静、长孙顺德同卷。"凡此种种，都说明此人史德很糟。

但是，论才能，许敬宗确实是一个学识渊博、文采出众的人物。贞观十九年（645），唐太宗亲征高丽，中书令岑文本死于途中，唐太宗命许敬宗以本官检校中书侍郎。及"大破辽贼于驻跸山，敬宗立于马前受旨草诏书，词彩甚丽，深见嗟赏"。显庆三年（658），唐高宗游览汉长安城，问侍臣："朕观故城旧基，宫室似与百姓杂居，自秦汉以来，几代都此？"许敬宗回答说："秦都咸阳，郭邑连跨渭水，故云'渭水贯都，以象天河'。至汉惠帝始筑此城，其后符坚、姚苌、后周并都之。"高宗又问："昆明池是汉武帝何年中开凿？"敬宗回答说："武帝遣使通西南夷，而为昆明滇池所闭，欲伐昆明国，故因镐之旧泽，以穿此池，用习水战，元狩三年事也。"

麟德二年（665）十一月，高宗至濮阳，

彩绘贴金铠甲男骑俑

问丞相窦德元：濮阳为什么叫帝丘？德元回答不出。许敬宗回答说：古时颛顼居此地，所以叫帝丘。如果说许敬宗不学无术，怎么能够如此通晓古今，对答如流？其实，就拿篡改历史这一点来说，也是需要学问的，不然就不会自圆其说。

应当承认，许敬宗除了歪曲历史，陷人以罪外，所总修的《五代史》《晋书》《东殿新书》《西域图志》《文思博要》《文馆词林》《累璧》《瑶山玉彩》等书，对祖国文化的发展是有贡献的。还应当指出，许敬宗虽然很有才能，但却并非完全是"位以才升"。他在"武德之际，已为太宗入馆之宾，垂三十年，位不过列曹尹"；主要是由于他在关键时刻支持了唐高宗和武则天，才得以重用。

崔义玄、王德俭、侯善业、袁公瑜等人也都程度不同地得到了晋升。如袁公瑜累历中书舍人、西台舍人、司刑少常伯等，官职逐渐显赫。

唐代莲花纹瓦当

总的来说，在争夺皇后地位的斗争中，尤其是在解除威胁的斗争中，以李义府、许敬宗为首的支持者的地位迅速提高。到显庆四年长孙无忌等命丧黄泉之后，反对派的政治地位大部分都被李义府等支持者取代了。原来长孙无忌、褚遂良、柳奭、韩瑗、来济、于志宁是宰相，而今宰相成了李义府、许敬宗等人。李义府、许敬宗等人在关键时支持了唐高宗和武则天；唐高宗和武则天在称意时提拔了李义府和许敬宗。这是个人欲望的需要，也是政治斗争的产物。

修改《氏族志》

长孙无忌、褚遂良与李义府、许敬宗之间的矛盾，并非简单的个人冲突，而有其深刻的社会背景，各自代表着不同阶层的利益和要求。因此，长孙无忌等人与李义府、许敬宗地位的转换，并不意味着两派斗争的结束，而仅仅是两派首脑人物的跌落与升腾。他们代表的两个阶层的社会势力并无根本性的变化。如果不从门第等级上对这两个派别的地位进行重新排列组合，支持者的既得利益就有得而复失的危险。换句话说，唐高宗和武则天要扩大其统治基础，维护已经取得的成果，就必须对这两个阶层的地位进行调整。正因为如此，在打击长孙无忌、褚遂良，重用李义府、许敬宗之余，唐高宗、武则天又进行了改《氏族志》为《姓氏录》的活动。

《氏族志》是唐太宗贞观年间修成的一部关于士族等级的书籍。士族也叫世族、门阀、阀阅、高门，是与所谓庶族、寒门相对而言的，系指世代做高官的家族。作为一种制度，它萌始于东汉，确立于曹魏，到两晋南北朝时期发展至鼎盛阶段。其主要特点是：

在政治上，依靠"九品中正"制，"平流进取，坐致公卿"，世代担任重要官职，尤其是高级文官，形成"上品无寒门，下品无势族"的局面。

在经济上，依靠政治特权，通过各种手段，占有大量的土地和劳动力。

在社会生活方面，养尊处优，奢侈腐化，自相崇尚，不与庶族通婚，也不与其同乘共座。他们完全是一个故步自封的特权阶层。

然而由于他们长期的腐化堕落，不尚文习武，结果到南北朝后期，兵权和中央地方实权逐渐落入寒人之手，从而使门阀士族制度出现了危机。经过隋末农民起义的沉重打击，这一制度开始衰落。

但是，根深蒂固的士族观念还存在着。士族残余仍自相崇贵，跻身士族仍是许多人梦寐以求的理想，"族望为时所尚"。唐高祖李渊就曾不止一次地夸耀过自己的门第。

唐人苏冕曾大发感慨，说道："创业君臣，俱是贵族，三代以后，无如我唐。高祖，八柱国唐公之孙，周明懿、隋元真二皇后外戚，娶周太师窦

唐胡服妇女（残绢画）

毅女，则周太祖之婿也。宰相萧瑀、陈叔达，梁、陈帝王之子；裴矩、宇文士及，齐、隋驸马都尉；窦威、杨恭仁、封德彝、窦抗，并前朝师保之裔。其相裴寂、唐俭、长孙顺德、屈突通、刘政会、窦轨、窦琮、柴绍、殷开山、李靖等，并是贵胄子弟。比夫汉祖萧曹韩彭门第，岂有等级以计言乎！"可见，唐初帝王将相确实多系士族。

但在当时人的心目中，他们并不是真正的最高门第。关东的崔卢李郑"犹自矜伐"，不把他们放在眼里。这对于李唐的统治是非常不利的。此外，在建唐过程中发迹的一些庶族官僚也希望抬高自己的门第。

正是在这种情况下，唐太宗才令礼部尚书高士廉、御史大夫韦挺、中书侍郎岑文本、礼部侍郎令狐德棻及四方士大夫谙练族姓者，"普索天下谱谍，约诸史传，考其真伪，以为《氏族志》"的。

高士廉等人按照传统观念，仍以山东崔干为第一等。太宗看后不悦，说："我与山东崔、卢家，岂有旧嫌也！为其世代衰微，全无官宦人物。贩鬻婚姻，是无礼也；依托富贵，是无耻也。我不解人间何为重之。我今定氏族者，欲崇我唐朝人物冠冕，垂之不朽。何因崔干为一等？""不须论数世以前，止取今日官爵高下之等级。"于是高士廉等将崔氏降为第三等。共录二百九十三姓，一千六百五十一家，分为九等。书成，颁行天下。

可见，唐太宗修《氏族志》的目的，是为了推崇唐朝冠冕，就是说为了打击那些不利于自己统治的旧门阀士族，扶植那些在唐朝的建立和统一过程中立有战功，在"玄武门之变"中支持自己的谋臣猛将，以巩固李氏王朝的统治。事实上，《氏族志》问世以后，也确实在一定程度上起到了这样的作用。

但是，随着时间的推移和社会的发展，《氏族志》成了士族的护身符和社会不安定的因素之一。一方面，它完全变为维护元老重臣和达官贵人利益的工具。在它的保护下，元老功臣和贞观旧僚不仅控制了朝廷要职，而且与旧士族势力相结合，大都形成了比较雄厚的私人势力。

另一方面，它也变成了阻碍"寒庶"晋升的一大障碍。当时，庶族势力发展很快。不少人在经济上发了迹，要求相应的政治地位，但仕途多为士族控制；有些人虽然通过科举入仕，也常常"挠不得进"，因而反感《氏族志》。这种情况在永徽六年皇后废立问题发生后表现得更为明显。

这样，对唐高宗来说，修改《氏族志》已不可避免。武氏家族此时虽已显达，但究其门第，不过是一个地方富商，不在《氏族志》之内。因此，修改此书，更是武则天的愿望。所以，唐高宗下令废祖宗之成规，修改《氏族志》。

《资治通鉴》卷二百显庆四年六月条云：

丁卯（22日），诏改《氏族志》为《姓氏录》。初，太宗命高士廉等修《氏族志》，升降去取，时称允当。至是，许敬宗等以其书不叙武氏本望，奏请改之。乃命礼部郎中孔志约等此类升降，以后族为第一等，其余悉以仕唐官品高下为准，凡九等。于是士族以军功致位五品，预士流。时人谓之"勋格"。

《唐会要》卷三十六云：

显庆四年九月五日，诏改《氏族志》为《姓录》。上亲制序，仍自裁其类例。凡二百四十五姓，二百八十七家。以皇后四家、酅公、介公、赠台司、太子三师、开府仪同三司、仆射为第一等，文武二品及知政事者三品为第二等。各以品位为等第，凡为九等，并取其身及后裔。若亲兄弟，量计相从，自余枝属，一不得同谱（注云：初、贞观《氏族志》称为详练。至是，许敬宗以其书不叙明皇后武氏本望，李义府又耻其家无名，乃奏改之。于是委礼部侍郎孔志约、著作郎杨仁卿、太子洗马史元道、太常丞吕才等十二人，商量编录。遂立格，以皇朝得五品者，书入族谱。入谱者，缙绅士大夫

第五章 巩固地位

咸以为耻。议者号其书为勋格）。

《旧唐书》卷八十二《李义府传》云：

初，贞观中，太宗命修《氏族志》，勒成百卷，升降去取，时称允当，颁下诸州，藏为永式。义府耻其家代无名，乃奏改此书，专委礼部郎中孔志约、著作郎杨仁卿、太子洗马史玄道、太常丞吕才重修。志约等立格云："皇朝得五品官者，皆升士流。"于是兵卒以军功致五品者，尽入书限，更名为《姓氏录》。由是缙绅士大夫多耻、被甄叙，皆号此书为"勋格"。

上述记载。略有出入。如诏改《氏族志》为《姓氏录》的时间，《通鉴》作六月二十二日，《唐会要》作九月五日；《唐会要》云改《氏族志》为《姓录》，无"氏"字，等等。但总的来看，只有详略的差别，没有实质的不同。相互比勘，可以看出：发起此举者为许敬宗、李义府。决策者是唐高宗。修撰者是孔志约等十二人。取舍的标准是当时官职的高低。旨在提高皇后武则天和现任重要官员的门第。书成，不为"士大夫"所喜。与《氏族志》相比，《姓氏录》多一百卷。

但所列士族少了四十八姓、家。在二百四十五姓、二百八十七家士族

唐代青瓷碗

中，还有不少是新升的。前六点表明了修改状况。第七点最为重要，由此可见，《姓氏录》对旧士族包括亲士族的打击是何等沉重。无怪乎他们对《姓氏录》极为不满而谓之"勋格"。

虽然一些"士大夫"对此举极为不满，但由于新进士族有比较开拓的精神风貌，由于不少家旧士族特权的丧失为广大庶族跻身仕途敞开了道路，因而，这一改革可以说获得了巨大的成功。从此，支持者的力量更加广泛、雄厚；武则天的皇后地位进一步趋于巩固。而这时武则天并未走出帏幕。掖庭宫中的武皇后，通过唐高宗手中的权柄，实现了自己的愿望。他们有了共同的政治基础。

第五章　巩固地位

第六章　开始辅政

辅政因由

随着解除威胁和扶植新贵活动的成功，武则天心中的忧虑逐渐消失了，代之而起的是由衷的喜悦和衣锦还乡的强烈愿望。

显庆五年（660）正月，在仪卫的簇拥下，武则天回到了阔别二十多年的故乡。在并州，唐高宗和武则天举行了盛大的赏赐和祭典。史载，唐高宗设宴招待"从官及诸亲、并州官属父老"，"赐酺三日"，对功臣子弟，分别给予赏赐。又"祠旧宅，以武士彟、殷开山、刘政会配食"。武则天在朝堂专门设宴招待亲族邻里故旧，"每赐物一千段，期亲五百段，大功已下及无服亲、邻里故旧有差。城内诸妇女年八十已上，各版授郡君，仍赐物等"。如此隆重的场面，在唐王朝的发祥地还是第一次出现。

在这欢天喜地的日子里，文水县的人们特别高兴，武氏家族显得更为神气。武则天本人，当然也很快活。

武则天和高宗在并州游了两个多月，直到百花竞艳，小麦抽穗的时节，才慢悠悠地回到洛阳。"衣锦还乡"是"功成名就"的标志。按照常规，武则天这一下应当效法"先贤"，老老实实地去当"理阴道"的皇后。但事实上，她却在"母仪万方"的同时，离经叛道，揭开掖庭宫门上的帷幕，走上了政治舞台。

有些人说，武则天的参与朝政，是由于唐高宗"昏庸""昏懦"，而这种观点是与事实不相符合的。

首先，"昏庸"说缺乏根据。查"昏庸"之说，本出于《新唐书》。《新唐书》卷七十六《则天顺圣皇后武氏传》云："（武后）已得志，即盗威福，施施无惮避，帝亦懦昏，举能钳勒，使不得专。"同书卷一百〇五《长孙无忌传》云："帝暗于听受。"同卷《褚遂良传》云："帝昏懦，牵于武后。"卷末赞语亦云："（高宗）内牵嬖阴，外劫谗言，以无忌之亲，遂良之忠，皆顾命大臣，一旦诛斥，忍而不省。反天之刚，挠阳之明，卒使牝咮鸣辰，祚移后家。"由此可见，昏庸说的主要论据是：唐高宗为武则天所控制，按其旨意贬杀了褚遂良和长孙无忌。

如果真像《新唐书》所说，那唐高宗可以算是有些昏庸了。但事实上，《新唐书》的说法是靠不住的。如前所述，褚遂良的被贬是在武则天当皇后之前，长孙无忌的被杀，是在武则天当上皇后不久的事情。试想，此时武则天还没有把皇后的位子暖热，怎么就能够"盗威福"？再说，此时她所进行的解除威胁、扶植新贵的斗争正需要唐高宗的帮助，怎么敢去"盗威福"？

褚遂良和长孙无忌等人在武则天立为皇后的过程中是最坚决的反对者，而唐高宗则是武则天最得力的支持者。显然，长孙无忌等人和唐高宗之间在这个问题上存在着尖锐的矛盾。不仅如此，长孙无忌以国舅之亲，专横跋扈；褚遂良以顾托之重，"悖戾犯上"。二人相互勾结，拉帮结派，以元老重臣自居，权大震主，以保护既得利益；而唐高宗血气方刚，不甘心为别人所挟制，对他们的表现早已怀恨在心。这种君臣之间的矛盾，迟早要以权臣的被诛而告结束。

武则天当上皇后以后，又面临着长孙无忌等人的威胁。当这种威胁波及保护武氏的唐高宗时，必然引起唐高宗对长孙无忌等人的更加不满。所以当许敬宗等人迎合武则天解除威胁的需要，诬陷褚遂良和长孙无忌时，唐高宗就趁机将长孙无忌等人贬逐，随后又置于死地。

由此可见，褚遂良与长孙无忌之被杀，是武则天的心愿，也是唐高宗的旨意。其间根本不存在唐高宗被武则天控制的问题，当然也就不能由此判定唐高宗"昏庸"。

其次，唐高宗并无昏庸之举。大家知道，高宗是太宗的第九个儿子，在长孙皇后所生诸子中，其才智不及魏王泰，但其"忠孝"有过之而无不及。他是唐太宗亲自选定的接班人。以唐太宗之明，岂能将帝位传于昏庸之辈！史载，高宗在即位之前，曾参决朝政，颇得太宗称赞。即位之初，亦勤于国政，每日临朝，孜孜不倦。至显庆二年五月，"宰相奏天下无虞，请隔日视事"，始改为两日赴殿。在此期间，他不仅能够遵循唐太宗的大政方针，而且也表现的颇为能干：

加强法制。唐高宗十分重视法制建设，永徽初，即令长孙无忌、李勣、于志宁、张行成、高季辅等人，在《武德律》《贞观律》的基础上修成《永徽律》。不久，又令长孙无忌等人逐条对《永徽律》进行注释，写成《唐律疏议》三十卷，颁行天下。《唐律疏议》共分名例、卫禁、职制、户婚、厩库、擅兴、贼盗、斗讼、诈伪、杂律、捕亡、断狱等十二篇，凡五百条，从不同的角度充分体现了"禁暴惩奸，弘风阐化，安民立政"的法律思想。这部法典以刑法为主要内容，同时又包括民事、婚姻、财产继承等方面的法律规范。在体例上科条简要，正文、附注、疏议、图表类型齐备。可谓"防范甚详，节目甚简"，"得古今之平"，是封建法典的代表。

从资料来看，《唐律疏议》的颁行，不仅在中国法制史上具有承前启后的作用，而且对当时社会的安定，经济的恢复和文化的发展也具有十分积极的意义。显然，唐高宗对唐朝的法制建设做出了一定的贡献。

求谏纳谏。高宗即位之初，便鼓励臣下进谏。他说："朕初即位，事有不便于百姓者悉宜陈，不尽者更封奏。"永徽五年（654）十月，诏雇雍州四万一千人筑长安城外廓，要求在一月内竣工。雍州参军薛景宣说：汉惠帝修长安城，不久死亡；今复修之，必有不幸。宰相们认为，景宣言涉不顺，请加诛夷。高宗回答说："景宣虽狂妄，若因上封事得罪，恐绝言路"，遂赦而不问。

由此可见，唐高宗确有求谏之心。不仅如此，唐高宗还能够纳谏。史载：永徽元年，高宗出猎，途中遇雨，问谏议大夫谷那律："油衣若何为得不漏？"谷那律想提醒高宗不要因好畋而荒于朝政，便巧妙地回答说："能以瓦为之，必不漏矣。"高宗听后，心领神会，十分喜悦，"赐那律绢帛二百匹"。

乾封二年（667），高宗"屡责侍臣不进贤，众莫敢对"。司列少常伯（即吏部侍郎）李安期回答说："天下未尝无贤，亦非群臣敢蔽贤也。比来公卿有所荐引，为谗者已指为朋党，滞淹者未获伸而在位者先获罪，是以各务杜口耳！陛下果推至诚以待之，其谁不愿举所知！此在陛下，非在群臣也。"李安期的言辞十分尖刻，若是某些皇帝，早已勃然大怒；而高宗却"深以为然"，并不文过饰非。

赏罚分明。对贪赃违法者，坚决打击，不留情面。永徽初年，唐高祖的小儿子滕王元婴和唐太宗第七子蒋王恽搜刮民财，"皆好聚敛"。唐高宗屡次降书责问。在赏赐诸王时，独不赏滕王和蒋王，并半挖苦半讽刺地说："滕叔、蒋兄自能经纪，不须赐物；给麻二车，以为钱贯。"羞得二王面红耳赤，无地自容。时褚遂良恃拥立之功，顾托之重，作威作福，欺压百姓，用低价强买中书省翻译人员土地。

高宗知道后，立即"左迁遂良为同州刺史"。

对政绩卓著者，则不吝赏赐，大力褒奖。

刘仁轨明察秋毫，雅而有文，从征辽东，屡立功勋，又

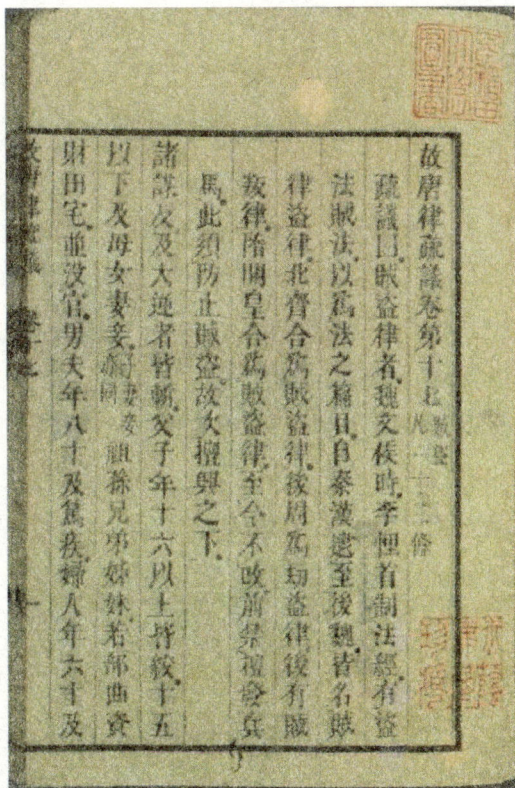

唐律疏议内页

"修录户口，署置官长，开通涂路，整理村落，建立桥梁，补葺堤堰，修复陂塘，劝课耕种，赈贷贫乏，存问孤老。渐营屯田，积粮抚士，以经略高丽"。高宗深加赏叹，"因超加仁轨六阶，正授带方州刺史，并赐京城宅一区，厚赉其妻子，遣堡降玺书劳勉之"。李勣驰骋沙场，颇立战功，为巩固李唐的辽阔版图做出了杰出的贡献。他病死后，高宗"为之举哀，辍朝七日，赠太尉、扬州大都督，谥曰贞武，给东园秘器，陪葬昭陵"。送葬之日，高宗至未央古城，"登楼临送，望柳车恸哭，并为设祭，所筑坟一准卫、霍故事，象阴山、铁山及乌德鞬勒山，以旌破突厥、薛延陀之功。"

处事果断。永徽三年（652），太宗第三子吴王恪、第十七女高阳公主与房玄龄子驸马房遗爱及驸马都尉薛万彻等人图谋夺取帝位。高宗发现后马上命宰相长孙无忌追查，绳之以法，将房遗爱、薛万彻斩首示众，令吴王恪、高阳公主自尽。显庆二年（657），高宗将赴洛阳，"鞬勒每事俭约，道路不许修理"。临出发时，突然下起了小雨。"至灞桥鞬勒，御马蹶。"御史中

第六章 开始辅政

丞许圉师上奏，劾进马官监门将军斛斯政则，说他进马不善，罪该处死，请付法司。高宗不假思索，立即制止，说"马有蹶失，不可责人"。

继续推行均田制。均田制产生于北魏，是一种比较先进的土地分配形式。北齐、北周和隋朝都颁布过均田法令。唐初发展了均田制，规定："凡天下丁男，给田一顷；笃疾废疾，给四十亩；寡妻妾，三十亩，若为户者，加二十亩。所授之田，十分之二为世业，余以为口分。世业之田，身死则承户者授之。口分则收入官，更以给人。"而且扩大了均田制实行的范围，不但实施于中原，还推行到边疆地区。敦煌、吐鲁番文书中就有当地实行均田制的记载。均田制成了当时发展经济的一根巨大杠杆。

但是，贞观末年，土地兼并日益抬头，均田制面临着破坏的危机。高宗即位后，在谋求社会安定的过程中，特别下令禁止买卖口分田和永业田。从而保证了均田制的实施。

在此基础上，社会经济持续发展，主要表现在：户口显著增加，物价亦较便宜。史载，贞观时户不满三百万，至永徽三年达到三百八十万。永徽五年，"洛州粟米斗两钱半，粳米，斗十一钱"。

维护国家统一。贞观末，突厥可汗有叛者。永徽元年，高宗遣右骁卫郎将高侃击败车鼻可汗，设单于、瀚海两都护府、都督府、二十二州于其地。加强了唐王朝对漠北的管理。永徽二年七月，西突厥酋长、瑶池都督阿史那贺鲁叛唐，自称沙钵罗可汗，侵扰四邻，杀掠数千人。同年秋，高宗命右武侯将军梁建方率军征讨。六年五月，又命右屯卫大将军程知节为葱山道行军大总管继续征讨。

显庆二年、复派大将苏定方前往讨伐。苏定方率唐军顶风冒雪，昼夜兼行，终于追捕了沙钵罗，平定了西突厥。在西突厥故地，设置濛池、昆陵二都护府，又"徙安西都护府于龟兹（今新疆库

九成宫内唐井

车），以旧安西复为西州都护府，镇高昌故地（今新疆吐鲁番一带）"。从而巩固了唐王朝在西域的统治。

当然，唐高宗的所作所为也不是没有过错的。永徽六年，他曾容忍和支持武则天对王皇后、萧淑妃的残酷迫害，在对褚遂良、长孙无忌等人的处理上，唐高宗亦非完全站在公正的立场，但这些事实并不足以说明唐高宗是昏庸之君。

大量事实表明：唐高宗并非昏庸懦弱。因此，用唐高宗"昏懦"来解释武则天参与朝政的原因，显然是不妥当的。

同"昏庸"说差不多，又有人说：武则天之参与朝政，是由于唐高宗"惧内"，而这种观点也是值得商榷的。

所谓"惧内"，就是说唐高宗怕老婆。

在武则天立为皇后之前，唐高宗就已经拥有许多妃嫔，其中王皇后和萧淑妃刚悍猜妒，绝非温顺善良的女性。如果说唐高宗怕老婆，怎么还敢把她们废为庶人，送进地狱？当武则天没有涉及朝政、仅为昭仪时，高宗力排众议，将她立为皇后，更谈不上是由于怕她。唐高宗既然无"惧内"事实，那么以"惧内"解释武则天参与朝政的原因，当然是不恰当的。

事实上，武则天之参与朝政，既有客观条件，也有主观因素。

客观上，显庆五年（660）唐高宗得了重病，"风眩头重，目不能视"。"风眩头重，目不能视"是什么病，尚不能确切判定。有人认为是高血压、近视眼、精神衰弱。但

供奉武则天菩萨

看起来似乎有些牵强。因为史书上有许多高宗骑马射箭，围场打猎的记载。若是高血压、近视眼，这些记载无法解释。据一位老中医分析，这是一种由"阴虚阳亢"引起的慢性疾病，难以根治，易于复发，重在调养。无论如何，风眩头重、目不能视是非常痛苦的事。

唐高宗最初染上此疾，旬月不得康复。在这种情况下，需要有人帮他临朝，处理国家事务。由谁出面好呢？当然是皇太子。可是，当时太子李弘年方八岁，且"多疾病"，根本不可能断决庶政。宰相许敬宗等人能够处理朝政，但不能完全依靠他们，否则，便有大权旁落的可能。这样，武则天就显得异常重要起来，成了唯一可以完全信赖的人选。他们既是生活中的伴侣，又是政治上的伙伴。此时高宗让她帮助处理朝政，是顺理成章的事。

主观上，武则天有参与朝政的本领。如前所述，武则天自幼聪明好学，权变多智。不平凡的经历开阔了她的视野，锻炼了她的意志，丰富了她的知识，增长了她的才干。她深知前朝古代的治乱得失，又有同反对派作斗争的实际经验，政治头脑灵活，能够排忧解难，把握风云变幻；她具有较高的文化素质，而且精力充沛，作风顽强，能够吟诗作文，批阅奏章，日理万机。

武则天又与唐高宗情投意合，心心相印。这种密切关系自然而然地促进了主客观因素的结合。关于这一点，史书上说得非常清楚。《资治通鉴》卷二百载：显庆五年十月，高宗"初苦风眩头重，目不能视，百司奏事，上或使皇后决之"。《唐会要》卷三亦载："显庆五年十月以后，上苦风眩，表奏时令皇后详决，自此参与朝政。"

辅政业绩

显庆五年（660）十月之参与朝政，对武则天来说本来是临时性的。太子长大成人，她便可以告别政坛，深居后宫。可是，显庆五年以后，唐高宗"头重目眩"的病常常复发，又患上了可怕的虐疾。每次患病，一月左右。由于有病，需要休息，而当病情缓和时，高宗总是花许多时间去打猎、游幸。这一点，只要浏览一下唐高宗这时的履历谱，就会看得非常清楚：

龙朔元年（661）三月二十七日，幸合璧宫。七月，还东都。十月，畋于陆浑、非山。

二年（662）三月五日，离开东都。十六日，至河北县（今三门峡市西北）。二十二日，幸蒲州（今山西永济）。二十四日，幸同州（今陕西大荔）。四月一日，至京师。十月，幸骊山之温汤（即今临潼华清池）。三年（663）居长安蓬莱宫之含元殿，厌风湿。

麟德元年（664）二月十日，幸福昌宫。二十五日，幸万年宫。八月，还京。二年（665）二月十日，发自京师，二十五日，至合璧宫。闰三月初一至东都。十月，东南行，十二月，至泰山之下。

乾封元年（666）正月，禅于泰山。三月，始返东都。六日以后，复幸合璧宫。四月八日，达长安。

二年（667）秋，久疾不愈。总章元年（668）二月二十四日，幸九成宫。八月二十一日还京。

二年（669）四月一日，幸九成宫。九月二十六日，大蒐于岐州（今陕西凤翔县东南）。十月十二日，还京。咸亨元年（670）四月二十八日，幸九成宫。八月十七日还哀。

二年（671）正月七日，发京师，二十六日，至东都。十一月十七日，幸许、汝二州。十二月十日，校猎于叶县，（今河南叶县）。二十三日，还东都。

三年（672）四月九日，幸合璧宫。二十一日，教旗于洛水之南。十月五日，发东都，十一月十七日，至京师。

四年（673）四月二十一日，幸九成宫。八月，患严重虐疾，热而不寒，病情危笃。十月二十四日还京。上元元年（674）十一月一日，离京师。四日，校猎于华山之曲武原。二十三日，至东都。

二年（675）三月，风疹复发，目眩难忍，居合璧宫，四月末，还洛阳。

仪凤元年（676）二月十九日，幸汝州之温汤。三月六日，还东都。闰三月二十二日，离东都。四月十一日至京师。二十一日，幸九成宫。十月一日，还京。

二年（677）正月二十九日，幸司竹园，即日还宫。

三年（678）五月七日，幸九成宫。十月，还京。

调露元年（679）正月二十八日，幸东都。居宿羽等宫。

永隆元年（680）二月八日，幸汝州温汤。十二月，至少室山。二十日，还东都。四月二十一日，幸紫桂宫。八月五日，还东都。十月八日西行，二十七日，至京师。

开耀元年（681）闰七月，复病，服药饵。永淳元年（682）四月之日，离长安，二十二日，至东都。

弘道元年（683）正月，幸奉天宫四月十二日，还东都。五月三日，幸芳桂宫，复至合璧宫，遇雨而还。十月，幸奉天宫。十一月，风眩头闷，难受至极。

在这种情况下，高宗虽欲勤于朝政，但往往苦于精力不济，所谓心有余而力不足，常常仍需他人代理朝政。

本来皇太子李弘逐渐长大，可以成为唐高宗的得力助手。可是实际上皇太子并未能发挥其应有的作用。李弘自立为太子，即多有疾病，"沉瘵婴身"，得了严重的结核病。在很长时间内，不能观决朝事，其预政者仅仅有下列几次：

龙朔三年（663）十月，高宗患风痹，皇太子每五日于光顺门（即大明宫紫宸殿南之右门）视诸司奏事。

乾封二年。（667）九月，高宗久病不愈，命皇太子监国。

咸亨三年（672）十月，高宗幸京师，诏皇太子于东都监国。

咸亨四年（673）八月，高宗患虐疾，令皇太子于延福殿受诸司启事。

李弘由于病魔缠身，二十四岁时，就过早地离开了人世。

李弘死后，其弟李贤（武则天第二子）被册立为皇太子，时年二十岁。李贤"容止端重，少为帝爱"。高宗曾对司空李勣说："此儿已读得《尚书》《礼记》《论语》，诵古诗赋复十余篇，暂经领览，遂即不忘。我曾遣读《论语》，至'贤贤易色'，遂再三覆诵。我问何为如此，乃言性爱此言，方知凤成聪敏，出自天性。"初封潞王，后迁授岐州刺史，加雍州牧、幽州都督。龙朔元年（661），徙封沛王，加扬州都督，兼左武卫大将军，雍州牧如故。二年，加扬州大都督。麟德二年（665），加右卫大将军。咸亨三年（672），改名为德，徙封雍王，授凉州大都督，雍州牧、右卫大将军如

王宾像

故。上元元年（674），复名为贤。"及为皇太子，令监国，处分明审，为时所称"。有一定的政治才能。

但此人颇好声色，思想也比较保守。他看不惯武则天参政，召集左庶子张大安、洗马刘讷言、洛州司户参军格希玄、学士许叔牙、成玄一、史藏诸、周宝宁等儒士给范晔《后汉书》作注，用东汉外戚专权以影射时政。

武则天对此不满，命人撰写《少阳正范》及《孝子传》赐予他，接着"又数作书诮让之"，希望他能够改邪归正，孝敬父母，努力学习治理天下的本领。而太子贤自命不凡，拒不接受。太子贤不接受批评的态度，确实加深了母子之间的矛盾。

另外，当时宫中有人窃议，说李贤不是武则天生的，而是其姊韩国夫人的儿子。李贤听到后，"内自疑惧。"不久，术士明崇俨向武则天秘称"太子（贤）不堪承继"。李贤闻之，"愈不自安"，乃招募刺客，将明崇俨暗杀。武则天"使人发其阴谋事，诏令中书侍郎薛元超、黄门侍郎裴炎、御史大夫高智周与法官推鞫之，于东宫马坊搜得皂甲数百领"。

因此，李贤被废为庶人，太子位由其弟李显继承。而李显年少，且学识有限，仍不能独理朝政。

61

这样，在许多场合，特别是高宗患病之际，仍需要武则天参与朝政。而武则天对此也很清楚，希望能够继续参政。为此，除努力做到处事"皆称旨"外，还采取了一些具体措施：

依靠高宗，诛杀权臣。

武则天参政四年后，权势有所增加，已与宰相上官仪发生了矛盾。从"左右奔告于后，后遽诣上自诉"，"上羞缩不忍，复待之如初"，犹恐皇后有怨而道出上官仪的情况来看，唐高宗对武则天的感情是深厚的，只是偶尔有些不满，本无废弃之意；真正要求废弃武则天的乃是宰相上官仪。

上官仪，字游韶，陕州陕县（今河南三门峡市）人。曾祖回，任后周襄城太守。祖父失名，履历不详。父弘，隋比部郎中、江都总监。虽然家世并不显赫，但也算得上个小门士族。隋炀帝大业末年，父弘为陈棱所杀，仪乃私度为僧，"游情释典，尤精《三论》。""寝工文词，涉贯坟典"。诗歌清秀，"好以绮错婉媚为本"，人称"上官体"。贞观初，以进士及第，任弘文馆学士，颇为唐太宗所重。高宗即位后，迁秘书少监，进西台侍郎。

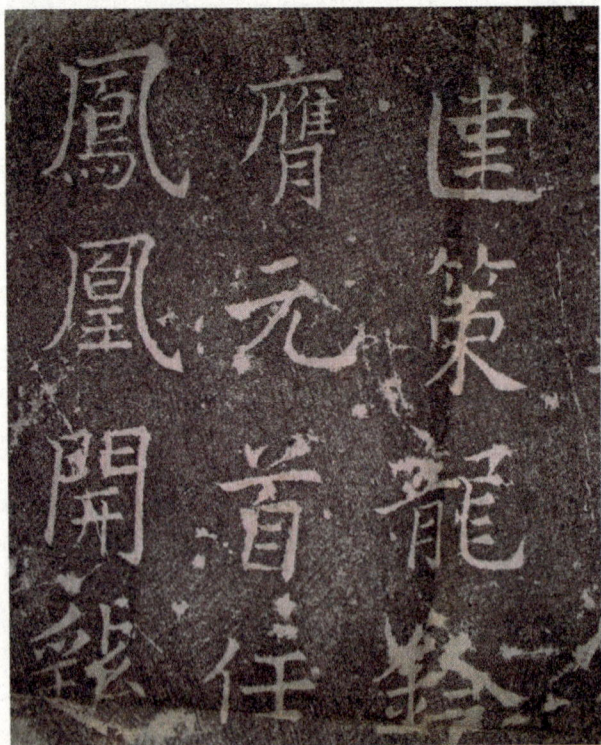

顺陵残碑拓片局部

龙朔二年（662）十月，同东西台三品，位至宰相，"颇恃才任势。"当宰相一年多工夫，就形成了"独持国政"的局面。这是武则天所不能容忍的，她要对上官仪加以限制。

上官仪为了维护既得利益，进而真正达到独持朝纲的目的，便指使同党王伏胜捏造罪名，激怒高宗，并见缝插针，亲手导演了一出废皇后的滑稽剧。然而，正当他指手画脚，得意忘形的时候，一副沉重的镣铐禁锢了他的身躯，直到死在狱中。

上官仪是被指控为与燕王忠谋反而丧生的。燕王忠自显庆元年失去皇太子之位以后，怀恨在心，结纳宾客，图谋不轨，遣使入京，窥探消息，又怕事泄被杀，常穿妇人之衣以防奸细，因而也未能逃脱死亡的厄运。上官仪被杀后，在很长一段时间里，没有人再敢对武氏参政公开表示异议。

不徇私情，大"义"灭亲。

参与朝政之前，武则天曾"制《外戚诫》献诸朝"。参与朝政后，武则天对自己的亲戚限制得比较严格，贬杀了哥哥武元庆、武元爽、武惟良、武怀运和侄儿贺兰敏之。元庆与武则天同父异母，官至宗正少卿。元爽是元庆的亲弟弟，官至少府少监。惟良是武则天伯父士让的儿子，官至司卫少卿。怀运是惟良的弟弟，官至淄州刺史。

关于元庆、元爽、惟良、怀运之死，史书上是这样记载的：武士彟死，元庆等对继母杨氏及其女武则天淡漠失礼。武则天当上皇后以后，杨氏被封为荣国夫人，地位日益尊崇。

有一天，杨氏设宴置酒，与亲戚会饮。想想过去，看看现在，用挖苦的口气对惟良说："颇忆畴昔之事乎？今日之荣贵复何如？"惟良答道："惟良等幸以功臣子弟，早登宦籍，揣分量才，不求贵达，岂意以皇后之故，曲荷朝恩，夙夜忧惧，不为荣也。"

杨氏听后，很不高兴。于是武则天就上疏，请出惟良等为远州刺史。高宗下诏以惟良检校始州（今四川剑阁县）刺史、元庆为龙州（今广西龙州县北）刺史、元爽为濠州（今安徽凤阳县东）刺史。元庆至州，不久即忧惧病死。乾封元年，惟良、怀运至京师，献食，"后密置毒醢中，使侄女魏国夫人（韩国夫人之女）食之"，遂暴卒，"因归罪于惟良、怀运"，诛之，改其姓为蝮氏。元爽等缘坐配流岭外而死。

从这些记载看来，武则天贬杀武元庆等人，似乎完全是感情用事，报当年之旧恨。事实上，恐怕也与当时武则天抑制外戚的主导思想不无关系。武则天"通文史"，对历史上外戚专权之祸，是很清楚的。此时的武则天，一心辅佐高宗治理朝政，尚无当女皇的欲望，这与后来登基之初利用外戚抑制皇室不同。

因此，她对外戚采取抑制政策是可以理解的。武元庆病死龙州，不完全

第六章　开始辅政

63

是武则天的责任。武惟良等人被杀，若《通鉴》记载属实，好像有点冤屈。至于贺兰敏之被贬死，完全是罪有应得。

贺兰敏之是武则天姐姐韩国夫人的儿子，长得潇洒英俊，一表人才。武元庆等人死后，武则天觉得贺兰敏之还差不多，就上奏高宗，以贺兰氏为武士彟之嗣，改姓为武，袭爵周国公，官至弘文馆学士，左散骑常侍。本来，武则天对贺兰敏之抱有很大希望，"令鸠集学士李嗣真、吴兢之徒，于兰台刊正经史并著撰传记。"

但是，贺兰敏之不知恩德，恃宠骄纵，屡犯国法。对此，武则天甚为不满。后来，他越来越不像话了。

司卫少卿杨思俭的女儿姿色出众，唐高宗和武则天亲自选择，以为太子李弘之妃。快要成婚的时候，被贺兰敏之强奸了。

当时武则天的女儿太平公主还小，去外婆荣国夫人家玩耍，宫女侍行，"又尝为敏之所逼"。

咸亨元年（670）八月，荣国夫人死，武则天悲痛欲绝，为之举行隆重葬礼，破格于咸阳县洪渎原堆土为陵。为了使母亲在阴间过得很快活，武则天出内库大瑞锦及钱数十万，"令敏之造佛像追福"。贺兰敏之又贪污挪用，并在荣国丧服之内，"私释衰绖，著吉服，奏妓乐"。

由此可见，贺兰敏之已完全变成了一个流氓、无赖、贪官污吏。他竟敢对武则天的女儿动手动脚，对武则天的母亲又是如此不孝，武则天当然非常气愤。咸亨二年六月，武则天表陈贺兰敏之前后罪恶，请加贬逐。高宗准奏，将敏之流雷州（今广东海康）。敏之自感途穷，在前往雷州的半道上以马僵自缢而死，结束了他丑恶的一生。

武元庆等人的死亡，使外戚势力大为削弱。人们由此看到：武则天之参与朝政，是为了"天下"，而不是为其亲戚。因此，不少人从内心打消了抵触情绪。

重用学士，著书立说。

武则天参政十几年后，感到自己一个人的能力有限，便通过高宗召集了一批文学之士，让他们著书立说，帮助她处理朝政。《新唐书》卷二〇一《文艺上·元万顷传》载："武后讽帝召诸儒论撰禁中，万顷与周王府户曹参军范履冰、苗神客、太子舍人周思茂、右史胡楚宾与选，凡撰《列女传》

《臣轨》《百僚新戒》《乐书》九（当为凡）千余篇。至朝廷疑议表疏密使参处，以分宰相权，故时谓'北门学士'。"显然，"北门学士"与弘文馆学士或翰林学士不同，不是职官名称，而是当时人对这批文学之士的称呼。

据《旧唐书·经籍志》等记载，《臣轨》《百僚新戒》是后来的作品。此时所撰除《古今内范》一百卷、《青宫纪要》《少阳政范》各三十卷、《维城典训》《凤楼新诫》《孝子传》《孝女转》各二十卷外，还有《紫枢要录》十卷、《列女传》一百卷、《字海》一百卷、《玄览》一百卷、《乐书要录》十卷、《保傅乳母传》一卷。这些书绝大部分已经失传，但顾名思义，可知这些书大都是为太子和诸王写的。当然，也有为"天下"写的，如《孝子传》《孝女传》《列女传》，等等。至于《字海》《玄览》《乐书要录》更是通用的工具书。

著书立说是北门学士的重要任务之一。其另一重要任务是"参决朝政"。关于北门学士参决朝政的原因，史书上说是为了"分宰相之权"。可见，唐高宗、武则天对当时的一些宰相并不放心。实际上，北门学士是武则天和唐高宗的智囊团。武则天提高了北门学士的地位；北门学士成了武则天进一步参与朝政的重要帮手。当然，北门学士都是中级官员，虽然能对时政产生一定的影响，但对相权的分割是有限的，还远远没有达到架空宰相的程度。

由于高宗体弱多病，皇太子未能发挥应有的作用，而武则天处事皆符合高宗旨意，因此从显庆五年（660）十月开始，武则天参与朝政历经二十三载，直到弘道元年（683）高宗病死。

显庆六年到弘道元年之间，唐高宗亲理朝政的事实屡见于史籍：

龙朔元年（661）

掐丝团花金杯

五月，高宗命左骁卫大将军、凉国公契苾何力为辽东道大总管，左武卫大将军、邢国公苏定方为平壤道大总管，兵部尚书、同中书门下三品，乐安县公任雅相为浿江道大总管，以伐高丽。

二年（662），有一次左相许圉师的儿子奉辇直长许自然游猎，犯人田，田主怒，自然以鸣镝射之。圉师杖自然一百而不向高宗报告。高宗知道后说："圉师为串相，侵陵百姓匿而不言，岂非作威作福！"圉师免官。

三年（663）二月，高宗下诏说："在京系囚应流死者，每日将二十人过"，并亲自临问，多所原宥，不尽者令皇太子录。

麟德二年（665）四月，高宗"讲武邙山之阳，御城北楼观之"。乾封元年（666）正月，高宗赴泰山封禅，封于泰山，禅于社首。二年正月，高宗以去冬至于是月无雨雪，"避正殿，减膳，亲录囚徒"。

咸亨二年（671）六月，因天旱，高宗"亲录囚徒"。

三年（672）四月，吐蕃遣其大臣仲琮入贡，高宗问及吐蕃风俗，并谴责吐蕃吞灭吐谷浑、败薛仁贵、侵逼凉州之事。

元二年（675）四月，高宗"以旱避正殿，减膳，撤乐，诏百官言事"。

调露元年（679）十一月，高宗"临轩试应岳牧举人"。

这些事实说明，在武则天参与朝政后，唐高宗仍然掌管某些重要的军政事务，并不像一些人所说的那样，完全成了武则天的傀偏。

但是，如前所述，显庆五年以后，唐高宗新病旧疾，时常发作，而且病情越来越重。这种情况，加上其他因素，武则天参与朝政的程度必然会逐步加深，其政治地位势必会随之增高。事实也是如此。

自上官仪被杀之后，武则天的权势有所增长。"自是卜每视事，则后垂帘于后，政无大小，皆与闻之。天下大权，悉归中宫，黜陟、杀生，决于其口，天子拱手而已，中外谓之二圣"。这是《资治通鉴》卷二〇一的评述。《新唐书》卷七十六《则天顺圣皇后武氏传》说："群臣朝，四方奏章，皆曰'二圣'。每视朝，殿中垂帘，帝与后偶坐，生杀赏罚惟所命。"虽然二书有视朝方法的不同，并夸大了武氏的权力，与上述事实不符。但都说明，武则天的政治地位进一步尊崇。

上元元年（674）八月十五日，唐高宗称天皇，武则天称天后，地位又升了一级。上元二年（675）三月，唐高宗旧病复发，风眩不支，准备逊位于武则天，由于宰相郝处俊等人反对而中辍其事。《大唐新语》卷二载：

高宗将下诏，逊位于则天，摄知国政，召宰相议之。（郝）处俊对曰："礼经云：天子理阳道，后理阴德。然则帝之与后，犹日之与月，阴之与阳，各有所主，不相夺也。若失其序，上则谪见于天，下则祸成于人。昔魏又帝著令，崩后尚不许皇后临朝，奈何遂欲自禅位于天后？况天下者，高祖、太宗之天下，非陛下之天下。正合谨守宗庙，传之子孙，不可持国与人，有私于后。惟陛下详审。"中书侍郎李义琰进曰："处俊所引经典，其言至忠。惟圣虑无疑，则苍生幸甚。"高宗乃止。

虽然如此，武则天的地位乃在上升：仪凤三年（678）正月辛酉初四，"百官及蛮夷酋长朝天后于光顺门"。

总之，武则天参与朝政期间，并没有独揽朝纲，唐高宗始终是最高行政首脑，健康时常常临朝决事。不过，随着唐高宗病情的加重，武则天的权力和政治地位确有不断增长的趋势。

在参与朝政期间，武则天究竟干了些什么？从史书的记载来看，除上述杀上官仪、"大义"灭亲、重用学士外，主要还有：

以身作则，克尽妇职。

武则天参与朝政以后，并没有忘记自己是一个妻子。努力使自己与唐高宗保持一致。唐高宗要"劝课农桑"，她就多次"先蚕于北邙"，以示重视；唐高宗要"返朴还淳"，她就"常著七破间裙"，"务尊节俭。"尽量关心唐高宗的身体。除了勤理朝政、减轻高宗的负担外，还经常伴高宗外出。如龙朔二年（662）三月，随高宗告别洛阳，经潼关等地西返京师长安。

永隆元年（680）二月，陪高宗游嵩山。弘道元年（683）十月，伴高宗幸奉天宫，亲自侍疾。

注意对皇太子等人的教育。武则天经高宗批准，召集文学之士撰《古今内范》《青宫纪要》《少阳政范》《维城典训》《凤楼新诫》《孝子传》等书以赐子女。

镶金兽首形玛瑙杯

大凡一个皇后应该做的事，她都做了。仅此而言，武则天不失为一位贤妻良母。这对唐高宗乃至当时社会都是不无裨益的。

上书言事，出谋划策。上书言事，是武则天参与朝政的一种形式。大抵高宗病重时，她代为理政；病情缓和时，与之"偶坐"参决；健康恢复或外出时，则上书言事。如龙朔元年（661）四月，唐高宗欲亲率大军出击高丽，武则天以为不妥，"抗表进谏"。上元元年（674）十二月，上表，建言十二事：

劝农桑，薄赋徭；

给复三秦地；

息兵，以道德化天下；

南北中尚禁浮巧；

省功费力役；

广言路；

杜谗口；

王公以降皆习《老子》；

父在为母服齐衰三年；

上元前勋官以给告身者无追覆；

京官八品以上益廪入；

百官任事久、才高位下者得进阶申滞。

开耀元年（681）二月，"表请赦杞王上金、鄱阳王素节之罪。"其中特别是"建言十二事"，内容广泛，影响较大。"建言十二事"是武则天针对当时的社会实际提出的十二条政改方案。第一、二条是恢复和发展经济的措施。

乾封元年以后，朝野官员多被"封禅"的盛况冲昏头脑，不注意农业生产，剥削额有所加重，加之自然灾害的影响，经济形势出现逆转，关中三辅情况尤为严重。

因此，武则天提出劝课农桑、轻徭薄赋，给复三辅地的主张。

第三条涉及军事战略。乾封前后，唐王朝东征高丽，南讨叛蛮，西御吐蕃，四方用兵，连年不休，虽取得了一定的胜利，但也付出了很大的代价，正是在这种情况下，武则天建言息兵，而以德化天下。

第四至五条，提倡励行节约，勤俭办事。

第六、七条主张广泛听取不同意见，杜绝谗言，以集中统治阶级的集体智慧。

第八、九条旨在遵奉李唐先祖、提高妇女地位。第十条以下则是要增强各级官吏的凝聚力。

史载这些建议多被唐高宗采纳，施行之后，颇益于时。

祭地祀天，从驾封禅。

武则天参政后，政通人和"比岁丰稔"。到麟德二年（665），"米斗至五钱，麦、豆不列于市。"公卿大臣数请封禅，以感谢"天地神祇"。武则天表示赞同，唐高宗便着手准备封禅大典。

所谓"封禅"，就是在泰山顶上筑坛祭天，在泰山脚下设场祀地，报答"天地"的恩赐，请求"神祇"的保佑。司马迁在《史记》卷二十八《封禅书》中说："自古受命帝王，曷尝不封禅？"可知封禅之典古已有之。考诸史籍，秦皇、汉武，皆有封禅之事。

唐初，"兖州刺史薛冑，以天下太平，登封告禅，帝王盛烈，遂遣博士登泰山观古迹，撰封禅图及仪上之。高祖谦让不许"。贞观五年（631）、六年，朝集使等又请封禅，太宗以天下凋残等为理由，没有接受。其后群臣复有所请，太宗乃召集儒士，议封禅之礼，几次谁备，但终未起行。

唐高宗在做了充分的准备之后，于麟德二年（665）十月二十八日离开东都，向泰山进发。"从驾文武仪仗，数百里不绝。列营置幕，弥亘原野。

东自高丽（朝鲜半岛北部），西至波斯、乌长（伊朗、巴基斯坦一带），诸国朝会者，各帅其属扈从，穹庐毳幕，牛羊驼马，填咽道路。"队伍浩浩荡荡，"议者以为古来帝王封禅，未有若斯之盛者也。"

皇后武则天的仪仗在这支队伍中显得特别耀眼，她神气十足，想充当重要角色。十二月，车驾至泰山脚下，"及有司进奏仪注，封祀以高祖、太宗同配，禅社首以太穆皇后、文德皇后同配，皆以公卿充亚献、终献之礼。"于是，武则天上表主张改革礼仪，不可仍尊旧轨。认为社首祭地，公卿大臣行事不妥，应当由她率六宫命妇进行。高宗觉得有理，就同意了她的要求，禅社首以武则天为亚献，越国太妃燕氏为终献。

乾封元年（666）正月，高宗率众在泰山举行隆重的大典，初一，祀昊天上帝于泰山南。初二，高宗登泰山，封玉牒，上帝册藏以玉匮，配帝册藏以金匮，"皆缠以金绳，封以金泥，印以玉玺，藏以石碱。"初三，降禅于社首，祭皇地祇。高宗初献毕，执事者皆趋下，宦者执帏，武则天升坛亚献，"帏帟皆以锦绣为之"。礼毕，唐高宗饮宴群臣，对这次活动作了概括总结。他兴高采烈，用夸耀的口气说："升中大礼，不行来数千载。近代帝王，虽称封禅，其间事有不同：或为求仙克禋，或以巡游望拜，皆非尊崇祖业。朕丕承宝历，十有七年，终日孜孜，夙夜无息。属国家无事，天下太平，华夷乂安，远近辑睦，所以躬亲展礼，褒赞先勋。情在归功，固非为己。遂得上应天心，下允人望。"

"封禅"完全是一种封建迷信活动，除了造成物质上的巨大浪费外，似乎不会有别的作用。但在当时，如此宏大、庄严的典礼，提高了唐王朝的威望，在客观上进一步维系了人心，加强了各族之间的联系，因而具有一定的积极意义。

应当指出，以上这些，并非武则天参政业绩的全貌。在武则天辅政期间，唐王朝的政治、经济、军事、文化等领域还发生了一系列重大事件：

在政治方面，首先是官制的变化。

官职增减。显庆元年（656），置骠骑大将军，秩从一品。龙朔二年（662）正月十五日，太府寺更置少卿一员，分两京检校。二月七日，废尚书令。总章二年（669）二月十二日，同三品始入衔；置司列、司戎少常伯各两员。永淳元年（682）七月，置州别驾；外司四品以下知政事者始以"平章事"为名。

官名改易。龙朔二年（662）二月，改门下省为东台，中书省为西台，尚书省为中台；侍中为左相，中书令为右相，仆射为匡政，左、右丞为肃机，尚书为太常伯，侍郎为少常伯；其余二十四司，御史台、九寺、七监、十六卫，并以义训更名。咸亨元年（670）十二月，高宗又下诏，将龙朔二年所改官名大部分依旧，"其东宫十率府，各宜依旧率府。其左司议郎去左字。其左右金吾、左右威卫，依新改。"

官加泛阶。乾封元年（666）正月五日，"文武官三品已上赐爵一等，四品已下加一阶"，打破了以劳考叙进的局面。

确定服饰。龙朔二年（662）九月，令八品、九品衣碧。上元元年（674）八月，敕文武官三品以上服紫，金玉带；四品服深绯，金带；五品服浅绯，金带；六品服深绿，七品服浅绿，并银带；八品服深青，九品服浅青，并榆石带。

制定铨注之法。针对当时"承平既久，选人益多"的状况，总章二年（669）司列少常伯裴行俭与员外郎张仁棉没长名姓历榜，引铨注法，定州

唐戴面纱女骑俑

县升降、官资高下，遂为定制："取人以身、言、书、判，计资量劳而拟官。始集而试，观其书、判（看是否楷法遒美，文理优长）；已试而铨，察其身、言（看是否体貌丰伟、言辞辩正）；已铨而注，询其便例；已注而唱，集众告之。然后类以为甲，先简仆射，乃上门下，给事中读，侍郎省，侍中审之，不当者驳下。既审，然后上闻，主者受旨奉行。各给以符，谓之告身。兵部武选亦然。课试之法，以骑射及翘关（翘关，长丈七尺，径二寸半，凡十举后，手持关距，出处无过一尺为中第）、负米（负米五斛，行二十步，为中第）。人有格限未至，而能试文三篇，谓之宏词；试判三条，谓之拔萃；入等者得不限而授。其黔中、岭南、闽中州县官，不由吏部，委都督选择土人补授。凡居官以年考，六品以下，四考为满。"仪凤元年八月，高宗又下令："桂、广、交、黔等都督府，比来注拟土人，简择未精，自今每四年遣五品已上清正官充使，仍令御史同往注拟。"时人谓之"南选"。以上情况表明，当时选拔官吏的制度和办法比较健全和严密。

其次，在周边地区增置州县，使许多少数民族首领成了都督、刺史。

唐王朝在周边少数民族地区设置州县早在太宗贞观年间即有其事。如贞观四年降服东突厥以后，分颉利可汗之地为六州，左置定襄都督府、右置云中都督府。

二十一年，"以铁勒，回纥等十三部内附，置六都督府、七州，并以其酋帅为都督刺史。"高宗永徽年间，亦曾在边地置州。如永徽元年在车鼻可汗故地置二都护府、十都督府、二十二州，各以首领为都督刺史。

但是，显庆五年以后，这种情况更为普遍。如：龙朔元年在"吐火罗（今阿富汗北部）、哌哒、罽宾、波斯等十六国置都督府、州七十六、县一百一十、军府一百二十六，并隶安西都护府。"麟德元年（664），"于昆明之弄栋川置姚州都督府"，管三十二州。总章元年（668），"分高丽地为九都督府、四十二州、百县，置安东都护府于平壤以统之，擢其酋渠为都督及刺史县令，与华人参理"甲。

咸亨三年（672），"昆明蛮十四姓二万三千户内附，置殷、敬、总三州"。总之，在周边少数民族地区甚至附属国都普遍增置了州县或羁縻府州，与之相适应，任命许多少数民族首领为地方长官。这反映出在武则天辅佐下，高宗统治时期国力的强盛和版图的扩大。

再次，庶族的政治地位有所提高。庶族势力在隋末唐初迅速发展，但唐高祖时，十二个宰相，全是士族。太宗所任宰相，亦多为士族。高宗统治时宰相中庶族占百分之二十，超过了太宗时期。

此外，劳动者的地位也受到重视。如咸亨元年（670）关中大饥，诏年十五以下不能存活者，任人收养驱使，但"不得将为奴婢"。四年，"诏咸亨初收养为男女及驱使者，听量酬衣食之值，放还本处"。

在经济方面，均田制继续得到推行。至于城市建设较为迅速，长安外廓城，特别是大明宫含元殿的扩建和重修，更是众所周知的事。此外，禁用"恶钱"，颇为严厉。

显庆五年（660），以"恶钱"多，官府购买，以一善钱兑换五恶钱。乾封元年（666），改铸"乾封泉宝"钱，以一当旧钱之十，这是中国"年号钱"的开始。二年，以商贾不通，米帛踊贵，复行开元通宝钱。永淳元年（682），鉴于铸多钱贱，米粟踊贵，诏"私铸者抵死，邻、保、里、坊、村正皆从坐。"遇到自然灾害时，复有赈济之举。

咸亨元年，"天下四十余州旱及霜虫，关中尤甚。诏令任往诸州逐食，仍转江南租米以赈给之。"仪凤二年（677）夏四月，"以河南、河北旱，遣使赈给。"调露元年（679）二月，"东都饥，官出糙米以救饥人"。永隆元年（680）九月，"河南、河北大水，遣使赈恤。"十一月，"洛州饥，减价官粜，以救饥人。"

在军事方面，一是募兵数量日益增多；一是与周边少数民族和邻国进行了一系列战争。

与高丽、百济、新罗的战争。高丽、百济、新罗是朝鲜半岛上的三个国家。公元7世纪初叶，高丽强大，与中原王朝关系紧张。隋炀帝曾三征高丽，唐太宗也曾出兵辽东，皆未使之降服。高宗即位之初，高丽曾遣使入贡；但自恃强大，仍有不臣之心。当时新罗与唐廷关系密切而与百济不协；高丽支持百济，"数侵新罗"。新罗王春秋向唐朝求救。

显庆五年（660），唐高宗遣左武卫大将军苏定方等率水陆十万大军去援救新罗。苏定方等先打败百济。高宗以其地分置熊津、马韩、东明、金连、德安五都督府，"立其酋渠为都督、刺史及县令"，留郎将刘仁愿镇守百济城，以左卫中郎将王文度为熊津都督，"抚其余众"。

不久王文度渡海身亡，百济僧人道琛和故将福信从日本国接回原王子丰，引兵围攻刘仁愿驻守的府城。高宗命"刘仁轨检校带方州刺史，便道发新罗兵以救仁愿。"龙朔元年四月，又以任雅相为浿江道行军总管，契苾何力为辽东道行军总管，苏定方为平壤道行军总管，与萧嗣业及诸胡兵凡三十五军，"水陆分道并进"。以围平壤。苏定方等人没有攻下平壤，但钳制了高丽，支援了百济战场。当时百济的道琛为福信所杀，福信专权跋扈，与其王扶余丰相互猜忌；扶余丰袭杀福信，从高丽、倭国（日本）借兵攻袭唐军。

龙朔三年双方展开白江之战，刘仁轨、孙仁师与新罗金法敏（前新罗王春秋之子）等合势，彻底打败了百、倭联军，百济悉平。

高宗令刘仁轨率军镇守，授降唐人京的百济太子扶余隆为熊津都督，遣还本国，与新罗和亲，以招集其余民众而安抚之。史载，"百济兵火之余，比屋彫残，僵尸满野。仁轨始命瘗骸骨，籍户口，理村聚，署官长，通道涂，立桥梁，补堤堰，复陂塘，课耕桑，赈贫乏，养孤老，立唐社稷，颁正朔及庙讳。百济大悦，阖境各安其业。"

这样一来，朝鲜三国之中，只剩下高丽没有臣服了。高丽陷于孤立后，亦有所恐惧。麟德二年，唐高宗和武则天将封禅于泰山，新罗、百济、耽罗、倭国遣使会祠，高丽王高

梅鹊图

藏也派来太子福男。

乾封元年，盖苏文死，诸子争权，高丽内乱。唐廷趁机出兵，十二月，以李勣为辽东道行军大总管，以郝处俊为副总管，统率水陆诸军，向高丽再次发起大规模进攻。李勣是当时著名的战将，"夙夜小心，忘身忧国"，曾率军打败过东突厥，消灭了薛延陀。其他总管也都具有一定的特长。如薛仁贵"勇冠三军"，庞同善"持军严整"，高侃"忠果有谋"，契苾何力"沉毅能断"。因而作战能力较强。战争进行了一年，胜败之局渐明。

总章元年（668）二月，侍御史贾言忠奉使自辽东还，高宗询问前线战况，贾言忠答道："高丽必平。"高宗又问何以知之，言忠道："隋炀帝东征而不克者，人心离怨故也；先帝（太宗）东征而不克者，高丽未有衅也。今高藏微弱，权臣擅命，盖苏文死，男建兄弟内相攻夺，男生倾心内附，为我乡导，彼之情伪，靡不知之。以陛下明圣，国家富强，将士尽力，以乘高丽之乱，其势必克，不俟高举矣。且高丽连年饥馑，妖异屡降，人心危骇，其亡可跷足待也。"这一分析是相当精辟的。

就在这年九月，诸军出他道者皆与勣会，进至鸭绿栅，高丽发兵拒战，李勣等奋击，大破之，追奔二百余里，拔辱夷城，诸城遁逃及降者相继。契苾何力先引兵至平壤城下，李勣军继之，围平壤月余，高丽王藏遣泉男产帅首领九十八人，持白幡投降，李勣以礼接之。泉男建犹闭门拒守，频遣兵出战，皆败。男建以军事委僧信诚，信诚密遣人诣勣，请为内应。后五日，信诚开门，勣纵兵登城鼓噪，焚城四月（当作门）。男建自刺不死，遂擒之。高丽悉平。

十二月，唐廷举行了隆重的受降仪式，随后，以高藏政非己出，赦以为司平太常伯、员外同正。以泉男产为司宰少卿，僧信诚为银青光禄大夫，泉男生为右卫大将军。李勣以下，封赏有差。泉男建流黔中，扶余丰流岭南。分高丽五部、一百七十六城、六十九万余户为九都督府，四十二州，一百县，置安东都护府于平壤以统之，擢其酋帅有功者为都督、刺史、县令，与华人参理。以右威卫大将军薛仁贵检校安东都护，总兵二万以镇抚之。

五年以后，高丽有些人不服薛仁贵管束，叛亡出境。新罗王金法敏予以收留，且侵占百济故地。高宗大怒，削金氏官爵，遣宰相刘仁轨率军讨伐。上元二年二月，刘仁轨大破新罗之众于七重城，法敏遣使请罪，前后相继。

高宗这才恢复了法敏官爵。以后高丽百济渐衰而新罗日强，"界内置州"，"所输物产为诸蕃之最"。

与突厥的战争。突厥曾活动于北方沙漠和草原地带。隋时分为东西二部。西突厥控制着阿尔泰山以西、里海以东的许多国家；东突厥则占据东起兴安岭，西到阿尔泰山的广袤地区。

隋末唐初，东西突厥特别是东突厥颇为强大，不断侵扰中原王朝。唐太宗为解除突厥威胁，曾进行了长期的准备，并于贞观四年消灭了东突厥，二十二年在西突厥附属国龟兹等地设置了著名的"安西四镇"。但是东突厥车鼻可汗继而兴起，西突厥亦多次抗命。

高宗即位后，继续与突厥作战。永徽元年，右骁卫郎将高侃追获车鼻可汗。高宗责其罪而赦之，拜右武卫将军，处其余众于郁督军山（今蒙古杭爱山支脉），设置狼山都督加以统辖。在原东突厥地区分置单于、瀚海二都护府。单于都护治所在今内蒙古和林格尔县西北，领狼山、云中、桑乾三都督，苏农等十四州；瀚海都护治所在今蒙古共和国哈尔和林，领瀚海、金微、新黎等七都督，仙萼、贺兰等八州。都督、刺史皆以突厥首领充任。

显庆二年，左屯卫将军苏定方又俘获西突厥沙钵罗可汗阿史那贺鲁，平定了西突厥。高宗分西突厥地置濛池、昆陵二都护府，以突厥首领阿史那弥射为左卫大将军、昆陵都护、兴昔亡可汗；阿史那步真为右卫大将军、濛池都护、继往绝可汗。又以诸部酋帅为刺史、县令。此后，在很长一段时间里，大漠南北较为安定。

调露元年（679），单于都护府所辖突厥首领阿史德温傅、阿史德奉职二部复"相率反叛"，立泥孰匐为可汗，二十四州叛应，众至数十万。单于都护萧嗣业出兵讨伐，反为叛军所败。

高宗令礼部尚书裴行俭为定襄道行军大总管，总兵三十万镇压。裴行俭娴熟兵法，善出奇兵，数战皆捷，逼杀泥孰匐，赶走阿史德温傅，擒奉职而还。不久，阿史那伏念又伪称可汗，勾结阿史德温傅再谋作乱。高宗复派裴行俭率曹继叔、程务挺等讨伐。裴行俭用反间之计，使温傅与伏念互相猜忌，又用大军进逼。伏念窘急，缚温傅请罪。这样，东突厥故地又恢复了安定的秩序。

在西突厥故地，永淳元年，阿史那车薄围弓月，唐将王方庆奋力解围，大破车薄及其同党，擒其酋长三百人，亦取得了重大胜利，从而维护了唐王朝对西北边疆的管理。

与吐蕃的战争。吐蕃在青藏高原一带，原为许多分散的部落。公元7世纪前期，松赞干布实现了统一，建立了强大的奴隶制政权。贞观年间，曾有文成公主入蕃的佳话。在唐王朝的扶持下，吐蕃日渐强盛。龙朔（661—663）以后，吐蕃与吐谷浑发生矛盾，趁唐军东征之机，大败吐谷浑，并攻陷了安西四镇。

咸亨元年（670），高宗命右威卫大将军薛仁贵为逻娑道行军大总管，左卫员外大将军阿史那道真、右卫将军郭待封为副，率十万之众向吐蕃发动进攻。郭待封原来官职与薛仁贵并列，及征吐蕃，耻居其下，不听仁贵调遣。行至大非川（今青海共和县境）被吐蕃相论钦陵打得落花流水，一败涂地。

此后，吐蕃东与凉、松、茂、巂等州相接，南至婆罗门，西至葱岭，北抵突厥，"地方万余里"，在漫长的河西地带，常常神出鬼没，侵扰不已，使唐军疲于奔命。仪凤元年，高宗命尚书左仆射刘仁轨往洮河军防御吐蕃。三年，又命中书令李敬玄兼鄯州都督，代仁轨镇守；命益州长史李孝逸，巂州都督拓王李奉等发剑南山南兵募加强防御。但李敬玄并无将才，这年秋天，双方大战于青海，唐军又被打得大败。朝廷震怒，迄无良策。

与其他少数民族的战争。龙朔元年，铁勒不服从唐朝管辖。高宗遣郑仁泰等前往讨伐。二年三月，唐兵至天山，铁勒

松鹤图

九姓合众十余万抗拒，并选骁健者数十人挑战。左武卫将军薛仁贵单枪匹马，发三矢而杀其三人，慑服挑战者，然后纵兵奋击，"获叶护兄弟三人而还。"军中歌曰："将军三箭定天山，战士长歌入汉关。"

在文化方面，科举制有所发展。唐太宗时，科举制已基本形成。武则天参与朝政后，科举制的某些内容得到了修改和补充。龙朔三年，以书学隶兰台，算学隶秘阁，律学隶详刑。上元二年，贡士加试《老子》策，明经二条，进士二条。"国子监置大成二十人，取已及第而职明者为之。试书日诵千言，并日试策，所业十通七，然后补其禄俸，同直官。通四经业成，上于尚书，吏部试之，登第者加一阶放选。其不第则习业如初，三岁而又试，三试而不中第，从常调。"永隆二年（681）诏："自令明经试帖粗十得六以上，进士试杂文两篇，通文律者然后试策。"与此同时，通过科举入仕的人数也有所增加。宰相中科举出身者所占的比重超过了高祖、太宗时期。此外，还产生了一些学术成果。其中最有代表性的就是医学方面的《唐本草》、天文学方面的《麟德历》和文字学方面的《字海》。《唐本草》是世界上第一部官修药典，凡五十四卷，"大行于代。"

《麟德历》是著名天文学家李淳风在隋《皇极历》的基础上修撰而成的，"时称精密"。《字海》则是一部集体修撰的文字学工具书，达一百卷之巨，在量上大大超过了《说文解字》。

如果把上述事件加以分析，并与贞观时期的情况作以比较，就会发现：显庆五年至弘道元年（660—683），统治者基本上顺应了历史潮流，推行并在一定程度上发展了太宗创立的各项制度，维护了祖国的辽阔版图。在这一段时间里，武则天始终参与着朝政，而且有时还实际上掌握着最高权柄。因此，可以说她在辅佐高宗的日子里，对唐王朝的巩固和发展做出了一定的功绩。后来，武则天曾说："朕辅先帝逾三十年，忧劳天下。"这并非自吹自擂。唐人崔融曾说："至哉坤德，沈潜刚克。频藻必恭，纮延是则。训自闺闱，风行邦国。九庙肃祇，六宫允厘。中外和睦，遐迩清夷。家道以正，王化之基。皇曰内辅，后其谋咨。谋咨伊俊，皇用嘉止。"就连对武则天颇怀敌意的人也不得不承认：则天皇后"聪明睿哲内辅时政，厥功茂矣"。可见，"忧劳天下"，正是武则天对自己辅政时期这段历史的客观总结。

太子之死

武则天在参与朝政期间，确实是"忧劳天下"的。可是古往今来，许多历史学家并未看到这一点。相反，不少人还指责她专权，说她为了要当女皇，鸩杀了太子李弘。李弘果真是武则天杀害的吗？这是必须澄清的问题。

关于太子李弘之死，史书记载不一。《旧唐书》卷五《高宗纪》云：上元二年（675）四月"己亥（25日），皇太子弘薨于合璧宫之绮云殿"。同书卷八十六《高宗诸子·孝敬皇帝弘传》云："上元二年，太子从幸合璧宫，寻薨，年二十四。"《新唐书》卷三《高宗纪》云：上元二年四月己亥，"天后杀皇太子。"同书卷七十六《则天顺圣皇后武氏传》云："萧妃女义阳、宣城公主幽掖廷，几四十不嫁，太子弘言于帝，后怒，鸩杀弘。"卷八十一《孝敬皇帝弘传》云："帝尝语侍臣：'弘仁孝，宾礼大臣，未尝有过。'而后将骋志，弘奏请数忤旨。上元二年，从幸合璧宫，遇鸩薨，年二十四，天下莫不痛之。"《资治通鉴》卷二〇二高宗上元二年四月条载："太子弘仁孝谦谨，上甚爱之；礼接士大夫，中外属心。天后方逞其志，太子奏请，数迕旨，由是失爱于天后。义阳、宣城二公主，萧淑妃之女也，坐母得罪，幽于掖庭，年逾三十不嫁。太子见之敬恻，遽奏请出降，上许之。天后怒，即日以公主配当上翊卫权毅、王遂古。己亥，太子薨于合璧宫，时人以为天后鸩之也。"

从这些记载来看，"鸩杀"说盖出于《新唐书》，后人言武则天杀太子者即源于此。

对于《新唐书》的记载，《资治通鉴》的作者已表示怀疑。司马光在《考异》中说：

> 《新书本纪》云："己亥，天后杀皇太子。"《新传》云："后将逞志，弘奏请数忤旨，从幸合璧宫，遇鸩薨。"《唐历》云："弘仁孝英果，深为上所钟爱。自升为太子，敬礼大臣鸿儒之士，未尝居有过之地。以请嫁二公主，失爱于天后，不以寿终。"《实录》《旧传》皆不言弘遇鸩。按李

恭陵

泌对肃宗云："高宗有八子，睿宗最幼。天后所生四子，自为行第，故睿第四。长曰孝敬皇帝，为太子监国，仁明孝悌。天后方图临朝，乃鸩杀孝敬，立雍王贤为太子。"《新书》据此及《唐历》也。按弘之死，其事难明，今但云时人以为天后鸩之，疑以传疑。

司马光的这一怀疑是有道理的，但他在众说纷纭的史料面前，不肯作出明确的判断，只说"时人以为天后鸩之"，作客观的叙述。

司马光修《通鉴》时，《新唐书》刚问世不久。作为当时著名的历史学家，司马光对宋祁、欧阳修撰写《新唐书》的情况是比较清楚的。据《考异》所说，《新唐书》"鸩杀"说的来源是李泌对肃宗讲的话和《唐历》的记载。

《唐历》凡四十卷，是唐人柳芳写成的一部编年体史书。该书作于肃宗上元（760—761）之后。当时作者被贬黔中，史料缺乏，所载或凭自身及高力士回忆，难免有失误之处。且柳氏言太子弘不以寿终者，并未肯定太子系武后所杀。因为不以寿终也可能是因病死亡。所以，以《唐历》所载"不以寿终"作为武则天鸩杀太子弘的论据，本身是软弱无力的。

至于李泌对肃宗之言，史书记载颇多，似乎确有其事。但问题在于，李泌所言，究竟有多大的可靠程度。《新唐书》卷八十二《十一宗诸子·承天皇帝倓传》云：

肃宗即位，"议以（建宁王）倓为天下兵马元帅，左右固请广平王（即皇太子）。

帝从之，更诏倓典亲军，以李辅国为府司马。时张良娣有宠，与辅国交构，欲以动皇嗣者。忠謇，数为帝言之，由是为良娣、辅国所滑，妄曰：'倓恨不总兵，郁郁有异志。'帝惑偏语，赐倓死，俄悔悟。明年，广平王收二京，使李泌献捷。泌与帝雅素，从容语倓事，帝改容曰：'倓于艰难时实自有力，为细人间阋，欲害其兄，我计社稷，割爱而为之所。'泌曰：'尔时臣在河西，知其详。广平于兄弟笃睦，至今言建宁，则呜咽不自已。陛下此言得之谗口耳。'帝泣下曰：'事已尔，未耐何！'泌曰：'陛下尝闻《黄台瓜》乎？高宗有八子，天后所生者四人，自为行，而睿宗最幼。长曰弘，为太子，仁明孝友，后方图临朝，鸩杀之，而立次子贤。贤日忧惕，每侍上，不敢有言，乃作乐章，使工歌之，欲以感悟上及后。其言曰：种瓜黄台下，瓜熟子离离。一摘使瓜好，再摘令瓜稀。三摘尚云可，四摘抱蔓归。而贤终为后所斥，死黔中。陛下今一摘矣，慎无再！'帝愕然曰：'公安得是言？'是时，广平有大功，亦为后所构，故泌因对及之"。

由此可见，李泌的这段话是在张良娣（后为皇后）谗杀建宁王并企图陷害广平王的情况下对肃宗讲的，其目的是想让肃宗觉醒，从而保护广平王。为此，他在所举前朝故事中，也可能有编造和附会传说的成分，其《黄台瓜》诗句很类似流传极广的曹植《七步诗》。

《通鉴》在"慎无再"之后还记载说："上愕然曰：'安有是哉！卿录是辞，朕为书绅。'对曰：'陛下但识之于心，何必形于外也！'"显然，在此之前，唐肃宗根本没有听过什么"黄台瓜辞"。如果说李泌所言李贤"黄台瓜"属实，肃宗何以茫然无知？又，李泌言"黄台瓜辞"系李贤所作，当时李贤正为太子，聪明过人，岂能将兄弟比作供人采摘的"瓜"？退一步说，纵然他自比为瓜，认为杀掉太子弘对自己有利，也不敢在父母面前

唱"一摘使瓜好"的诗句而让他们去感悟。如果感悟了，岂不是将他的人品也暴露无遗！所以，我们认为所谓《黄台瓜》可能是李泌借题发挥出来的玩艺。如此说不谬，则《新唐书》"鸩杀"说的两个来源都是靠不住的。

从《通鉴考异》中可知，司马光在修《通鉴》时，曾看到过当时的《实录》。《实录》不言太子弘遇鸩。《旧唐书》卷五《高宗纪》、卷八十六《高宗诸子·孝敬皇帝弘传》《唐会要》卷八《追谥皇帝·孝敬皇帝弘》《册府元龟》卷二百五十八《令德》等亦不言遇鸩。这些都说明"鸩杀"说是缺乏可靠记载的。

撇开《新唐书》"鸩杀"说的出处不谈，就其本身而言，也是很难成立的。《新唐书》的作者并未拿出太子弘遇鸩的直接材料，只是从太子弘与武则天的关系方面加以推测："后将骋志，弘奏请数忤旨"，因而武则天鸩杀了太子弘。这种推测是很难令人信服的。

首先，所谓武则天"方图临朝"而杀太子是毫无根据的。武则天确曾临朝称制，但那是后来的事；要说她在上元（674—676）年间即"图临朝"却非事实。如前所述，武则天是在高宗多病，太子幼弱的情况下参与朝政的。她有参与朝政的愿望，但当时并无当女皇的野心。

咸亨元年（670）以久旱请避皇后之位，就是明证。退一步讲，假如武则天要临朝称制，那么，她首先要杀掉的应当是唐高宗，其次才是皇太子，并且，连自己的其他几个儿子也应通通杀掉。不杀掉高宗，怎么临朝称制，不杀掉李贤李显等人，难道他们不会成为新的皇太子？但事实上，武则天并没有加害于高宗，相反，对高宗还颇为关心。李弘死后，紧接着就是立李贤为太子。李贤获罪，复以李显代之。如果说武则天是为临朝而杀死了李弘，这些事实将如何解释？

其次，所谓"弘奏请数忤旨"也是有问题的。查太子弘奏请之事，大抵有以下几宗：

总章元年（668）二月，释典于国学，请赠颜回为太子少师，曾参为太子少保。

总章元年十二月，"时有敕，征辽军士逃亡，限内不首及首而更逃者，身斩，妻子籍没"，弘上表认为征辽军士逃亡，可能有各种具体原因，不应

恭陵独角兽獬豸

罪及妻子，"伏愿逃亡之家，免其配没"。

咸亨二年（671），高宗及武后幸东都洛阳，留太子弘于京师"监国"，弘见萧妃所生义阳、宣城二公主仍幽掖廷，请嫁之；又请以同州沙苑地分借贫民。

上述奏请除咸亨二年请嫁二公主事外均得到唐高宗和武则天的认可，这在史书上有一致记载。可见并没有什么违旨的地方。所谓"数忤旨"不知从何说起。

关于请嫁二公主之事，《旧唐书》卷八十六《孝敬皇帝弘传》记载说："时义阳、宣城二公主以母得罪，幽于掖庭，太子见之警恻，遽奏请令出降，（诏）许之。"而《新唐书》卷八十一《孝敬皇帝弘传》则说："义阳、宣城二公主以母故幽掖廷，四十不嫁，弘闻贻恻，建请下降。武后怒，即以当上卫士配之，由是失爱。"同书卷七十六《则天顺圣皇后武氏传》进一步说："萧妃女义阳、宣城公主幽掖廷，几四十不嫁，太子弘言于帝，后

83

怒，鸩杀弘。"

《新唐书》对二公主情况的叙述，至少有二处错误：一是年四十不嫁，一是配当上卫士。义阳、宣城二公主是唐高宗的女儿，生年不详。按高宗生于贞观二年（628）六月，至咸亨二年（671）也就是太子弘请嫁公主那年，方四十三岁。其女岂得遂有四十！三岁生子，荒谬绝伦。《新唐书》卷八十三《八十三传》及《唐会要》卷六《公主》条所载，义阳公主下嫁权毅，宣城公主下嫁王勖。而权毅、王勖并非当上卫士。

义阳、宣城二公主是否在咸亨二年仍幽于掖廷，没有出嫁？这也是值得考虑的。如前所述，萧淑妃有个儿子，封为许王，名叫素节。当萧氏被杀之时，素节并未丧命，只是被赶出京城，让他去当申州刺史。这在史书上是有明文记载的。可见，唐高宗和武则天并无将萧氏子女置于死地的意思。既然如此，他们为什么还要将义阳、宣城二公主长期幽于掖廷而不让出嫁？看来实在不合情理。

《旧唐书》卷八十六《泽王上金传》载："义阳、宣城二公主缘母萧氏获谴，从夫外官。"据此，则义阳、宣城二公主早已出嫁了；太子弘请嫁二公主，只不过是个别史家的杜撰罢了。《册府元龟》不载请嫁公主事，越发使人相信这样的结论。

退一步说，即使太子弘确请嫁二公主，武则天也不可能因此"鸩杀之"。义阳、宣城二公主是萧淑妃之女，而萧妃曾经是武则天的情敌。因此，武则天虐待她们是有可能的。但萧淑妃死后十五六年，时移事异，武则天对她们的态度必然会有所好转，至少在高宗在世时，她表面上会这样

游骑图

做。最明显的例证就是，后来她曾上表高宗，请"义阳、宣城二公主各增夫秩"。在这种情况下，太子弘请嫁二公主，武则天怎么会勃然大怒？再说请嫁公主也不是什么大不了的事，和武则天并没有很大的利害冲突，武则天怎么会因此怀恨在心，并且在三年以后，杀掉自己的亲生儿子？由此来看，"鸩杀"说实在是一种不尽情理的杜撰。

再从太子弘生前死后的情况看，武则天亦不可能"鸩杀"太子。

如前所述，太子弘是武则天的长子。永徽三年（652）七八月间生于感业寺，四年封为代王，显庆元年正月六日立为皇太子。在册封为皇太子时，唐高宗曾寄予很大的希望："惟尔代王宏，猗兰毓祉，乔桂凝华，岐嶷表于天姿，符瑞彰于神授。""朕虔奉灵图，肃膺丕业，仰惟七庙之重，思隆万叶之庆，畴咨列辟，钦若前修，是用命尔为皇太子。"要他"绝骄奢之心，纳忠良之训"，"无怠无荒，固保我宗基。"当时太子弘是武则天手中的一张王牌，她对太子的态度与高宗完全一致。

由于李弘当时太小，立为太子后并没有立即移居东宫，仍然生活在武则天身边，直到显庆四年十月加元服，始入居东宫。时唐高宗与武则天幸洛阳，留皇太子"监国"，"太子思慕不已，上闻之，遽召赴行在。"可见太子弘对唐高宗和武则天是很有感情的，亦"深为帝及天后所钟爱"。唐高宗和武则天还注意培养他的政治才能。

如龙朔三年十月一日，诏云："宜令皇太子宏每日于光顺门内坐，诸司有奏事小者，并启皇太子。"咸亨二年前，高宗和武则天亲自为太子弘选择了美丽的妃子；当该妃婚前被贺兰敏之奸污后，武则天大伤脑筋，不惜杀死贺兰氏这位侄儿，这位武士彟的继承人。咸亨二年后，他们又为太子弘纳右卫将军裴居道之女为妃。由此可见，太子弘与唐高宗、武则天的关系一直很好。武则天作为母亲，怎么会"鸩杀"他呢？

太子弘死后，被追谥为"孝敬皇帝"。葬于洛阳附近缑氏县景山之恭陵，"制度一准天子之礼"。唐高宗还在大病之余亲制《孝敬皇帝睿德记》，并书之于石，树之陵

85

侧。在《孝敬皇帝睿德记》中，唐高宗对太子弘作了高度的评价，说他具有九德：至孝、至仁、至明、至俭、至正、至博、至直、至睦、至通。

这样的评价显然是过于溢美，但它反映出高宗对太子弘的悼念之深。当时武则天也在洛阳，并负责处理朝政，诸如追谥太子为孝敬皇帝、葬礼一准天子等事武则天肯定是赞同的。这说明她与高宗的心情是完全相同的。

《孝敬皇帝睿德记》上说：太子死后，"天后心缠积悼，痛结深慈。言朕之怀，不欲违其心许，故申旧命，爰赠尊名。粤以吉辰，乃谥为孝敬皇帝。"可见，对太子弘之死，武则天十分悲痛，"孝敬皇帝"之谥，还是她首先提出来的。如果说太子弘确系武则天所害，那么唐高宗怎么会这样写？史载："（裴）居道以女为太子（弘）妃，则天（称制）时，历位纳言、内史、太子少保，封翼国公。"就是说，在太子弘去世十年之后，他的岳父裴居道还受到过武则天的重用，位至宰相。如果说武则天鸩杀了太子弘，这些事又将如何解释？

事实上，太子弘并不是武则天杀害的，而是死于疾病。太子弘头脑聪明，但身体不好。《旧唐书》卷一百八十九《邢文伟传》载李弘自述云：

> 早尚坟典，每欲研精政术，极意书林。但往在幼年，未闲将卫，竭诚耽诵，因即损心。

意思是说，他小的时候学习刻苦，但不知道保护身体，结果用功过度，伤了身体。到他能参与朝政时，又得了重病。引日唐书卷八十六《高宗中宗诸子·孝敬皇帝弘传》录制文曰：自琰圭在手，沉瘵婴身。

"瘵"即肺结核，在当时的医学条件下，这种病是很难治愈的。因此，太子身体越来越坏。到咸亨二年"监国"时，竟一度不能过问朝政。《旧唐书》卷八十六《孝敬皇帝弘传》载："是时戴至德、张文瓘兼左庶子，与右庶子萧德昭同为辅弼，太子多疾病，庶政皆决于至德等。"

咸亨三年，病情有所好转，但仍不能正常行动，而为"风虚"所苦。为了使太子弘恢复健康，唐高宗和武则天曾下旨"不许重劳"，但并未能使李弘病情好转。上元二年（675），高宗"风疹不能听朝"，太子亦为沉瘵所迫。三月，高宗"苦风眩甚"。见太子身体如此，欲下诏令天后摄知国政，但遭到宰相郝处俊的激烈反对。于是高宗决定等太子弘病愈，便让他摄知国政。但为时不久，太子弘病情恶化，终于被病魔夺去了年轻的生命。

对此，当时的文书上写得十分清楚。《赐谥皇太子宏孝敬皇帝制》云：

皇太子宏，生知诞质，惟几毓性。直城趋驾，肃敬著于三朝；中寝问安，仁孝闻于四海。若使负荷宗庙，宁济家邦，必能永侜昌图，克延景历。岂谓遽婴雾露，遂至弥留。顾惟辉掌之珍，特切钟心之念，庶其痊复，以禅鸿名。及滕理微知，将逊于位，而宏天资仁厚，孝心纯确，既承朕命，掩歈不言，因兹感结，旧疾增甚。

《册谥孝敬皇帝文》云：

咨尔故皇太子宏，克岐克嶷，有德有行。顷炎象戒节，属乐沈疴。实美惟痊，释予重负。粤以瘵降，告以斯怀。尔忠恳特深，考情天至，闻言哽咽，感绝移时，因此弥留，奄然长逝。

就是说，太子弘随高宗去合璧宫避暑时，又得了重病，一度昏迷不醒。其后病情稍有好转，唐高宗表示将禅位于他。听了这话，太子深感不安，很快导致病情加剧：先是"伏枕流歈"，接着便重新昏迷。病情恶化，抢救无效，于上元二年四月二十五日在合璧宫死去。

总之，太子弘死于疾病，这是确凿无疑的。《新唐书》所谓天后"鸩杀"太子弘者，纯粹是加在武则天头上的不白之冤。

第七章　铁腕临朝

为高宗建陵

弘道元年（683）十二月四日，唐高宗死于洛阳宫之贞观殿，享年五十六岁。遗诏："七日而殡，皇太子即位于枢前，园陵制度，务从节俭。军国大事有不决者，取天后处分。"

有人认为唐高宗是受武则天迫害而死的，论据是高宗病危时，"武氏不欲上疾愈"。其实，这种看法完全是出于对武则天的憎恨而强加给她的不实之辞。如前所述，自当上皇后以后，武则天曾进行了解除威胁、扶植新贵、参与朝政等许多活动。这些活动，绝大部分都是经过唐高宗允许的，甚至是与唐高宗合作进行的，并没有构成对唐高宗的迫害。

恰恰相反，正是通过这些活动，唐高宗才摆脱了长孙无忌、褚遂良等人的控制，才得以在百病缠身的情况下"执政"三十四年，维护唐王朝的强盛局面。唐高宗病重时，武则天一直守护在身边。只因御医请在高宗头上进行针刺出血时，武则天说了句"此可斩也，乃欲于天子头刺血！"便被有些人抓为把柄，说她"不欲上疾愈"，其实这正是出于对高宗的爱护和关心。

大量资料表明：唐高宗也是因病而死的。高宗自显庆五年十月染上"风眩头重，目不能视"的疾病，在以后的二十多年时间里，此病时常复发，并且一次比一次严重。至弘道元年秋，病情终于达到恶化的地步。史载，弘道元年十一月，高宗幸奉天宫，"疾甚"，头重目眩，无法忍受，急召侍医秦鸣鹤、张文仲医之。秦鸣鹤认为，刺头出血可愈。武则天觉得危险，反对在头部针刺。唐高宗说："但刺之，未必不佳。"于是，秦鸣鹤在高宗的"百会"和"脑户"二穴上刺了几针。这几针当时还真管用，高宗觉得眼睛似乎可以看见了，很高兴。

武则天在旁也很激动，"再拜谢，曰：'天赐我师！'"亲自"负彩百

乾陵（陕西韩县乾陵）

匹以赐鸣鹤"。但她万万没有想到，秦鸣鹤的这几针，只起了回光返照的作用。高宗随即病危了。十一月下旬，唐高宗在武则天的护理下回到洛阳。病情加剧，遂至弥留。就这样，唐高宗离开了人世。

唐高宗死后，皇太子李显遵遗诏即位。这样，武则天便成了皇太后。时中宗李显新立，且居高宗之丧，不能立即处理朝政。政事取决于太后武则天。

对于唐高宗的死，武则天是十分悲痛的。追昔抚今，一幕幕往事闪现在她眼前：当她还是太宗才人时，太子李治就向她投去了热情的目光；当她在尼姑庵孤守青灯时，又是唐高宗向她伸出了温暖的手臂，把她从绝望中带回金碧辉煌的宫殿。还是唐高宗帮她击败了众多的对手，让她参与了朝政。没有唐高宗，她就不可能当上皇后，她的地位就不可能像今天这样尊崇。因此，她决心为唐高宗修建一座富丽堂皇的陵墓，进一步报答他的知遇之情。

为了给唐高宗修好陵墓，武则天曾做了大量的准备工作。

首先，决定灵柩去向。高宗死于洛阳而高祖、太宗葬于关中。高宗临死

时，曾对侍臣讲："天地神祇若延吾一两月之命，得还长安，死亦无恨。"宛然有西归之志，愿将尸骨埋在故乡。因此，武则天决定遵照高宗遗愿，把他葬在关中。但是，这一决定遭到许多官僚，尤其是新科进士陈子昂的反对。

陈子昂谒阙上书，认为关中地狭，又遭荒馑，"流人未返，田野尚芜"，既不能供给千乘万骑的食宿，也不堪凿山采石的劳役，如果大驾长驱西进，势必造成新的危机；而东都富庶，地灵人杰，"景山崇丽，秀冠群峰，北对嵩邙，西望汝海，居祝融之故地，连太昊之遗墟，帝王图迹，纵横左右"，是设置陵寝的最佳之地。武则天召见陈子昂，说他很有才气，授以"麟台正字"之职，但没有接受他的建议。她认为关中形势并不像子昂说的那么坏，坚持遵奉高宗遗愿，使灵柩西返。

其次，明确陵墓类型。我国古代帝王陵墓大抵主要有两种形式。一是"堆土成陵"，一是"因山为陵"。所谓"堆土成陵"，就是在平地上垒土成丘，以为坟垅。这种陵墓出现较早，著名的秦始皇陵便是如此。所谓"因山为陵"，就是穿山置椁，以山为冢。这种陵墓出现较晚，汉文帝霸陵是其代表。唐初葬高祖，诏依汉长陵故事，"堆土成陵。"秘书监虞世南以为不如仿汉文霸陵，"因山为墓。"唐太宗不纳其言，但颇以为是。贞观十八年，他对侍臣说："古者因山为坟，此诚便事。我看九嵕山孤耸回绕，因而傍凿，可置山陵处，朕实有终焉之理。"遂因九嵕山为他营建了昭陵。武则天认为"因山为陵"比"堆土成陵"具有很大的优越性：高大雄伟，坚固牢靠，因而决定营造这种陵墓。

再次，认真选择陵地。古人对墓地十分讲究，认为墓地的穴位对其子孙的祸福有很大影响，因而十分重视对墓地的选择。帝王陵墓更是如此。选择的办法是先勘舆，即通常所说的"看风水"，然后占卜吉凶，决定取舍。

唐高祖的献陵和太宗的昭陵都是经过占卜确定的。武则天在确定灵柩去向和陵墓类型之后，照例派出卜陵使前往关中勘舆。由于古代的天子葬都城之北，一代天子一个陵区的遗规，唐初高祖、太宗的陵寝皆在渭北，因而卜陵使自然而然地把注意力集中到了渭北山系。经过认真比勘，最后选中了梁山。梁山位于长安西北的'乾'地，北峰最高，海拔1047.9米，九嵕处其东，武水环其西，北连丘陵，南为台原，不远处又有东西对峙两峰特起，整个山势挺拔俊秀，确系形胜之地。因此，武则天马上表示同意，并定墓所为"乾陵"。

准备工作就绪之后，武则天立即任命吏部尚书韦待价摄司空，为山陵使，发兵民十余万开始破土动工，营建乾陵。由于组织得法，兵民昼夜辛劳，经过半年时间，就基本上完成了巨大的陵园工程。

乾陵是依照昭陵营建的。昭陵建筑由地上楼阁和地下宫殿组成。地面建筑供保护陵寝和祭祀之用，主要有城墙、献殿、寝殿、游神殿和祭坛等；地下建筑供停放棺椁和殉葬品之用，主要有延道、过洞、墓室，等等。乾陵的情况大体也是这样。

但是，在具体制度上，乾陵与昭陵又有不同之处。昭陵周回六十公里，乾陵四十公里。就此而言，昭陵的规模大于乾陵。但乾陵的各种建筑并不比昭陵逊色。据文献记载和考古资料，乾陵地面建筑情况大抵如下：

城墙：凡内外两重。内城墙保护地宫，以夯土筑成，宽3.1~2.5米不等，高约数米，略呈方形，面积32938万平方米。外城墙是陵园的外部屏障，周四十公里。皆经粉刷，颇为坚固。

城门：外城一门，在南墙中部。内城四门：东青龙，西白虎，南朱雀，北玄武。每座门均建门楼。城角另建角楼，皆高大庄严。

献殿：设于朱雀门内，仿照朝堂建筑，象征皇帝生前处理朝政之地，蔚为壮观。

寝殿：在献殿之北，梁山之腰。仿皇城太极宫建筑，安放死者遗物。

游殿：在梁山之巅，仿神宫建筑，供死者魂游。

阙楼：有内外两种。内阙楼在朱雀门稍南，外阙楼在神道的起点。各有两座，均三出阙（一母阙，二子阙）。内阙楼建于夯土堆上，外阁楼则以自然山峰为基。

石刻：内城四门外，各刻石狮二尊。神道两旁置华表二，翼马二，朱雀二，伏马十，翁仲二十，碑一通。又朱雀门内献殿稍前两侧，立六十一宾王石像，以象征高宗统治时期国威的强大和民族关系的和睦。

此外，在外城西南部还建有下宫，以象征死者的离宫；在外城西部建有临川亭，以供死者"游幸"；在封域南六里建乾陵署，以供管理乾陵之用。

可以说，韦待价主修的乾陵，重城森然，宫阙林立，肃穆庄严，完全符

合武则天的心愿。

乾陵修成以后，武则天又命侍中刘齐贤和霍王元轨知山陵葬事，为唐高宗举行隆重的葬礼。

在此之前，当占卜使前往关中，选择陵地的时候，武则天在洛阳给唐高宗确定了谥号。就是根据死者生前的所作所为而评定的称号。唐高宗的谥号是中宗按照武则天的旨意提出来的，中宗在《高宗天皇大帝谥议》中说：大行皇帝（治）一生积下了"孝德""仁德""明德""恭德""广德""文德""威德""元德"和"神德"，"谨按自然覆育曰天，明一合道曰皇，无所不包曰大，谨上状议曰天皇大帝，庙称高宗。"于是李治被称为高宗天皇大帝，"高宗"之称，即源于此。

与此同时，武则天还为高宗举行了入殓仪式。这一仪式没有留下文字记载，据《大唐元陵仪注》推测，大抵主要有以下步骤：

子孙奔丧。令杞王上金、鄱阳王素节、义阳公主和宣城公主等入朝哭奠。

述圣记碑

沐浴。在贞观殿给高宗剃须、理发、擦身躯，剪指甲。中宗、相王、公主、妃嫔哭于殿西，内命妇以下哭于殿东。

小殓。开宫殿门，诸卫各领所部禁军，仗卫如生前。陈衣十九称于殿中。礼仪使引中宗等哭临，侍御小臣为高宗穿衣。

大殓。设大殓床于殿中，陈衣一百二十称及绞纻、六玉等于殿楹之东。宫门一启，诸卫仪仗入卫，中宗率皇室百官依次入位哭拜，中官内官为高宗加衣。举宫哀号，声闻数里。

殡。停高宗梓棺于乾元殿之西阶。所司设熬黍稷，盛于八筐，南北各置一筐，东西各三筐。以绣黼覆盖棺木，张三重帟，又用柏木制"黄肠题凑"，而以白泥涂抹封实，然后设灵位，皇帝以下，披麻戴孝，就位哭祭。

文明元年（684）二月，相王代中宗为帝，是为睿宗。五月十五日，武则天欲亲护高宗灵柩西返，群臣谏阻，乃命睿宗护柩。当高宗灵柩在一片哭声中离开洛阳的时候，武则天流泪了。她多想亲赴关中，埋葬亡夫啊！可是为了防止政局动荡，她还是把自己的心愿，寄托给了睿宗。睿宗带领千乘马骑，扶护高宗灵驾，迈着沉重的脚步，沿着通往长安的大道缓慢地前进着。灵车前高高竖起的铭旌上，"高宗天皇大帝之枢"几个大字随风摇曳。气氛十分悲壮。六月，睿宗至长安。当时葬期未至，乾陵正在营建之中，因而仍殡高宗灵柩于太极殿之西阶，接受长安官吏的吊谒。

八月十日，将移高宗灵柩于乾陵，复启殡告庙。设挽郎、挽士、鼓足、严警之位。在庭中架起火堆，通宵不灭。二至五更，宗室、百官，轮番哭奠；挽歌鼓吹持续不绝。十一日晨，皇帝哭临，十五举音。置"谥宝"于灵辒，梓棺于"龙车"。"龙车"两边系六条大绳，各三十丈，由一千名身着白袴褶、头戴白介帻的禁军牵引。又设挽郎二百勘挽。挽歌二部，各六十四人，分八列。执翣左右各六人，司马八人，代哭一百五十人。侍中请发，于是大驾卤簿在前，司马执铎，挽郎执绋，挽歌振作，皇帝以下乘车哭踊以赴山陵。灵车到陵后，停于陵门西侧凶帷帐下，公主、内官下下车哭于凶帐之西；皇帝百官、番夷酋长立于帐门之外，相向而哭，十五举声。"二刻"以后，所司在灵驾前设奠，群臣侍立，太尉奠毕，跪读祝文。然后移灵驾至南神门，换丧车，自羡道而上；王妃公主以下哭从。至洞口，皇帝百官哭于道东，公主王妃哭于道西。三十举声，梓宫入洞，安置于元宫御榻褥上，覆以御衾。挽士拉出丧车，于庚地焚之；礼官奉宝册、玉币入，跪奠宝绶于神座之西，奠谥册于宝绶之西，奠哀册于谥册之西；奉玉币跪奠于神座之东。接着，礼生引将作少府监入陈明器。陶人陶马之属，皆高大精巧，饰以金银，置于隧洞两侧龛内。大旗竖于墓室，白幰等靠墙陈列。最后放入大量的金银珠宝和高宗生前喜爱的字画书籍。礼声一出，众人皆哭，三十举声。公主王妃等退下，山陵使、将作监、御史大夫督闭地宫之门，外塞以石条，"其石

缝铸铁，以固其中。"就这样，唐高宗离开了纷繁复杂的人间世界，进入了富丽堂皇的地下王国。

其时武则天仍在洛阳，但她的心早已飞到了梁山，"肠与肝而共断，忧与痛而相寻"。她亲自为唐高宗撰写的《哀册文》被放置在唐高宗的梓棺之前。在这个哀册文中，武则天首先用赞美的语言，叙述了唐高宗的圣德和功绩。册文说：

月瑶诞庆，云邱降祥；仙源汉远，圣绪天长。绕枢飞电，丽室腾光；鸟庭开象，龙德含章。六艺生知，四聪神授。晦迹登序，韬光齿胄。粤自铜闱，虔膺宝命。惠霑动植，信洎翔泳。淳化有敷，至仁无竟。贲园旄士，焚林尽贤。濬明上格，财成下济。问寝承亲，在原申悌。戒盈茅宇，蠲奢土砌。时和俗泰，天平地成。

接着用沉痛的语调叙述了高宗病逝后的政局和她自己的悲痛心情：

所冀元寿，齐年紫皇。禔兴旅馆，灾缠末央，遽脱屣于宸极，奄乘云于帝乡。巨天维而落构，匪日寓而沈光。殉百身而靡赎，积万古而徒伤。魂销志殒，裂骨抽肠。受玉几之遗顾，托宝业于穷荒。嗣君孝切，谅闇居丧。集大务于残喘，积众忧于未亡。所以割深哀而克励，力迷袿而自强。呜呼哀哉！洪埏曷蜜，帛区缟素。恨钧天之不归，瞻鼎湖以凝慕。呜呼哀哉！攀圣滋远，恋德滋深，诉昊穹而雨泗，擗厚载而崩心，泣人灵而洒悲霰，晦宇宙而起愁阴。呜呼哀哉！

最后，以感叹的口气叙述灵驾西返和自己不能送终的原因：

缇琯移序，朱明应律，窆方营，龟谋献吉。背九洛而移驭，傃八川而从畔，列璧羽之逶迤，动钟挽之萧瑟，顾园邑之苍翠，望严隧之纤郁。乔阳之舄不追，茂陵之书方出。呜呼哀哉！迹图悬圃，神降长流，去重阳之奕奕，袭大夜之悠悠。契纪廛而莫修，思门山于夕月，悲陇树于新秋。呜呼哀哉！想轩驾之攀龙，思龠山之恋凤，矧承眷于先房，誓牵毁而哀送。岂谓务切至綦，事违深窆，仍徇公而抑己，遂夺情以从众。悲千罔极之悲，痛万终天之痛。呜呼哀哉！恭惟圣烈，实镂微衷。敬因彤管，载撰元功。业弥遥而道弥著，时盖远而声益隆。播二仪而不极，横四海而焉穷。呜呼哀哉！

唐陵墓内景

全文凄沧悲切，表达了她对唐高宗的高度评价和深切怀念。

不仅如此，她还打破帝王陵前不立石碑的惯例，命令大臣在乾陵朱雀门外为唐高宗竖立了一通巨大的石碑。据说碑石来自于阗。碑高7.5米，边宽1.68米，碑身分为五段，上有盖，下有座，榫眼扣接，凡七节，习称"七节碑"。因碑上刻着《述圣纪》，故又名"述圣纪碑"。《述圣纪》碑文是武则天亲自撰文，由唐中宗书写的，洋洋八千言（一说五千五百字）。由于年代久远，风吹雨蚀，加之人工拓损，已漫漶残泐。但从留下的文字来看，仍充满了对高宗的赞美，她把永徽以来唐王朝所取得的成就，全部推到高宗身上。据说此碑刻成后，复嵌金屑，碑文在阳光照射下闪闪发光，使宏伟的陵园显得更加壮观。

总揽大权

从弘道元年（683）十二月四日高宗病死到文明元年（684）八月十一日乾陵会葬，前后不过十个月，为时不算很长。但是，在这段时间内，唐王朝的政局却发生了较大的变化。最重要的事件之一，便是中宗被废。

中宗名显，是高宗的第七个儿子，在武则天所生诸子中排行为三，显庆元年（656）十一月五日生于长安。次年二月二日即被封为周王，授洛州

牧。仪凤二年（677）十月三日，徙封英王，改名哲，授雍州牧。永隆元年（680）八月受封为皇太子。弘道元年（683）十二月高宗驾崩，两天后即位于枢前，年二十八岁。但刚刚过于两个月，就被武则天拉下了皇帝的宝座。

关于中宗被废之事，史书一致作了这样的记载：中宗居高宗之丧，武则天以母后临朝，中宗册其妃韦氏为皇后，甚加宠爱，欲以岳父韦玄贞为侍中，并授予乳母的儿子五品高官。宰相裴炎面引廷争，以为不可。中宗大怒，说：我难道不能把天下让给韦玄贞？给个侍中有什么可惜的！裴炎害怕起来，就把这件事向武则天作了汇报。武则天听后很生气，认为中宗不堪为君。裴炎乃与武则天"密谋废立"。光宅元年（684）二月六日，武则天在洛阳宫乾元殿召集文武百官议事。中宗高座殿上，等候朝拜。这时，裴炎与中书侍郎刘棉之、羽林将军程务挺、张虔勖勒兵入殿，宣读了武则天废黜中宗的诏令。左右侍臣遵奉武太后的旨意，扶中宗下殿。中宗很不服气地问："我有何罪？"武则天回答说：你想把天下让给韦玄贞，怎么能说无罪！就这样，唐中宗被废为庐陵王，幽于别所。四月，迁于均州（今湖北均县）濮王李泰故宅。

对于这件事，自古迄今，曾有不少人认为，中宗要以天下让韦玄贞，只不过是在气头上说出的气话，未必真要那样去做；武则天以此废黜中宗不过是个借口，其目的是为了独揽大权。这种观点不能说没有道理，但问题在于武则天要独揽大权究竟对不对。

唐中宗固然未必以天下让其岳父，但这并不等于说唐中宗就是一个好皇帝。种种迹象表明，唐中宗之被废，不仅仅是因为他与裴炎的争执，还有更重要的原因：武则天之所以废中宗，并不完全是出于权势欲望，而主要是为了维护当时的政治局势。这一点只要认真考察一下当时的实际状况，就会十分清楚。

如前所述，在唐高宗统治时期，唐王朝仍然是朝着强盛的方向发展的。但这是就总体情况而言的。高宗末年，疾病加重，几乎完全不能处理朝政。武则天也不得不抽出大量时间照顾高宗，从而程度不同地影响了对朝政的处理。在这种情况下，周边少数民族反叛、骚扰的事件常常发生。

如调露元年（679）十月，单于大都护府突厥阿史德温傅、奉职二部反，立阿史那泥熟为可汗，二十四州酋长皆响应，众数十万，入寇定州。

永隆元年（680）七月，吐蕃侵剑南，复寇河源。突厥余众围困云州。二年，突厥侵扰原、庆等州，阿史那伏念自立为可汗，与阿史德温傅连兵侵扰。永淳元年（682）二月，西突厥阿史那车薄帅十姓部落反叛，进围弓月城。五月，吐蕃论钦陵侵扰柘、松、翼等州。十月，突厥余党阿史那骨笃禄、阿史德元珍等招集亡散，侵扰并州。

弘道元年（683）二月，突厥侵扰定州、妫州。三月，阿史那骨笃禄等围单于都护府，杀都护府司马张行师。四月，绥州步落稽白铁余自称"光明圣皇帝"，置百官，进攻绥德、大斌，杀官吏，焚民舍。五月，阿史那骨笃禄侵扰蔚州。唐高宗和武则天不断调兵遣将，虽然取得了一些胜利，但消耗了大量的人力物力，边患仍未解除。

与此同时，自然灾害也特别严重。永隆元年九月，河南、河北诸州大水。三年八月，该地复遭水灾。

永淳元年五月，连日大雨，"沃若悬河"。"洛水溢，溺民居千余家。"关中先水后蝗，"继以疾疫"。次年三月，黄河水冲入河阳县，水面高于城内五六尺，所过桥津，无复完璧。

连年的自然灾害，不仅造成了"菽粟不稔"，严重地摧残了社会经济，使由少数民族贵族入侵引起的财政困难日益加深，而且造成了灾区人民的极端贫困。如永淳元年的水旱灾害，使西京长安和东都洛阳发生饥疫，米斗至四百钱，"两京间死者相枕于路"，以至出现了"人相食"的悲剧。正当内外交困的时候，高宗皇帝又离开人世，使局势变得更加严峻。

在这种情况下，要继续维护唐王朝的辽阔版图和稳定局面，战胜自然灾害，恢复和发展生产，同时办好唐高宗的丧事，是何等的艰难！这就要求最高统治者有非凡的才能和坚强的毅力。可是，代替高宗而为天子的中宗究竟是一个什么样的人物呢？

唐中宗之所以成为皇太子，进而南面称朕，并不是因为他有什么杰出的才能，也不是由于高宗和武则天的偏爱，而是因为其兄太子弘死于疾病，太子贤以罪被废，其弟豫王旦年纪尚幼，且无特殊功绩。论"资"排辈，才将他推到了前台。论德行才艺，他都比不上李弘、李贤；就是与他的弟弟豫王旦相比，也差之甚远。

这一点唐高宗和武则天是很清楚的。正因为如此，当他们把李显立为皇

太子以后，便派出德高望重，学识渊博，富有统治经验的人当太子辅佐。

如开耀元年（681）三月，以尚书左仆射、同中书门下三品刘仁轨兼太子少傅，以侍中郝处俊为太子少保。七月，以嵩山道士、海内名流田游岩为太子洗马。

永淳元年幸东都，留太子于京师监国，复命侍中裴炎、中书令薛元超辅之。自太子弘之死，至李显进入东宫，皇太子之位已三易其人。皇太子即是"储君"，频繁更换对统治是十分不利的。因此，唐高宗和武则天不欲更易其人。在对李显加强教导的同时，立其子重照为皇太子，希望他放下包袱，勤学政务，有所长进。但是，这一切安排，并没有起到多大作用，李显还是老样子。

监国期间，即"颇事游畋"，荒于政事。对此，唐高宗和武则天大伤脑筋。高宗临死时之所以在遗诏中强调"军国大事有不决者，听天后处分"，正是在认真分析了当时政局形势和皇太子状况之后做出的重大决策，表现出对武则天的信任和对李显的担心。事实上，李显即位的所作所为，比高宗担心的还坏。他不是与母后同心同德，想着如何改变当时的困难局势，如何埋

宫乐图

葬高宗，而是独断专行，一心想着如何讨好韦皇后，给庸庸碌碌的岳父韦玄贞穿上三品紫衣，如何让自己奶妈的儿子当上五品官，平步青云。为了达到这一目的，甚至不顾"天子口中无戏言"的戒律，说出"我以天下与韦玄贞岂不可"的话语。像这样的人，怎么能够担负起扭转危局、埋葬高宗的重任？

既然中宗不能负此重任，又与武则天和大臣闹起了矛盾，那么，武则天不废他也不行了。所以，光宅元年二月武则天废黜中宗，表面上是武则天抢班夺权，实际上并非如此。唐高宗早已赋予她处分军国大事的权力，她废黜中宗的目的主要是为了稳定局势，完成高宗的葬礼，发展社会经济。武则天的这一用心，还可以从裴炎等人的态度上看出。裴炎，字子隆，绛州闻喜（今属山西）人。少而好学，为人宽厚，寡言笑，"有奇节"，擢为明经，先后担任兵部侍郎、同中书门下平章事、侍中等职。永淳元年即于京师辅佐太子。二年，高宗病重，又跟太子赴东都侍疾。

此年十一月，高宗病危，皇太子监国，复奉诏与黄门侍郎刘齐贤、中书侍郎郭正一于东宫平章事。十二月高宗死，更受遗诏为顾命大臣。与太子显相处较久，对李唐忠心耿耿。但是，中宗李显之被废，竟是他首先发起的。忠于唐室的重臣刘祎之、大将程务挺、张虔勖等皆预其谋，宰相刘齐贤等亦无异词。可见，他们也都认为在当时的历史条件下废黜中宗是必要的。因此，可以认为，废黜中宗，在当时并不是武则天的过错，而是大势所趋。

嗣圣元年（684）二月六日中宗被废之后，唐高宗第八子，也就是武则天的小儿子豫王李旦继位，是为睿宗。

睿宗以龙朔二年（662）六月一日生于蓬莱宫（即长安大明宫）之含凉殿。初名"旭轮"。同年十一月十八日被封为殷王，遥领冀州大都督、单于大都护、右金吾卫大将军。乾封元年（666）七月，徙封为豫王。总章二年（669）十一月，徙为冀王，改名为"轮"。

上元三年（676）正月，徙封相王。永隆二年（681）又改封豫王。嗣圣元年二月七日，越过皇太子阶段，直接当上了皇帝。睿宗为人随和，刻苦好学，"工草隶，尤爱文字训诂之书"，比中宗李显要强。他在当上皇帝后，改元文明，废原皇太孙李重照为庶人，流韦玄贞于钦州。立其长子永平郡王李成器为皇太子。但他并未处理朝政，"政事决于太后。"实际上他只不过

是个傀儡。

　　既然睿宗比中宗精明，那么，他为什么会成为傀儡？原因很简单。睿宗即位时遇到的形势和中宗即位时的形势基本上是相同的。与中宗相比，睿宗确有他的长处：一是他有一定的知识才能，不像中宗那样庸庸碌碌；二是他能与母后武则天保持一致，不像中宗那样独断专行。但是，他在即位时，也有明显的不足，那就是他没有当过太子，也没有想到自己会当皇帝，缺乏政治头脑和处理朝政的本领。像他这样的人，当个学士会是佼佼者，但做个掌权之君，却很平庸。因此，同样不能立即担负起扭转局势的重任。

　　在这种情况下，朝政势必还要由武则天掌握。睿宗很有自知之明，把政事一股脑儿地推给母后，请她继续临朝；自己则闲散居处，以尽孝道。而武则天呢，对当时的形势了如指掌，知道让睿宗临朝，事情也很难办好。于是，就让他出面去办高宗的丧事，而把军政大权集中在自己手中。

　　这样，就形成了武则天临朝称制，睿宗当傀儡的局面。史书上说，睿宗居于别殿，政事"不得有所预"；太后武则天常御洛阳宫之紫宸殿，施紫帐以视朝。

　　武则天在废中宗为庐陵王，以睿宗为傀儡的过程中，为了稳定政局，还采取了"慰抚诸王，以防其变"的措施。自初唐以来，争夺皇位继承权的斗争层出不穷。高祖时有建成、元吉与世民之争，结果导致了"玄武门之变"。太宗时有承乾、李泰之争，甚至出现宗室谋反。争夺皇位几乎成了唐王朝的"传统"。高宗死后，为了防止皇位争夺的悲剧重演，武则天对宗室诸王采取了慰抚和贬逐相结合的政策。

　　弘道元年十二月十二日，以高祖子韩王元嘉为太尉、霍王元轨为司徒、舒王元名为司空、滕王元婴为开府仪同三司、鲁王灵夔为太子太师，以太宗之子越王贞为太子太傅、纪王慎为太子太保：名升暗降，实夺其权。

　　光宅元年（684）三月，徙封高宗之子杞王上金为毕王、鄱阳王素节为葛王。四月，复徙上金为泽王，拜苏州刺史；素节为许王，拜绛州刺史。对故太子李贤则采取了监视的手段。李贤被废为庶人后，居于巴州。因其才高行薄，武则天十分担心，生怕他乘危而起，便于光宅二年二月派左金吾大将军丘神勣前往巴州，检校其宅第，"以备外虞"。丘神勣至巴州，对李贤监视甚严。不久，李贤死于宅第。论者或认为武则天命丘神勣鸩杀之，或认为丘神勣逼令自杀。据两《唐书》则天本纪、李贤传和《通鉴》所载有关资料分析，当是丘神勣看管过严，李贤自感永无出头之日，不胜其愤，遂自杀而亡。李贤死讯传来，武则天不由泪下。她怕李贤闹事，派丘神勣前去看守，没想到竟使他一命归西。为了这事，武则天贬了丘神勣的官，举哀于显福门，追封贤为雍王，才算了结。

在防范诸王的同时，武则天还加强了全国防务。弘道元年十二月高宗死后不久，即派左威卫将军王果、左监门将军令狐智通、右金吾将军杨玄俭、右千牛将军郭齐宗分往并、益、荆、扬四大都督府，与府司相知镇守，以防不测。在高宗葬期之内，武则天一直坐镇东都洛阳，而以左仆射刘仁轨专知西京留守事。不仅如此，武则天还采取了笼络大臣的办法，务使其共赴国难。

中宗初立时，中书令裴炎为顾命大臣。为便于裴氏行使职权，武则天同意将政事堂从门下省移至中书省。中宗被废后，复提拔拥立睿宗的官僚，刘棉之当上了宰相，程务挺也"累受赏赐"。刘仁轨镇守西京时，武则天写信给他，说"昔汉以关中事委萧何，今托公亦犹是矣"，表现出对刘氏的极端信任。刘氏以为武太后会效法汉代吕后，上书"陈吕后祸败事以申规戒"。

武则天没有责怪他，只是向他说明了自己临朝称制的原因："今以皇帝谅闇不言，眇身且代亲政。"同时表扬了他的"忠贞之操"和"劲直之风"。要求他"以匡救为怀"，尽职尽责。此外，武则天还针对当时的社会现实，在内政外交方面采取了一系列相应的措施。

正因为武则天表现出了非凡的才能，处事果断，措施有效，大臣协力，百姓奋斗，唐王朝才避免了可能到来的危机，不仅在短短的半年时间里修造了规模宏大的乾陵，完成了唐高宗的葬礼，而且使社会逐渐安定下来，经济出现了复苏的势头。所以，武则天以皇太后的身份临朝称制，独揽大权是无可厚非的。从此又揭开了中国历史上辉煌的一页。

平定叛乱

从皇后到皇太后，武则天的地位更高了，肩上的担子也更重了。高宗在世时，她参与朝政，遇事尚可与皇帝商量，只要处理称旨，她就感到惬

意；现在一切重要政务都要由她亲自决断。不过这在她看来，也没有什么了不起。最使她担心的，是她的政敌正在汇集力量，窥视方向，等待时机。他们对中宗被废、睿宗无权和武则天的临朝称制极为不满，这一点瞒不过武则天，她预感到一场更大的风暴就要来临。

文明元年（684）八月下旬高宗的丧事办完以后，武则天打算让睿宗临朝理政，试试他的才干，自己居后台辅佐。但是，一方面睿宗一味退让，说自己眼下缺乏能力，难以应付局面；另一方面，武则天长期参与朝政和独揽大权的经历，也增长了她的权势欲和战胜政敌的信心。

因而，当睿宗表示退让时，她便决定继续临朝称制，"励精为政，克己化人。使宗社固北辰乏安，区寓致南风之泰。以斯酬眷命，用此报先恩。冀上不负于尊灵，下微申于至恳"。也就是说，她准备用自己的全部才能治理国家，使国泰民安，以酬答高宗的顾托之重和睿宗的推戴之诚。为此，她决定首先刷新朝廷上下的面貌。

九月六日，武则天大赦天下，改元"光宅"，奖励在埋葬高宗时立下功劳的官吏，同时改变旗帜、服装的颜色和百官的称谓。旗帜由红色改为"金色"（白色），"仍饰以紫，画以杂文"，官服由文武三品以上服紫，四品服深绯，五品服浅绯，六品服深绿，七品服浅绿，八品服深青，九品服浅青，改为八品以下服碧。官名改易甚多，如改尚书省为文昌台，左右仆射为文昌左右相，吏部为天官，户部为地官，礼部为春官，兵部为夏官，刑部为秋官，工部为冬官。改门下省为鸾台，侍中为纳言。改中书省为凤阁，中书令为内史。改太常为司礼，鸿胪为司宾，宗正为司属，光禄为司膳，太府为司府，太仆为司仆，卫尉为司卫，大理为司刑。改左右骁卫为左右武卫，左右武卫为左右鹰扬卫，左右威卫为左右豹韬卫，左右领军卫为左右玉钤卫。改御史台为左肃政台，专知在京百官及监察军旅，承诏出使；另置右肃政台，"专知诸州案察"。此外，还改东都为"神都"，改洛阳宫为"太初宫"，以提高其政治地位。

这些改革，并无多少实际意义，只是显示了武则天准备"从头开始"，大干一场的雄心。可是对于这些变化，李唐宗室和官僚士族瞠目结舌，大惊失色。在他们看来，睿宗居丧之日，武则天代理朝政就不合"法"，但还勉强说得过去。

如今高宗既已安然入土，武则天就应当立即归政睿宗，退出政坛，去安心当皇太后；不归政睿宗而继续临朝，且改变先皇遗规，这分明是包藏祸心！因而对武则天更加不满。就连原来支持武则天临朝称制，主张废黜中宗的裴炎，也走向了她的对立面。

光宅元年（684）九月中旬，武则天的侄子武承嗣上书请武则天追王其祖，立武氏七庙。按照传统礼制，只有天子才能建立七庙：始祖居中，三昭三穆。武则天虽独揽大权，但毕竟只是临朝称制。在这种情况下建立武氏七庙是不合"法"的，会招来僭越的罪名。

因此，武则天没有采纳武承嗣建立七庙的建议。但她认为自己即已贵为太后，临朝称制，就应当进一步提高祖宗的地位，所以决定追封自己的祖先为王。裴炎知道这件事后，马上表示反对。用十分强硬的口气说："太后母临天下，当示以至公，不可私于所亲。独不见吕氏之败乎！"武则天不为所动，回答说："吕后以权委生者，故及于败。今吾追尊亡者，何伤乎！"裴炎又说："事当防微杜渐，不可长耳。"武则天不予理睬。

凤头人面铜壶

二十一日，下诏追尊其五代祖克己为鲁国公，妣裴氏为鲁国夫人；高祖居常为太尉、北平郡王，妣刘氏为王妃；曾祖俭为太尉、金城郡王，妣宋氏为王妃；祖华为太尉、太原郡王，妣赵氏为王妃；父士護为太师、魏王，妣杨氏为王妃。又在故乡文水作五代祠堂，谥鲁国公曰靖，北平郡王曰恭肃，金城郡王曰义康，太原郡王曰安成。妣谥皆从其夫。

这一事件，成了矛盾的催化剂。部分宗室成员和"皇唐旧臣"不胜"愤惋"，暗中联络，准备反击。就在这时，徐敬业"据扬州起兵，自称上将，以匡复为辞"，率

先打起了反对武则天的旗帜。

表面上看，徐敬业的起兵是"疾太后胁逐天子，不胜喷"，欲顺"民情"而匡复社稷的正义行动。实际上却是一场有组织、有预谋、有野心的武装叛乱。这一点，只要看一看起兵的前前后后就会明白。

根据历史记载，这次起兵的策划者和领导人主要是徐敬业和骆宾王，此外，还有唐之奇、杜求仁、徐敬猷等人。

徐敬业是曾经支持立武则天为皇后的战将、功臣李勣（徐懋功）的孙子。本姓徐，因其祖徐懋功被唐廷赐姓为李，所以当时称作"李敬业"。敬业少时，身强力壮，"射必溢镝，走马若飞"，练有一身豪胆和智慧，武艺比较高超，曾随李勣征伐，以勇敢著称。历任太仆少卿，眉州刺史等职，袭爵英国公。从任职情况看，确有一定的才能。但为人狂妄。据说李勣早已看出，曾担心地说："破我家者必此儿"。不仅如此，此人还很贪财，有极强的权势欲。

骆宾王，婺州义乌（今浙江义乌）人。祖上没有什么显官，父亲曾当过博昌县令。宾王自幼好学，聪敏过人。七岁能赋诗。有"鹅、鹅、鹅，曲项向天歌。白毛浮绿水，红掌拨清波"等佳句传世。

长大后，文思泉涌。在武功与富嘉谟并称，在长安与李峤并列。又与王勃、杨炯、卢照邻并列，成为著名的"初唐四杰"之一。所作《帝京篇》，清新俊逸，时人以为绝唱。从学术上讲，诗、文造诣极深，在中国文学史上占有重要的地位。但在政治上却很不得意。初为道王府属，乾封初拜奉礼郎、东台详正学士，历任武功主簿。上元中，吐蕃侵扰鄯、廓、河、芳等州，吏部侍郎裴行俭将率军击之，聘为记室；他辞以母老，拒不应聘。不久调明堂主簿，转长安主簿。

仪凤三年，迁侍御史，坐赃入狱。次年六月遇赦。调露二年，拜临海（今浙江临海）县丞。郁郁失志，弃官而去。仕途不达，恐怕与他自恃才高，孤芳自赏，被上级认为"华而不实"有关，与他"落魄无行，好与博徒游"，也不无关系。

由于仕途坎坷，他常有怀才不遇之慨。《帝京篇》所谓"三冬自矜诚足用，十年不调几遭回"，"谁惜长沙傅，独负洛阳才"；《在狱咏蝉》所谓"无人信高洁，谁为表予心"；《畴者篇》所谓"卿相未曾识，王侯宁见拟"，"他乡冉冉消年月，帝里沈沈限城阙"等，都是他自负、哀怨、怀才不遇思想的流露。

嗣圣元年（684），李敬业（即徐敬业）坐赃被贬为柳州（治所在今广西柳州市）司马，其弟周至（今陕西周至）县令李敬猷受到牵连，亦被免官。兄弟二人与前周至尉魏思温偕行南下。当时，给事中唐之奇坐事被贬为括苍（在今浙江丽水东南）令，詹事府司直杜求仁被贬为黟（今安徽黟县）令，亦在南行之中，与李敬业等在扬州相遇。

骆宾王自临海弃官之后，也来到扬州（江苏扬州），正好碰上了李敬业一行。熟人相见，同病相怜，"各以失职怨望。"他们回忆昔日的经历，感叹前程的渺茫，越说越伤心，越谈越气愤，越聊越投机。在他们看来，像他们这样有才华的人，应当出将入相。

如今沦落到这种境地，完全是由于君王昏庸，有眼无珠。如果按照朝廷的处分，身赴穷荒，那么高官厚禄，功名富贵，一切都完了；如果不去赴任，结果也会招来杀身之祸。他们认为当今唐廷外疲于戎狄，内困于天灾，加以高宗新丧，易于摇动；而武氏以母后临朝，废黜中宗，冷落睿宗，独揽大权，已引起了许多宗室大臣的不满，这正是起兵的大好时机。以为只要他们打出匡复的旗帜，登高一呼，就会得到很多人的响应。武则天一倒台，天下就是他们的了。纵或得不到天下，仍不失为匡复功臣，也不算白活一世。于是便不再南行，就以扬州为据点，乘武则天为扭转危局、埋葬高宗日夜忙碌之机，密谋策划起兵。

为了确保起兵的成功，李敬业决定首先争取部分朝臣的支持，作为内应。由于唐之奇、杜求仁与左武卫大将军程务挺友善，薛仲璋是裴炎的外甥，裴炎又与程务挺关系密切，因此裴、程二人便成了他们争取的主要对象。李敬业派骆宾王前去联系。骆宾王与程务挺是老相识，因而首先找到程氏，并通过他与裴炎取得联系，说以匡复之事。

裴炎和程务挺都是所谓"人杰"，老谋深算，政治头脑比李敬业等人高明得多。他们是忠于唐王朝的，不像李敬业那样有野心。他们当初支持武则天废中宗、立睿宗，主要是出于维护唐朝江山社稷和自身利益的考虑。他们没有想到唐睿宗会成为武则天的傀儡。

当他们看到睿宗即位而武则天继续临朝的情景后，就开始对武则天产

古运河遗址

生了不满，思考着如何使武则天返政于睿宗。听了骆宾王的游说，觉得与李氏合作有可能达到使武则天返政的目的，但这样做对自己极为不利：作为堂堂正正的顾命大臣、禁军统帅，不能扶持李氏皇权而依靠无名小辈，不免为天下所笑。且李敬业素有野心，将来若立扶佐之功，恐怕不会把他们放在眼里。何况千里联络，万一走漏风声，后果将不堪设想。因而对骆宾王说：起兵是件好事，只是眼下山陵事紧，不能行动。凡事应从长计议。也许山陵事毕，太后会归政的。到那时如果她还不归政，你们再动手，我们一定支持。当然，对于这样的回答，骆宾王是很不满意的，他离开洛阳时，给程务挺留下了一封信，再次强调说：你现在大权在握，应当辅佐皇帝。

骆宾王回到扬州后，将游说情况和得到的新闻向李敬业作了汇报，李敬业基本满意，便与骆宾王等商量在扬州发展势力的问题。七月，李敬业按照魏思温的建议，再次派人潜入神都刺探情报，并与其党徒监察御史薛仲璋接上了头。薛仲璋奉敬业密令，请求出使江都。就这样，起兵的计划一步步地变成了行动。

八月中旬，高宗山陵事毕，武则天改旗易帜，追王其祖，继续临朝。

裴炎面折廷争，无济于事，遂与程务挺密议，准备对武则天实行"兵谏"。但他们并未与李敬业联系，以为这样秘密可靠，既可以迫使武则天归政于睿宗，又可以扩大自己的权势，还可阻止李敬业的起兵，保持社会的安定。但是，天不作美，他们的如意算盘落了空。

"兵谏"计划破灭不久，北方吃紧，武则天派程务挺为单于道安抚大使，"以备突厥"，从而使裴炎失去了最得力的助手。裴炎感到势单力薄，光凭自己的力量不能制伏武则天，才开始着手与李敬业联络。据说他派人给李敬业送信，信中只写了两个字："青鹅。"这两个字可能是原来骆宾王与他商定的暗语。但不知怎么搞的，这封信竟落入武则天之手，从此，武则天对裴炎产生了怀疑。

李敬业没有接到裴炎的来信，但得到了武则天改易旧制、追王其祖和"人情愤惋"的消息。他认为裴炎不派人联系，可能是还在犹豫；起兵的时机已经成熟，不能再耽误下去。于是没有与裴炎联络便动起手来。

史载，武则天改元光宅不久，李敬业令其党羽韦超到薛仲璋的临时官衙告变，说"扬州长史陈敬之谋反"实际上是要薛仲璋用冠冕堂皇的手法除掉陈敬之，扫除障碍。薛氏心领神会，立即将陈敬之逮捕入狱，从而使唐王朝在扬州的武装陷于瘫痪。几天以后，李敬业在一队仪仗的簇拥下，大摇大摆地出现在扬州都督府门前，声称是新派来的扬州司马。薛仲璋立即前往迎接，扬州群僚不敢怠慢，赶紧进行热情招待。就这样，李敬业等人耍了一个小小的花招，便轻而易举地掌握了扬州都督府的军政大权。

接着，李敬业又矫诏杀死陈敬之，并诈称高州酋长冯子猷谋反，皇帝密令他发兵讨伐。于是集合群僚，要求出兵。录事参军孙处行拒绝，立即被杀，吓得其他官吏"无敢动者"。敬业"遂起一州之兵"。又打开府库，"鸠集民众"，发给兵器。这时，李敬业又摇身一变，对官吏们说：

冯子猷蛮夷小丑，不足为患。当今的大患，乃是皇太后武则天。武氏废黜皇帝，独揽大权，如不讨除，大唐的江山就有沦入他人之手的危险，天下就要大乱。我们都是皇上的臣民，应当忠君报国。因此，我决定首先起兵勤王，匡扶社稷，希诸位共同努力，如不听命，军法是从。说罢"复称嗣圣元年"，表示要匡复中宗。同时，开设三府：一个叫匡复府，一个叫英公府，一个叫扬州大都督府。敬业自称匡复上将，领扬州大都督，以唐之奇为左长

史，杜求仁为右长史，李宗臣为左司马，薛仲璋为右司马。以江都令韦知止为英公府长史，骆宾王为记室（相当于秘书长），魏思温为军师。其余党魁，按其亲近程度，"皆伪署职位"，从而建立了一个临时性的叛乱机构。

为了使天下人知道起兵的"正义性"，减少阻力，争取支持，李敬业决定"传檄州县，疏武氏过恶"。骆宾王自告奋勇，写成了著名的《代李敬业传檄天下文》：

伪临朝武氏者，人非温顺，地实寒微。昔充太宗下陈，尝以更衣入侍。洎乎晚节，秽乱春宫。密隐先帝之私，阴图后庭之嬖。入门见嫉，蛾眉不肯让人；掩袖工谗，狐媚偏能惑主。践元后于翚翟，陷吾君于聚麀。加以虺蜴为心，豺狼成性，近狎邪僻，残害忠良，杀姊屠兄，弑君鸩母。神人之所共疾，天地之所不容。犹复包藏祸心，窥窃神器。君之爱子，幽之于别宫；贼之宗盟，委之以重任。呜呼！霍子孟之不作，朱虚侯之已亡。燕啄皇孙，知汉祚之将尽；龙漦帝后，识夏庭之遽衰。

敬业皇唐旧臣，公侯冢子，奉先帝之遗训，荷本朝之厚恩。宋微子之兴悲，良有以也；桓君山之流涕，岂徒然哉！是用气愤风云，志安社稷。因天下之失望，顺宇内之推心，爰举义旗，誓清妖孽。南连百越，北尽三河，铁骑成群，玉轴相接。海陵红粟，仓储之积靡穷；江浦黄旗，匡复之功何远！班声动而北风起，剑气冲而南斗平。暗鸣则山丘崩颓，叱咤则风云变色。以此制敌，何敌不摧；以此攻城，何城不克！

公等或家传汉爵，或地协周亲，或膺重寄于爪牙，或受顾命于宣室，言犹在耳，忠岂忘心？一抔之土未干，六尺之孤安在！傥能转祸为福，送往事居，共立勤王之勋，无废旧君之命，凡诸爵赏，同指山河。若其眷恋穷城，徘徊歧路，坐昧先几之兆，必贻后至之诛。请看今日之域中，竟是谁家之天下！

移檄州郡，咸使知闻。

檄文首先历数武氏"罪状"，把武则天说成秽乱东宫的妖女淫妇，残害忠良的杀人恶魔，罪不容诛的窃国大盗，以激发人们对武则天的愤恨。接着叙述李敬业起兵的目的和取胜的把握，把李敬业说成是见义勇为、忠君报国的直臣，攻无不克、战无不胜的英雄，欲使百姓慕名起敬，闻声响应。最后用激将、利诱、威胁的口气向世人晓以利害，提出要求，企图使更多的人加入他们的行列，俯首听命。全篇一气呵成，言简意赅，脍炙人口，具有极强的煽动性。

从文学角度来讲，这篇檄文文采飞扬，绚丽多姿，确系高水平之作。但从实际内容看，所言多非事实。

比如，文章一开始便歪曲事实，说武氏"人非温顺，地实寒微"。如果说武则天没有温和的气质，怎么能在太宗身边待那么久，

唐将军俑

怎么会被性情温和的太子治看中？武则天虽出自庶族，但祖上并非全无仕宦，其父武士彟历任朝廷重职，也算得上是权门新贵。怎么能完全概括为"寒微"呢？文章说，武则天"密隐先帝之私，阴图后庭之嬖"，"践元后于翚翟，陷吾君于聚麀"。难道武则天与太宗的关系高宗不知？难道她与高宗发生的乱伦之事都怪武则天？如果不是高宗见武氏而"悦之"，武则天纵使"阴图后庭之嬖"，又能怎么样呢？文章说，武则天"近狎邪僻，残害忠良，杀姊屠兄，弑君鸩母"，"近狎邪僻，残害忠良"当指重用李义府、许敬宗等人，杀逐长孙无忌、褚遂良、韩瑗和上官仪等。李义府等人品不正，确系事实；褚遂良等有功于唐，亦人所共知。但前者是否纯属"邪僻"，后者是否全是"忠良"，还很成问题。"杀姊屠兄，弑君鸩母"，当指杀韩国夫人、元庆、元爽、惟良、怀运、杨氏及高宗。元庆兄弟，确为武氏所杀，原因前已叙述。

至于韩国、杨氏及高宗，武则天一向敬而爱之，何曾加害？文章说，"君之爱子，幽之于别宫；贼之宗盟，委之以重任。"前者当指武则天废中

宗为庐陵王，徙于濮王故宅；以睿宗为傀儡，"居之别殿"；后者当指武则天用人惟亲，让子侄掌权，"诸武擅命。"中宗之被废，睿宗之闲居，前文已经提到，都是由当时的形势决定的。

且睿宗虽居别殿，并未被幽。要说诸武擅权，更为荒谬。当时武氏子侄，唯承嗣曾居相位，且不久即罢为礼部尚书，其余皆无名小辈，何曾过问朝政？文章又说，"敬业奉先帝之遗训，荷本朝之厚恩"，"因天下之失望，顺宇内之惟心"，"誓清妖孽"，"志安社稷"。事实上，所谓"奉先帝之遗训，荷本朝之厚恩"，不过是冠冕堂皇，掩人耳目的虚托辞令。

他们正是由于"失职怨望"，才利用部分官僚士族对武则天专权的不满而起兵的。其真正目的并不是为了匡扶唐室，而是打着诛武氏、匡社稷的幌子，去另建徐家王朝。这一点在起兵以后的行为中表现得十分清楚。文章还说，此次起兵有必胜的把握，"南连百越，北尽三河，铁骑成群，玉轴相接。海陵红粟，仓储之积靡穷；江浦黄旗，匡复之功何远！"其实，当时他们哪有这样雄厚的实力。扬州固然是东南都会，经济发达，人口稠密，但他们并未完全控制扬州地区。至于"南连百越，北尽三河，铁骑成群，玉轴相接"更是言过其实。

当然，对骆宾王来说，为了达到起兵的目的，故意抹杀武则天辅政和临朝时期的功绩，捏造罪名，颠倒是非，把武则天诬蔑成十恶不赦的罪人，把李敬业打扮成除恶匡正的忠臣，摇唇鼓舌，虚张声势，是很有必要的。如其不然，人们怎么会听信他那一套而"转祸为福"呢？

李敬业等人看了骆宾王写的檄文，赞叹不已，十分满意，立即命令善书者抄写数千份，散往各地。由于煽动工作出色，许多对武则天心怀不满的官僚地主纷纷前来投奔，加之开库铸钱，强行征募，势力迅速增长，据说旬日之间，"得胜兵十余万"。

李敬业在扬州起兵的消息很快传到了神都洛阳，朝廷内外的空气一下变得十分紧张，但武则天却泰然自若，好像没什么事似的。原来，李敬业的叔父李思文敬慕太后，忠于朝廷，知敬业将叛，早就遣使密报太后。武则天已经做好了应付叛乱的思想准备，所以一点儿也不惊慌。再说她已有丰富的应变与平叛的经验，已练就了一双铁的手腕，何怕之有！侍臣将李敬业的檄文呈上，以为武则天要大发雷霆，但没想到她一边朗读，一边"嬉笑"。至

"一抔之土未干，六尺之孤安在"，方"爽然曰：'谁为之？'"

当她得知作者是骆宾王时，不但没有因对她肆无忌惮的诬蔑和谩骂而忌恨，反而有遗才之憾，说道："宰相之过也。人有如此才，而使之流落不偶乎！"当时，李敬业正在扩大地盘。楚州（在扬州之北）司马李崇福率所部山阳（今淮安县东）、盐城（今江苏盐城）、安宜（今江苏保应）三县归于敬业。刘行举与其弟行实据盱眙县（今属江苏）抗拒敬业。敬业遣尉迟昭攻之，不克。武则天下诏褒奖，擢行举为游击将军，行实为楚州刺史。同时，令内史裴炎等谋划对策，实欲观察裴氏态度，以解"青鹅"之谜。

裴炎听到李敬业起兵的消息和武则天的命令，坐卧不安，又愁又喜。喜的是，他有了使睿宗执政，掌握大权的机会；愁的是，作为宰相，眼下如何对付足智多谋的皇太后，将来怎样对付重兵在握、野心勃勃的李敬业。他横下一条心：先利用李敬业的起兵，迫使武则天归政。因而故意拖延时间，"不汲汲议诛讨。""则天潜察之"，觉得裴炎与李敬业起兵肯定有一定关系。为了证实这一点，武则天将裴炎诏入宫中，询问消弥叛乱之法。裴炎回答说："皇帝年长，不亲政事，故竖子得以为辞。若太后返政，则不讨自平矣。"

武则天终于明白了：原来裴炎与李敬业勾结，欲迫使她还政皇帝而自握大权。不由恨从心起，怒火中烧。监察御史崔察猜武则天必恨裴炎，便上奏说："裴炎伏事先朝，二十余载，受遗顾托，大权在己，若无异图，何故请太后归政？"听了崔察的话，武则天想，自己日理万机，废寝忘食，是为了报答死去的高宗，稳定唐廷的局势。

裴炎受先帝之顾托，负宰相之重任，不同心同德，济时匡世，反而勾结叛党，逼我还政，不是谋反是什么？因而不由分说，令卫士将裴炎拿下，遣左肃政大夫骞味道和侍御史鱼承晔审讯。凤阁舍人李景谌出庭做证，说裴炎必反。裴炎的好友、宰相刘景先和凤阁侍郎胡元范极力为裴炎辩护，说他不会造反。武则天说："炎反有端，顾卿不知耳。"这样，裴炎戴着"谋反"的帽子下了监狱，内史之职，由骞味道接替。

事实上，裴炎并非真心造反，只是想把武则天赶出政坛，改变睿宗的傀儡地位，以取辅佐之功，掌握更多的实权。当然，他既与叛军相联系，又不及时进行讨伐，说他"谋反"也不是毫无根据的。从当时的情况来看，要消

灭叛军，不把裴炎抓起来是根本不行的。

武则天将裴炎下狱以后，立即任命左玉钤卫大将军李孝逸为扬州道大总管，大将军李知十、马敬臣为副总管，殿中侍御史魏元忠为监军，率兵三十万，浩浩荡荡，南下讨伐李敬业。

李敬业本来是打着匡复中宗的招牌起兵的，但起兵之后，又捏造了个太子李贤。他们绞尽脑汁，找了一个长得和故太子李贤很像的人，骗其徒众说，李贤未死，逃到扬州来了，"因奉以号令"。太子李贤半年前已死在巴州，这怎么能叫人相信呢？在确定进军路线时，叛军首脑意见也不一致。军师魏思温建议李敬业率大军直攻洛阳。他说："明公以匡复为辞，宜帅大众鼓行而进，直指洛阳，则天下知公志在勤王，四面响应矣。"但右司另薛仲璋表示反对。

他认为："金陵有王气，且大江天险，足以为固。不如先取常、润为定霸之基，然后北向以图中原。"魏思温不以为然，说："山东豪杰以武氏专制，愤惋不平，闻公举事，皆自蒸麦饭为粮，伸锄当兵，以俟南军之至。不乘此势以立大功，乃更蓄缩巢穴，远近闻之，其谁不解体！"李敬业不听魏思温之言，乃"希金陵王气"，令左长史唐之奇守江都老窝，亲率大队叛军渡江，向京口重镇润州（今镇江市）发起猛烈的进攻。其称帝野心，已暴露无遗。

当时，唐王朝的润州刺史正是李敬业的叔父李思文。李思文极力反对敬业起兵，在遣人向武则天报告了李敬业的动向之后，与司马刘延嗣修缮城池，训练士兵，准备配

唐代三彩女立俑

合官军，镇压叛乱。所以李敬业进攻润州时，遇到了顽强的抵抗。十月十四日，润州陷落，思文、延嗣及前来救援的曲阿（丹阳）县令尹元贞被俘，皆威武不屈，敬业大怒，改思文姓武，囚之。杀尹元贞。

这时，李孝逸的大军方至临淮（盱眙城北）。敬业以李宗臣为润州刺史，令其弟敬猷屯兵淮阴（今淮安），遣猛将韦超据都梁山（在盱眙城南），自率部众，屯高邮县之下阿溪（在盱眙与江都之间）以拒官军，打败李孝逸偏将雷仁智，气焰十分嚣张。李孝逸是唐宗室淮安王李神通之子，颇受武则天重用，他忠于唐廷，也忠于武氏，有一定军事才干，但有些胆小，过于谨慎，史载，雷仁智失利，"孝逸惧，按兵不进"。

叛军活动的情况传到洛阳，武则天大怒。十月十八日，斩裴炎于都亭。十九日，追削李敬业祖考官爵，发冢斫棺，复其姓为徐氏。接着重新组织讨叛力量，下诏赦扬、楚等州百姓之为敬业胁从者；以敬业首献者，授官三品，赏帛五千；以其他魁首献者，官五品，帛三千。

同时派人与魏元忠、李孝逸联络。魏元忠精明干练，颇知用兵之术，对李孝逸说："朝廷以公王室懿亲，故委以阃外之事。天下安危，实资一决。且海内承平日久，忽闻狂狡，莫不注心倾耳，以俟其诛。今大军留而不进，则解远近之望。万一朝廷更命他将代公，其将何辞以逃逗挠之罪？幸速进兵，以立大效。不然，则祸难至矣。"李孝逸觉得言之有理，便率领将士继续进讨。兵至都梁山下，与叛将韦超交锋。副总管马敬臣一马当先，率部奋击，斩叛军别帅尉迟昭、夏侯瓒于马下，遂围都梁山。至此，战争的形势开始有了明显的改变。

十一月初，战争进入决战阶段。当时的形势对唐军十分有利：从军队人数来看，叛军总共不过十万；官军仅李孝逸部即达十万，左鹰扬大将军、江南道大总管黑齿常之率领的后续部队已离开神都，正在南下途中。

从部队素质来看，叛军党魁唯徐敬业等极少数人精于用兵，然刚愎自用；其余皆罕习戎马，不通战事；至于兵士，只有少数经过专门训练，余皆刚入部伍。官军主帅李孝逸虽胆小无勇，但能听取部下意见，择善而从；魏元忠精通用兵之术，黑齿常之更是著名的战将；兵士大都训练有素，装备精良。

从双方的斗志来看，徐敬业叛乱之心大白后，许多被蒙蔽的人失去了信

心，而被驱从的群众希望安定，根本不愿为之卖命。官军将士，痛恨叛乱，同仇敌忾，士气旺盛。

从兵力分布来看。叛军分为数部。主力由徐敬业率领，屯于高邮下阿。余众由李宗臣、韦超、徐敬猷率领，分别屯驻在润州、都梁山和淮阴县。兵力本少，又分居数地，使势力更加削弱。官军集中于临淮至都梁山一线，围困都梁山，形成分割牵制，重点进攻的绝对优势。显然，叛军处于守势。

为了确保胜利，李孝逸首先招集将佐，商讨作战方案。不少人认为，都梁山形势险要，"（韦）超凭险自固，士无所施其勇，骑无所展其足；且穷寇死战，攻之多杀士卒，不如分兵守之，大军直取江都，覆其巢穴。"但主管军资粮仗的支度使薛克澄表示异议。

他分析说："（韦）超虽据险，其众非多。今多留兵则前军势分，少留兵则终为后患，不如先击之，其势必举。举都梁，则淮阴、高邮望风瓦解矣！"虽然薛氏过分地强调了叛军在都梁山的实力而轻视了盘据在淮阴、高邮的叛军，但要求首先攻拔都梁山无疑是正确的。因为自讨叛以来，官军曾经失利，未尝大胜，若舍韦氏而取江都，不但背部受牵，还可能受到敬业兄弟的腰击，从而降低士气。李孝逸决定采纳薛氏的意见。

那么，攻拔都梁山以后向何处进军？诸将曰："不如先攻敬业。敬业败，则敬猷不战而擒矣。若击敬猷，则敬业引兵救之，是腹背受敌也。"魏元忠不同意这种见解。他说："贼之劲兵精卒，尽在下阿，蚁聚而来，利在一决，万一失捷，则大事去矣。敬猷本出博徒，不习战斗，其众寡弱，人情易摇，大军临之，其势必克。既克敬猷，我军乘胜而进。彼若引救淮阴，计程则不及，又恐我之进掩江都，必邀我于中路。彼则劳倦，我则以逸待之，破之必矣。譬之逐兽，弱者先擒，岂可舍必擅之弱兽，趋难敌之强兵？恐未可也。"这一建议积极稳妥，也被李孝逸采纳。这样，先灭韦超，次灭敬猷，再击敬业的作战方案便迅速确定下来。

于是，激烈的战斗开始了。李孝逸令官军首先向龟缩在都梁山上的叛军发起冲击。都梁山比较险峻，易守难攻。官军人数虽多，但很难施展，战斗十分残酷。傍晚时分，官军攻占了最后一个山头，韦超乔装改扮，连夜逃走。这是官军到达江淮以后取得的第一个重大胜利，将士无不欢欣鼓舞。李孝逸等乘胜前进，绕过白水塘，直奔淮阴。

淮阴城座落在淮水南岸，颇为坚固，但叛将徐敬猷本系博徒，素不知兵，闻官军大至，惊慌失措。李孝逸等指挥官军奋击破城，徐敬猷自暗道潜逃，投奔徐敬业去了。这样，淮阴城轻而易举地落入官军之手。徐敬业不胜其愤，乃沿下阿溪设防，决心与官军决一雌雄。

十三日，李孝逸的先头部队攻入扬州界内，到达下阿溪北岸，隔河与徐敬业相持。这天晚上，后军总管苏孝祥率将士渡河偷营，被徐敬业打败。苏孝祥战死，左豹韬卫果毅成三郎被俘。其余残卒被逼至水滨，不降而溺水者过半。

由于官军失利，叛军又猖狂起来。为了进一步煽动士气，唐之奇指着被俘的成三郎哄骗说："此李孝逸也！"三郎大呼："我果毅成三郎，非李将军也。官军今大至矣，尔曹破在朝夕。"正气凛然，不屈而死。

次日，李孝逸率领的官军赶到。但由于徐敬业早有准备，很会打仗，且孤注一掷，因此官军几次失利。李孝逸胆怯，又欲退兵。而徐敬业之徒也颇有损伤。魏元忠和行军管记刘知柔建议使用火攻。当时官军位于叛军西北，正是顺风放火的好时机。李孝逸令官军强渡下阿溪，"因风纵火"，叛军大乱，被斩者七千余，"溺死者不可胜计"。徐敬业与徐敬猷、唐之奇、杜求仁、骆宾王等狼狈逃入老巢。李孝逸紧追不舍。徐敬业看江都难保，便与徐敬猷等人"悉焚其图籍，携妻子奔润州"，欲投奔所署润州刺史李宗臣，借润州之兵负隅顽抗，东山再起。

他们首先潜入算山，写信与李宗臣联系。但慌乱中丢失了原定联系信物，李宗臣以为有诈，不予理睬。他们认为李宗臣已经降唐，绝望中乘小船潜入长江，"将入海投高丽。"

此时，李孝逸已入据江都，一面派兵扫荡扬、楚、润三州的叛军残部；一面遣将分道追捕叛军党魁。十八日，徐敬业等逃至海陵（今泰州）界，遇大风，船不得行，而追兵将至。正当他与骆宾王等商量对策时，其将王那相杀死徐敬业、徐敬猷和骆宾王，提着三人的头颅投降了李孝逸。徐孝逸又将唐之奇、魏思温等人抓获，一并"传首神都"，于是"扬、润、楚三州平"，李孝逸率军凯旋而归。

徐敬业自起兵至灭亡凡三个月。事实表明，武则天的所作所为并不像骆宾王说得那样坏，已失天下之望。相反，反对她的只是宗室、官僚、地主缙

绅中的个别分子；徐敬业也不像骆宾王说得那样好，那样忠，那样有能耐。相反，他所发动的起兵，是一次彻头彻尾的叛乱，真正支持他的只是一些失意的官僚地主。广大群众、甚至连他的叔父都表示反对。正如时人陈子昂所说："扬州构逆，殆有五旬，而海内晏然，纤尘不动。"因此，尽管徐敬业等人狡诈多端，还是未能逃脱灭亡的命运。

李孝逸凯旋之后，武则天十分高兴。立即奖励在镇压叛乱中的有功之臣。授李孝逸为镇军大将军，转左豹韬卫大将军，改封吴国公；擢魏元忠为司刑正，稍迁洛阳令；拜徐思文为司仆少卿，赐姓武氏；其余将士，皆依据功劳大小给予不同的赏赐。同时杀逐与叛军首领有密切关系和平叛不力的人。重贬刘景先为吉州员外长史，贬郭待举为岳州刺史，斩程务挺于军中，籍没其家。叛酋之家，亦行籍没。接着武则天便将群臣召集到宫殿严加训斥。训斥说："我没有辜负天下人的期望，你们都知道吗？"群臣回答说："知道。"武则天又说："我侍奉先帝（高宗）二十余年，忧虑天下到了极点！公卿富贵都是我赐予的；天下安乐，也都是我长期治理的结果。先帝驾崩，把天下托付于我，我不爱己身而爱百姓。如今为首叛乱者，皆出于将相，这些大臣竟如此辜负我的期望！你们中有接受遗命老臣、倔强难制超过裴炎的吗？有将门贵种，能纠合亡命超过徐敬业的吗？有握兵宿将、攻战必胜超过程务挺的吗？这三个人，在群臣中都很有威望，因不利于我，都被我杀了。你们中有能超过这三人的，就趁早叛乱；不然，就必须革心事我。不要让天下人耻笑。"群臣跪伏顿首，不敢仰视，说："惟太后所使。"

看来，武则天对于能够迅速平定徐敬业叛乱，剪除其党羽，是很得意的。徐敬业之流本想通过发动武装叛乱，使武则天一败涂地；结果他们的覆灭，却使武则天的威望空前提高，更加增长了她临朝称制的勇气。

诛杀抗逆

武则天具有顽强的毅力和不屈不挠的精神。她在平定徐敬业叛乱之后，改元"垂拱"，仍然独揽大权。一年以后，当国家完全趋于安定，形势有所好转时，她才作出了返政的姿态。垂拱二年（686）正月，"皇太后下诏复政于皇帝。"但睿宗知太后非诚心,奉表固让,坚决不干,于是,"太后复临朝称制",继续掌握权柄。谁对此表示异议,她就贬杀谁。例如,垂拱二年十月,雍州新丰县(今陕西临潼),东南有山涌出,侍臣以为祥瑞,武则天改新丰县为庆山县,"四方毕贺。"江陵人俞文俊不以为然,上书说道:"天气不和而寒暑并,人气不和而疣赘生,地气不和而堆阜出。今太后下以女主处阳位,反易刚柔,故地气塞隔,而山变为灾。太后谓之'庆山',臣以为非庆也。臣愚以为宜侧身修德以答天谴,不然,殃祸至矣!"

很露骨地反对女人掌权。武则天大怒,把俞文俊流放到了岭外。

垂拱三年五月,凤阁侍郎、同凤阁鸾台三品刘祎之在私下对凤阁舍人贾大隐说:"太后既废昏立明,安用临朝称制!不如返政,以安天下之心。"贾大隐把这话向武则天作了汇报,她十分不悦。有人诬告刘祎之受归诚州都督孙万荣之贿,又与许敬宗之妾私通。武则天令肃州刺史王本立审问其事。王本立宣读武则天之敕,祎之曰:"不经凤阁鸾台,何名为敕!"武则天以为拒捍制使,"赐死于家。"刘祎之少年时与孟利贞、高智周、郭正一俱以文藻知名,人称"刘孟高郭"。上元年间被诏入禁中,充当"北门学士"。武则天临朝,"甚见亲委",被提拔为宰相,"时军国多事,所有诏敕,独出祎之,构思敏速,皆可立待。"只因有使则天还政之意和"拒捍制使"之行,便丢了性命。

垂拱三年九月,虢州人杨初成自称郎将,矫制募人,欲迎庐陵王于房州而驱逐武则天和唐睿宗,武则天立即处决了杨初成。

在此期间,武则天励精图治,为振兴唐王朝作了许多努力。

其一,广开言路。唐初依前代旧规,设登闻鼓于西朝堂,设肺石于东朝堂,供告急诉冤之用,但派专人防守,一般人即使有冤,也难以击鼓立石。垂拱元年(685)二月,武则天下制:"朝堂所置登闻鼓及肺石,不须防守,有击鼓立石者,令御史受状以闻。"。

垂拱二年三月,又令巧匠鱼保家做铜匦四枚,共为一室,"四面置门",分别为青、红、白、黑四色,置于朝堂,以收天下常人表疏:青匦在东,名"延恩",告"养人及劝农之事者"投之;红匦在南,名"招谏","正谏论时政之得失者"投之;白匦在西,名"申冤","有欲自陈屈抑者"投之;黑匦在北,名"通玄",献"谋智者"投之。令正谏大夫、补

缺、拾遗一人充使，于朝堂知匦事，"每日所有投书，至暮并进。"武则天通过铜匦了解到不少情况，"由是人间善恶事多所知悉。"

其二，扩大仕途。唐初入仕之途主要是门荫；其次是军功、科举。门荫是汉魏以来传统的入仕途径，带有"世卿世禄"之遗风，只局限于达官贵人。军功受爵古亦有之，然不甚流行。南北朝末期以后有所抬头，但只局限于战争的场合和军人内部。科举制起于隋、兴于唐，虽面向全社会，但也往往限于贵族士人，一般百姓很难问津。所以唐初的仕途虽较前代为宽，但从当时的社会状况来看，仍然是比较窄的。官僚贵族仍是政治舞台上的主体。对此，唐太宗十分不满。他曾准备拓宽仕途，实行自举，但因有人反对而未能如意。

武则天自当皇后以来，遭到不少士族官僚的反对。为了壮大自己的势力，使更多的有识之士为其统治服务，她勇敢地迈出了唐太宗所未能迈出的一步。垂拱元年五月，"制内外九品以上及百姓，咸令自举。"也就是说，不论是现任官吏，还是平民百姓，只要有才干，都可以毛遂自荐，以求进用。正如《新唐书·则天顺圣皇后武氏传》所说："太后不惜爵位，以笼四方豪杰自为助，虽妄男子，言有所合，辄不次官之，至不称职，寻亦废诛不少纵，务取实才真贤。"

其三，注重吏治。吏治对社会状况至关重要，因此自古有作为的帝王莫不勤于整饬。武则天"通文史"，且有几十年的统治经验，对此十分清楚。她知道，对于官吏光用法律的形式来约束是不行的，要使他们"称职"，必须加强教育，使其懂得为臣之道。为此，她在百忙中抽出时间，亲自撰写《臣轨》一书，从十个方面对臣下提出要求：

同体。即为臣者要与君王同心同德，做君主的手足耳目；爱国恤人，尽职尽责。

至忠。以慈惠为本，多其功而不言；推善于君，引过在己。

守道。以"道"清心正身，佐时匡主；名不动心，利不动志。

公正。理官事则不营私家，当公法则不阿亲党，举贤才则不避仇雠；处"六正"之道，不行"六邪"之术。

匡谏。除君之过，矫君之失；以谏为忠，不避斧钺。

诚信。以信忠君，以信怀下；上下通诚，信而不疑。

慎密。保守国家机密，不漏禁中之语；非所言勿言，非所为勿为。

廉洁。奉法以利人，不枉法以侵入；以廉平为德，不求非其所有。

良将。有五材四艺，机智果断。

利人。禁未作，兴农功，省徭轻赋，不夺人时，务使家给人足。

显然，其中心思想是要求臣僚成为德才兼备，忠君爱民的人物。垂拱元年书成，"普锡具僚。"由于此书采用摆事实、讲道理的方式，要求严而不苛，因而起到了较好的作用。

侍马图

在对官吏进行普遍教育的同时，武则天还对官制的某些环节也作了改革。如垂拱二年（686）正月，提高地方官的身份，"初令都督、刺史并准京官带鱼。"

三年十一月，罢监军。史载："太后欲遣韦待价将兵击吐蕃，凤阁侍郎韦方质奏请如旧制遣御史监军，太后曰：'古者明君遣将，阃外之事悉以委之。比闻御史监军，军中事无大小皆须承禀。以下制上，非令典也；且何以责其功！'遂罢之。"

其四，加强法制。武则天辅佐高宗几十年，深知法制的重要。为了进一步维护社会秩序，垂拱元年，即派人重新删定律令格式。所谓律令格式，乃是唐王朝的法律文书的形式。

简单些说，"律"是国家的法律条文，"令"是关于尊卑贵贱及国家制度的规定，"格"是皇帝下达的有关百官日常行事的敕令，"式"是有关国家行政法规的各种章程。高宗即位之初，律令格式已大体齐备，而以律的

119

成就最为显著。自永徽至垂拱，已历三十余年，律令，特别是格式已有了重定的必要。因此，武则天在广开言路的同时，命内史裴居道、夏官尚书岑长倩、凤阁侍郎韦方质与袁智弘等十余人重新删定。

修改律令的指导思想是约法省刑。武则天说："朕情在爱育，志切哀矜。疏网恢恢，实素怀之所尚；苛政察察，良夙心之所鄙。方冀化致无为，业光刑措。"由于《永徽律疏》本身"得古今之平"，因而修改时大抵依旧，"惟改二十四条。"对于格式，则根据"便于时"而"堪为当时行用"的原则作了较大的变动，编成《垂拱格》二卷，《垂拱留司格》六卷，《垂拱式》二十卷。删定工作结束后，武则天亲为《垂拱格》作序，与律令等一道颁下。由于武则天的主导思想正确，加上删修官韦方质、王守慎等精通法律，因而垂拱格式"议者称为详密"。施行之后，颇见成效。

其五，抗击突厥。平定徐敬业叛乱后，周边少数民族贵族侵扰的事仍有发生。垂拱元年，突厥阿史那骨笃禄侵扰朔、代等州。武则天命左玉钤卫中郎将淳于处平为阳曲道行军总管，与中郎将蒲英节率兵赴援。至忻州（山西忻县）为突厥所败，死者五千余人。

垂拱三年（687），骨笃禄复与元珍侵扰朔州。武则天遣燕然道大总管黑齿常之及左鹰扬大将军李多祚率兵击之，大破突厥于黄花堆（在朔州神武川），追奔四十余里，突厥散走碛北。右监门卫中郎将爨宝璧率一万三千人穷追。由于贪功，特别是采取了蠢猪式的战术，结果全军覆灭。武则天下令"诛宝璧，改骨笃禄曰不座禄"。虽然损失较重，但在一定程度上阻止了突厥贵族的疯狂侵扰。

其六，赈济灾民。垂拱年间，发生了几次干旱和地震等自然灾害。武则天对灾民颇为关心。垂拱四年二月，山东、河南等地百姓因去岁遭受旱灾而甚饥乏。武则天命王及善、欧阳通、狄仁杰巡抚赈给，便是其中的一例。

武则天所做的这些努力，绝大部分都是有利于社会发展的。事实上也确曾起到了这样的作用。因此，她的威望比以前有了进一步的提高。

在励精图治的同时，武则天的权势欲也有了明显的增加。如果说她起初只是暂时临朝并无长远打算的话，现在就有了长期临朝称制的思想。而随着这种思想的产生，对李、武两家的态度也就发生了微妙的变化。一方面，一如既往，继续尊崇李氏。垂拱三年闰正月，封皇子成美为恒王，隆基（即后来的玄宗）为楚王，隆范为卫王，隆业为赵王。垂拱四年正月，在神都创高祖、太宗、高宗三庙，“四时享祀如西庙（京师太庙）之仪。”

另一方面，一改先前限制外戚的做法，提高武氏地位，大搞武氏崇拜。最明显的事例就是在神都为高祖李渊等人立庙的同时，“又（于西京）立崇先庙以享武氏祖考。”表面上看，似乎是公平合“理”，一视同仁，实际上，在一姓独尊的时代为武氏修崇先庙，就是对李氏的贬抑。因此，一些官僚，尤其是李唐宗室的一些人，对武则天越来越不满。

垂拱四年（688）二月，武则天下令毁神都之乾元殿，于其地做“明堂”。“明堂”相传为周公所创，系帝王布政、祭祀、大享、朝会之室。汉魏六朝，多有设置。但“明堂之制，爰自古昔，求之简牍，全文莫靓”，因而各代所造差异很大。要问“明堂”是个什么样子，即使“巨儒硕学”，也很难说得清楚。

隋文帝开皇年间，将作大匠宇文恺据《月令》造“明堂”木样以献，文帝“方欲崇建，而诸儒争论不定，竟议罢之”。唐太宗贞观年间，令“儒官”议明堂制度，将欲建之，“但以学者专固，人人异言，损益不同，是非莫定”。高宗永徽、乾封之际，两次发动“群儒”议明堂制度，且改元总章，置明堂县，以示必建，而议者纷然甲，“终高宗之世，未能创立。”

武则天认为，建立明堂十分重要，可以赞五神、申宗祀、扬国威、顺物理，“使灾害不生，祸乱不作”，因而早在乾封之岁即上表请立。镇压徐敬业叛乱之后，她决心按高宗遗志和自己的夙愿修建明堂。鉴于太宗、高宗欲立明堂而诸儒议论纷纭的事实，武则天“独与北门学士议其制，不问诸儒”。诸儒都说明堂应置于国阳丙已之地，即在皇宫三里之外，七里之内。武则天认为丙已之地，“去宫室遥远，每月所居，因时飨祭，常备文物，动有烦劳”，乃“自我作古”，毁乾元殿，以薛怀义为使，役数万人以造明堂。表示她将在这里祭祀天地，供奉祖先，发号施令，长期执政。

就在这时，武则天的侄子武承嗣看出了她的心事。四月，武承嗣亲自导演了一出“洛出书”的喜剧。史载，武承嗣使人在一块白色的卵石上刻了“圣母临人，永昌帝业”八个大字，以碎紫石和药填之，使之变得古雅别致，如天外之物，然后放入洛河边的一个小潭内。几天以后，派雍州人唐同泰从水中捞出，献于朝廷，宣称发现了“洛书”。《易·系辞上》云：

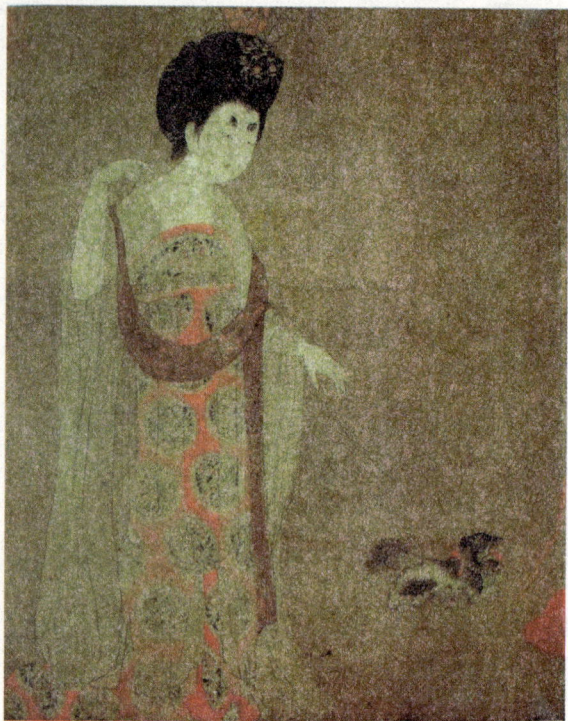

仕女图

"河出图，洛出书，圣人则之。"

尽管后人对"河图""洛书"的理解不同，但都把河出图、洛出书当作帝王德高功大、治国有方、风调雨顺、国泰民安的代称。唐同泰既称这块瑞石得之洛水，无疑是向朝野宣告：武则天临朝以来，励精图治，天下太平，以致上苍降瑞，出现了洛书自现的奇迹。而且，这书上明明写着"圣母临人，永昌帝业"的话，可见，上天的意思是让武则天永远当政。

毫无疑问，这是迎合武则天的权势欲望，为她长期掌权制造舆论的。与此同时，许多大臣亦纷纷上表祝贺："陛下以虔恭顾托，八篆灵开，超万祀而同存，历百世而罕逮。况乎阴阳景测，朝市天临，号令施于四海，机衡动于万国，灵心叶赞，景业会昌，荐希代之鸿宝，获非常之嘉应。固可以明禋大宝，礼秩介邱，副神宗之乃眷，答上元之蕃祉。臣等遇偶休明，荣参簪笏。千年旦暮，邀逢累圣之期；百辟歌讴，喜属三灵之庆。无任鸟藻踊跃之至。"表现出对武则天长期控制朝政的支持。

武则天极为高兴，决定在这块石头上大做文章。史载：武则天命其石曰"宝图"，擢唐同泰为游击将军。五月，下诏指出，将亲拜洛水，受"宝图"；御明堂，朝群臣。令诸州都督、刺史及宗室、外戚于拜洛前十日集于神都。接着，加尊号为圣母神皇，做神皇三玺。

七月，更命"宝图"为"天授圣图"，洛水为永昌洛水，封其神为显圣侯，名出图小潭曰"圣图泉"，并于泉侧置永昌县。又改嵩山为神岳，封其神为天中王，拜为太师。此外，以先此曾于汜水得到瑞石一块，改汜水为广武。

但是，这些活动引起了李唐宗室的极为不满。他们认为，武则天这样做，必然会使武氏更加得势，而使李氏日益沉沦；长此以往，不仅大唐的江山社稷难以保障，就连自身的利益也会受到损害。因此，他们暗中串通，"密有匡复之志。"越王父子的反叛，就是在这种情况下发生的。

越王李贞是唐太宗的第八个儿子，系燕妃所生。贞观五年（631）封为汉王。七年，授徐州都督。十年，改封原王，不久徙封越王，拜扬州都督，赐实封八千户。十七年，转相州刺史。二十三年，加实封满一万户。

永徽四年（653），授安州都督。咸亨年间（670—674），复转相州刺史。武则天临朝，加官太子太傅，除豫州刺史。此人"少善骑射，颇涉文史，兼有吏干"。在宗室中享有美名，被称为"材王"。但为人奸诈，有才无德，"所在或偏受谗言，官僚有正直者多被贬退，又纵诸僮竖侵暴部人"，因而在社会上并没有什么威望。

越王贞对武则天当权很有意见。武则天刚刚临朝称制，他便与韩王元嘉、鲁王灵夔、霍王元轨、元嘉子黄国公李譔、灵夔子范阳王李蔼、元轨子江都王李绪及其长子博州刺史、琅琊王李冲"计议反正"，准备造反。"在蔡州，数奏免所部租赋以结人心，家僮千人，马数千匹，外托以畋猎，内实习武备"，由于武则天采取了预防叛乱的措施，给他们升了官衔，加之高宗新丧，正在办理后事，他们才没有行动。后来徐敬业起兵，他们看到徐氏别有用心，也没有参加。徐敬业败亡后，他们慑于武则天的威风和实力，暂时减少了串通。但当他们看到武则天做明堂，收符瑞，即将拜洛受图时，再也沉不住气了，便加紧联络，调动军旅，决心大动干戈，将武氏赶下台去。

垂拱四年（688）七月，黄国公李譔给诸王写信："内人病渐重，恐须早疗；若至今冬，恐成痼疾。宜早下手，仍速相报。"意思是说，皇太后为害渐深，宜早除之，如果等到拜洛受图之后，事情就不好办了。要求诸王早做准备。韩王元嘉又煽动说，皇太后拜洛受图，令宗室赴集，大享之际，必遣人告密，"因大行诛戮"，到那时，"皇家子弟无遗种矣。"其用意与李譔完全一致。

不久，李譔伪造皇帝玺书，送给琅琊王李冲，云："朕被幽系，王等宜各救拔我也。"李冲看后又伪造玺书曰："神皇欲倾李家之社稷，移国祚

123

于武氏。"分送韩、鲁、霍、越、纪等王，各令起兵以赴神都。于是诸王加紧准备，李冲父子尤为积极。李冲一面命其心腹萧德琮等召募士卒，一面与"诸王连谋"，与济州刺史薛颛、弟绪、绪弟驸马都尉绍勾结；李贞亦遣人与东莞公李融、寿州刺史驸马都尉赵环及纪王慎等相约。霎时间，形势骤变，宗室诸王秣马厉兵，磨刀霍霍，大有翻江倒海之势。

范阳王蔼遣使谒李贞父子，建议诸王同时行动："若四方诸王一时并起，事无不济。"李贞父子亦认为，诸王于四方并起，可使武则天顾此失彼，因而着手制定起事日期。

当时，唐高祖第七女常乐公主捎话给越王说："尔诸王若是男儿，不应至许时尚未举动。"催促起兵。越王制定好行动时间，分别通知诸王。诸王中有的还未接到通知，九月十七日，琅琊王李冲即提前起兵于博州（今山东聊城东北）。

李冲起兵的消息传到神都洛阳后，武则天立即以左金吾将军丘神勣为清平道行军大总管，率军讨伐。

当时，李冲率所部五千余人，欲渡过黄河，攻占济州，然后向神都进发。但道路为其部下武水县令郭务悌所阻。李冲大怒，首先向武水县（在聊城西南）发起进攻。郭务悌向魏州刺史求援，魏州刺史派莘县（为武水之西邻）县令马玄素带一千七百人入城拒守。李冲令其徒用草车塞武水南门，因风纵火，欲乘火入城。不料"火作而风回"，反而阻挡了自己的部队。由于攻不下武水，士气一落千丈，其大将董玄寂对人说："琅琊王与国家交战，此乃反也。"李冲杀了玄寂，结果"兵众惧而散入草泽，不可禁止，惟有家僮、左右不过数十而已"。

二十三日，李冲见大势已去，慌忙逃回博州。但还未来得及入城，就被守门人杀掉了。李冲自起兵到失败，前后不过七日。丘神勣的讨伐军还未赶到，李冲的叛乱已告平息。乃"传首神都，枭于阙下"。

李唐宗室起兵"失败的主因，无疑是准备不足，行事仓猝"。由于李贞起兵的准备不足，时间仓促，加之诸王贪生怕死，因此，李冲起兵之后，诸王"莫有应者，惟贞以父子之故，独举兵以应之"。

史载，八月二十五日，越王贞起兵于豫州（今河南汝南）以应李冲。其时李冲已死二日，因路途遥远，消息闭塞，李贞并不知道。李贞起兵时，遣使约东莞公李融同时行动。"融仓促不能应",在僚佐的逼迫下,只好把使者抓起来待变。

武则天得知越王将反,又着手组织讨伐力量。越王贞攻陷豫州上蔡(今属河南),闻其子已败,不胜慌恐,"欲自锁诣阙谢罪"。这时,新蔡县令傅延庆率勇士二千人赶到,李贞才改变了主意。为了鼓舞士气,他哄骗说:"琅琊王已破魏、相数州,聚兵至二十万,朝夕即到,尔宜勉之。"又在属县征兵,得七千余人,分为五营:李贞自领中营;以汝阳县丞裴守德为大将军、内营总管;赵成美为左中郎将,押左营;间弘道为右中郎将,押右营;安摩诃为郎将、后军总管;王孝志为右将军,前军总管。又以蔡州长史韦庆礼为银青光禄大夫、司马。"凡署九品已上官五百余人",势力大大超过了琅琊王。

九月一日,武则天命左豹韬大将军麴崇裕为中军大总管,夏官尚书岑长倩为后军大总管,凤阁侍郎张光辅为诸军节度,发兵十万以讨之。下诏削除越王父子属籍,改其姓为"虺"氏。

九月中旬,麴崇裕等部至豫州之东,距城四十里下寨。李贞自建府设官之后,常令道士僧侣诵经念咒,以祈事成。但所属官吏、兵士多以胁迫见从,"本无斗志","家僮、战士咸带符以辟兵",只有其女婿裴守德武艺高强,愿为卖命。讨叛大军距城四十里,李贞令其幼子李规同裴守德带兵前去拒战,结果刚一交兵,就一败涂地。裴守德等人满身是血,逃回城内。

李贞大惧,无计可施。正踌躇之际,讨叛大军已兵临城下,把豫州围得水泄不通。越王贞登上阁楼,见城下人山人海,军容甚盛,预感到危在旦夕,不禁长叹一声。一位亲兵走来说:"事

越王李贞墓志盖拓片

125

既如此，岂得受戮辱，当须自为计。"越王遂服毒而死。裴守德亦自缢。家童等"舍仗就擒"。越王贞从起兵到失败也不到二十天，与其子李冲一样，头颅被悬于国门。

越王父子的起兵之所以这样迅速地失败，最主要的原因是起兵不得人心。武则天自扫平徐敬业叛乱后，励精图治，采取了不少有益于社会发展的措施，社会状况有了明显的好转，支持她的人越来越多。在这种情况下发动叛乱，必然会遭到众人的反对。事实也是如此。李冲起兵后遭到博、魏两州军民的反击，官军未至，便已解体。

李贞起兵时，与纪王李慎联络"慎知时未可"，拒不合作；起兵之后，仅得士卒七千，且多是胁从之辈，"无心战作"，才一交兵，便宣告失败。当然，越王父子的迅速失败，也与宗室诸王不相救应有较大关系。起兵之前，越王父子与宗室诸王多次联系，制定了进军路线和起兵时间，但当他们先后起兵之后，"诸王仓卒无应者。"既得不到人民支持，又得不到宗室援助，势单力薄，自无立身之地。此外，越王父子的迅速失败，也与武则天及时出击，将帅用兵得法有一定的关系。总之，越王父子逆时而动，其下场同徐敬业一样悲惨。

武则天在镇压了越王父子之后，又"收韩王元嘉、鲁王灵夔、黄公譔、常乐公主于东都，迫胁皆自杀"，更其姓曰"虺"氏，诛其亲党。

徐敬业的叛乱被平定了，越王贞的反抗也被镇压了，谁还敢再反对武则天临朝称制呢？在一连串的胜利之后，武太后踌躇满志，向下一个目标迈进。

第八章 走向皇位

铲除政敌

武则天以皇太后身份临朝称制，其权势已与女皇无异，但毕竟还没有黄袍加身。不过随着权势欲望的增长，这一天迟早是要到来的。她何时开始有这种想法，史无明文。从修建明堂时的决心，"洛出图"后的兴奋和欣然接受"圣母神皇"的尊号过程中，她的心事已经暴露无遗。

然而，要真正登上皇帝宝座，那可不是一件容易的事！反对她的，前有徐敬业、越王贞等人，其后，以宗室为首的反对派仍有很大的实力。武则天是位刚毅果决，办事稳重的女性。她既已用强有力的铁腕，打败了那么多的政敌，还何惧之有呢。她要乘平叛胜利之后，想方设法铲除一切政敌，向既定的目标迈进。正因为如此，当武承嗣建议"尽诛皇室诸王及公卿中不附己者"的时候，武则天没有表示反对。

那么，怎样才能铲除政敌呢？对公开反叛者，可以出兵征讨；但对那些分布在朝廷内外、全国各地的潜藏的政敌，最有效的办法莫过于利用酷吏，诉诸法律。

封建法律是维护统治阶级、尤其是最高统治者利益的工具，因此，凡是有损于统治阶级、特别是最高统治者的，都可以绳之以法。虽然唐初以来实行的法律主要是维护李唐宗室和"皇唐旧臣"利益的工具，但是，既然这个工具掌握在了武则天手里，她就可以首先用以保持自身及支持者的利益；既然宗室、旧臣要危害她，她自然可以将这个法律变成镇压宗室旧臣的工具。比如，《唐律》规定："诸谋反及大逆者，皆斩，父子年十六以上者绞，十五以下及母女、妻妾、祖孙、兄弟、姊妹，若部曲、资财、田宅，并没官。伯叔父兄弟之子皆流三千里，不限籍之同异。"如果给反对派扣上"谋反"的帽子，就可以名正言顺地加以消灭。

武则天"通文史",深知法制的重要以及其中的奥妙,而且,在同褚遂良、长孙无忌、上官仪等人的斗争中,已经积累了不少使用法律武器的经验。其中,要抓住政敌,绳之以法,必须有人告密,就是重要的一条。早在文明元年,武则天就开始奖励告密。

这年二月,武则天废中宗、立睿宗后不久,"有飞骑十余人饮于坊曲,一人言:'向知别无勋赏,不若奉庐陵(中宗)。'一人起,出,诣北门告之。座未散,皆捕得,系羽林狱。言者斩,余以知反不告皆绞,告者除五品官。"

徐敬业起兵之后,武则天进一步奖励告密。史载太后"疑天下人多图己","乃盛开告密之门,有告密者,臣下不得问,皆给驿马,供五品食,使诣行在。虽农夫樵人,皆得召见,所言或称旨,则不次除官,无实者不问"。奖励告密的目的,就是要用法律武器来对付政敌。而要用法律武器铲除政敌就需要酷吏。

所谓"酷吏",即是残暴酷烈、滥用刑罚的官吏。这种官吏的存在,是中国古代社会的普遍现象。自司马迁在《史记》一书中创立《酷吏传》以来,《汉书》《后汉书》等"正史"中皆有专篇。虽说唐初几年"官得其人",没有产生过著名的酷吏,但是既然最高统治者需要用残暴酷烈的办法维护统治,那么,酷吏将会被创造出来。这是自不待言的。

本来,武则天对酷吏是反感的。这不仅可以从她的《臣轨》一书里看出,还可以从她参与朝政以来的所作所为中看出。临朝称制之初,她曾经对臣下说过:我情在爱育,志切哀矜,疏网恢恢,实素怀之所尚;苛政察察,良夙心之所鄙兵方冀化致无为,业光刑措。这便是明证之一。但是,当统治阶级内部的斗争发展到不可调和的地步,以致"不切刑名,不可摧奸息暴"的时候,她便不得不改变策略,暂时采用"夙心之所鄙"的酷吏了。

对于武则天的这一变化,一些史书中也或多或少有所披露。如《旧唐书·刑法志》云:"则天临朝,初欲大收人望","然则天严于用刑,属徐敬业作乱及豫博兵起之后,恐人心动摇,欲以威制天下,渐引酷吏,务令深文,以案刑狱"。

《通典·刑典八》云:"大唐武太后临朝,属徐敬业反,越王贞等起兵,遂立威刑以服天下。将移神器,渐引酷吏,务令深文"。《旧唐书·酷吏传》亦云："逮则天以女主临朝，大臣未附，委政狱吏，翦除宗枝。于是来俊臣、索元礼、万国俊、周兴、丘神勣、侯思止、郭霸、王弘义之属，纷纷而出。"可见，引用酷吏，并不是由于武则天禀性残忍，热衷杀戮，而是由于铲除政敌、巩固统治的需要。

史载，自越王父子失败之后，武则天"大开诏狱，重设严刑"，"委政狱吏"。"由是告密之辈，推核之徒，因相诬构，共行深刻"，酷吏队伍很快兴起。著名的酷吏头目索元礼、周兴、来俊臣等人就是在这时出现的。

索元礼，出自少数民族，是位"胡人"。此人曾参加过科举考试，并得举进士及第，是薛怀义的义父。徐敬业失败后，他被擢为游击将军，充当推事使，时人号为"索使"。"推一人，广令引数十百人，衣冠震惧，甚于狼虎"。由于武则天多次召见赏赐，"张其权势"，因而成为第一位显赫的酷吏。

周兴，雍州长安（今西安市）人。"少以明习法律，为尚书省都事"，累迁司刑少卿，秋官侍郎，"屡受制狱"，推勘残酷，时人号为"牛头阿婆"。以发明火瓮拷讯法及判词中有"被告之人，问皆称枉；斩决之后，咸悉无言"而著称。

来俊臣，与周兴同乡，雍容美貌，颇明法理，但"面柔心狠，行险德薄"，一经武则天提拔，即专按制狱，继索元礼、周兴而起，后来居上，成为最有名的酷吏。

随着酷吏的兴起，各种"滥用刑罚"的残暴行为便相继发生：

诬告。自垂拱初年开告密之门以来，所告多系事实。《旧唐书·桓彦范传》载："往属革命之时，人多逆节。"但是，反对派人数至多，能抓住把柄的毕竟是少数。那么，怎样对付这些未露马脚的反对派呢？酷吏的办法是："构似是之言，成不赦之罪。"在这方面表现最突出的人物是来俊臣。为了使诬告成功，来俊臣与朱南山、万国俊等人造《告密罗织经》一卷，"其为支脉纲由，咸有首末，按以从事"，"教其徒网罗无辜，织成反状"。欲陷某人，即于数处同告，使被告者有口难辩，俯首就案。

逼供。在众多的"谋反"案中，有些铁证如山。例如韩王元嘉、鲁王灵夔、黄公谦及常乐公主等人，与越王父子通谋，即是如此，这类案件很容易定性。但是，更多的"谋反"案是"诬告"出来的，没有多少过硬的材料，

武则天传

舞乐图

被告往往不服。对于这些人，酷吏的办法是逼供。为此，他们制造了许多可怕的刑具，大枷便是其中之一。

史载，来俊臣"以索元礼等作大枷，凡有十号：一曰定百脉，二曰喘不得，三曰突地吼，四曰著即承，五曰失魂胆，六曰实同反，七曰反是实，八曰死猪愁，九曰求即死，十曰求破家"。其目的是用这些异乎常制的刑具使被告毛骨悚然，望而生畏。

据说酷吏讯囚，先布枷棒于地，对囚犯说："此是作具。"囚犯见之，大都"魂胆飞越"，违心自诬。对于见了刑具还不招认的囚徒，酷吏便使用各种刑具予以拷讯："或以椽关手足而转之，谓之'凤皇（凰）晒翅'；或以物绊其腰，引枷向前，谓之'驴驹拔橛'；或使跪捧枷，累甓其上，谓之'仙人献果'；或使立高木，引枷向后，谓之'玉女登梯'；或倒悬石缒其首，或以醋灌鼻，或以铁圈毂（箍）其首而加楔"，"或处之以秽室，或并绝其粮饷"。

有人描写当时的情况说："新开总监内，洛州牧院之中，递成秘狱，互为峻网：塞户墐窗，粗杖大枷；追摄掩捉，匪朝伊夕；炬火围宅，刀棒阑（拦）门；苦楚掠考，非罪亦承。"

诛夷。由于告密和拷掠，不但把一些真正的谋反者揪了出来，送上了断头台，而且也给一些没有谋反迹象的人戴上了谋反的帽子，送进了阎罗殿。

有人描述当时的情况是："公卿士庶，连颈受戮，道路籍籍。"这种说法虽然有些夸张，但被酷吏杀掉的李氏宗室和"皇唐旧臣"确实不少。其中宗室死亡尤惨。史载，垂拱四年（688）冬，"韩王元嘉、鲁王灵夔、元嘉子黄国公譔、灵夔子左散骑常侍范阳王蔼、霍王元轨及子江都王绪、故號王元凤子东莞公融坐与（越王）贞通谋，元嘉、灵夔自杀，元轨配流黔州，譔等伏诛"。永昌元年（689）夏，"杀辰州别驾汝南王炜、连州别驾鄱阳公禋等宗室十二人，徙其家于巂州"。九月，"杀宗室鄂州刺史嗣郑王璥等六人"，"嗣滕王修琦等六人免死，流岭南"。"皇唐旧臣"亦遭到了沉重打击。据说"朝士多因入朝，默遭掩袭，以至于族"，"每入朝者，必与其家诀曰：'不知重相见不？'"造成了一片恐怖气氛。

由于武则天曾经重用酷吏，酷吏又有这么多的残暴行为，因而，在封建时代，就有人认为武则天是千古未有之忍人，甚至说她是"恶之穷天地亘古今者"。今人亦往往据为口实，说武则天残忍无道。

固然，从当时的情况看，武则天重用酷吏，以诬告、逼供、诛夷的办法对付政敌，手段是残酷的。但从整个古代社会来考察，这也不是什么新招法。自阶级产生，特别是专制制度确立以来，诬告、逼供、诛夷的事便在不断发生，而且基本上为封建法律所容许。

与古代的脯醢、炮烙、焚烹、缳裂、凌迟、支解、活埋等刑罚相比，武则天用酷吏诛杀政敌的残酷程度未必最甚。再说这是统治阶级内部斗争的需要。统治阶级内部的斗争一旦达到不可调和的程度，哪有不残酷的？隋炀帝弑父杀兄，唐太宗杀兄屠弟，不是照样很残酷吗？

武则天重用酷吏，这是事实。但重用过酷吏的不止是武则天，汉武帝、唐玄宗等人也是如此。西汉一代，著名的酷吏十八人，其中张汤、赵禹等十二人都是汉武帝的臣子。他们的作为完全以皇帝的旨意为标准。上所爱者，挠法活之；上所憎者，曲法灭之，"以斩杀缚束为务"，"其治如狼牧羊。"

如果因为武则天重用过酷吏就说她是十恶不赦的暴君，那么，对汉武帝、唐明皇等人重用酷吏之事当作如何解释？所以，由此把武则天当作千古未有之忍人是不大妥当的。

有人说，酷吏杀戮的主要是百姓，并以此作为否定武则天的根据，这也是值得商榷的。酷吏的作用，在于为武则天铲除政敌，为走向皇位排除障碍。在这种情况下，她需要的正是百姓的支持，根本没有杀戮百姓的必要。

如果说酷吏当年杀害的都是些无辜的平民百姓，那么怎么还会出现"四方告密者蜂起"，公卿大臣，"连颈就戮"的局面呢？这是不可思议的。

从酷吏的构成上看，残杀百姓说也是讲不通的。当时的酷吏，多在御史台任职。御史台官的职责，或为"掌持邦国刑宪典章，以肃正朝廷"；或为"纠举百僚，推鞠狱讼"。而且，他们几乎无一例外的都是在首都洛阳的"新开总监"和"洛州牧院"里推按制狱。这样一来，被他们杀掉的必然主要是达官贵人，而不可能是众多的平民百姓。

如果再从被杀者的实际情况考察，问题就会看得更为清楚。在有关当时酷吏的材料中，杀害百姓的记载寥若晨星；与此相反，屠覆绅缨的"罪恶"却俯拾即是。《周故朝议大夫行兖州龚业县令上柱国程府君（思义）墓志》云："扬豫作逆，祆氛未殄。王侯将相，连头下狱，伤痍诛斩，不可胜数。"

《旧唐书·礼仪志》载，酷吏"贼害宗室"，"勋阶岁累"。同书《酷吏·万国俊传》载，国俊"屠覆宗枝朝贵"。《新唐书·来俊臣传》云，俊臣"阴啸不逞百辈，使飞语诬蔑公卿"，"颛以诛夷大臣为功"。诸如此类，不胜枚举。

因此，残杀百姓说是不能成立的，以此作为否定武则天的根据，也是不

西安小雁塔

大合适的。虽然，在酷吏纵横的岁月，难免有个别无辜百姓会被牵连而遭受祸害。

当然，用酷吏铲除政敌的残酷手段是不足称道的。但对武则天来说，这一手段极为重要。这一点连封建史家也承认，有人说，武则天因酷吏以自肆，"不出帏闼，而天命已迁"；有人说，"武后因之坐移唐鼎，天网一举，而卒笼八荒"，攻击中带着钦佩。武则天的亲信大臣朱敬则说，武则天开告端，重酷吏，"故能计不下席，听不出闱，苍生晏然，紫宸易主"，赞扬中略带阿谀。这些评论，从不同角度夸大了酷吏的作用，但毫无疑问，重用酷吏是武则天走向皇帝宝座的重要一步。

改革科举

武则天要从太后登上皇帝宝座，绝不是一件轻而易举的事，光靠外戚和酷吏是根本不行的，还必须拥有广大的支持者。武则天深知支持者的重要。早在二次进宫后不久，她就着手培养自己的心腹。当上皇后，尤其是参与朝政以后，又与唐高宗采取了许多扶植新贵的措施。及临朝称制，进一步注意选拔人才。

大量史实说明，到越王贞起兵时，武则天的统治已有了相当雄厚的基础，在她的周围，已聚结了一批智能之士，但是还没有达到足以消灭政敌，稳定局势，"永昌帝业"的程度。这一点武则天非常清楚。越王父子起兵后，宗室贵亲及"皇唐旧臣"蠢蠢欲动，使她更加感到自己力量的不足。因而她决定首先重用酷吏，对反对自己的人实行无情打击。

但是她知道，酷吏只能起到铲除政敌的作用，而要建设新政权必须依靠一大批杰出人才。所以，她在重用酷吏，铲除政敌的同时，进一步采取措施，搜罗英杰，以增强自己的实力。这不仅表现继续"令文武五品以上各举所知"，而且还表现在她对科举制度的改革上。

科举制是继九品中正制后的一种新的选官制度，起于隋而兴于唐。它包括制举和常举两种形式。《新唐书·选举志》云："唐制，取士之科，多因隋旧，然其大要有三。由学馆者曰生徒，由州县者乡贡，皆升于有司而进退之。其科之目有秀才，有明经，有俊士，有进士，有明法，有明字，有明

算，有一史，有三吏，此岁举之常选也。其天子自诏者曰制举，所以待非常之才焉。"与九品中正制相比，科举制在当时无疑是一种比较进步的选官制度。因为它可以摆脱士族门阀的垄断地位，给统治机构增添一些新鲜血液。

但是，这种比较进步的选官制度在隋代刚刚诞生，唐初仍然被限制在狭小的范围里。根据粗略统计，唐高祖武德年间由科举入仕者仅三十二人，每年平均不到三人；所用宰相十二人，出身科举者只一人。太宗在位二十三年，由科举入仕者凡二百二十四人，每年平均不过十人；所用宰相二十九人，出身科举者亦不过三人。不仅如此，而且，考试制度不够健全，"不贡举"的情况时有发生。科目也少得可怜，制举偶尔举行，常举也只有秀才、进士、明经。

高宗时，由于高宗和武则天的重视，科举制有了较大发展。在唐高宗君临天下的三十四年中，通过科举入仕者六百三十人；所用宰相四十七人，出身科举者十一人。而且，科目也有所变化，"秀才"被取消，"进士"的地位有所上升。但是，制度仍不够完善，有时"不贡举"，有的科目少。在及第人数方面，有时也表现出忽多忽少的现象。如永徽五年，进士及第一人；六年，四十三人；七年（即显庆元年）三人。这对于搜罗各种人才是不利的。

针对这种状况，武则天在临朝称制，特别是平定越王后，采取有力措施，对科举制进行了一番改革：

首先，使"常举"制度化，坚持每年开科取士，不以任何借口停止贡举。

其次，调整取士科目。重点发展进士科，适当发展诸科，降低明经科的地位。如分神都、京师两处举进士；增加明法科及第人数，垂拱四年至三十人。

第三，扩大制举。表现在：缩短制举间隔。以前数年一次，自此基本每年一次。扩大录取人数。以前每次只一至二人，自此大有突破。增加制举科目。以前每次不过一至二科，自此，增至七至八科。

这些改革无疑具有进步意义。因为它是以发掘人才为出发点的。这一点从发展进士科和扩大制举二项中就可以清楚地看出。进士科与明经科不同，不以背典帖经为要，而以属文写策为主，因而易于招徕关心时政、思维敏锐、富有远见的匡世之才。"及其临事设施，奋其事业，隐然为国名臣者不可胜数，遂使时君笃意，以谓莫此之尚"。制科亦为搜罗英杰的重要途径之一，"宏材伟论非常之人亦时出于其间，不为无得也"。

通过这些改革，科举制度进一步完善。与此同时，科举制对人才的吸引力也越来越大。

时人张文成曾说："乾封以前，选人每年不越数千；垂拱以后，每岁常至五万"。由于考生大量增加，挑选余地也扩大了。因而，一方面吸引了一批血气方刚的支持者；另一方面，也确实得到了一些"真才实贤"。后来大名鼎鼎的张柬之、张说、裴耀卿等人，就是此时及第的。

为了进一步搜罗人才，武则天在改革、健全科举制度的基础上又创立了殿试。所谓殿试，就是皇帝在殿廷上向贡士亲发策问的考试。载初元年（689）"二月，辛酉（十四日），太后策贡士于洛城殿。贡士殿试自此始"。

殿试的创立，是科举史上的一件大事。但某些皇家基于对武则天的偏见，对此次殿试的情况或避而不谈，或记载甚简。不过，详查一下有关资料，基本情况还是清楚的。

《唐会要》卷七十六《贡举·制科举》条载："载初元年二月十四日，试贡献人于洛城殿前，数日方毕。"《册府元龟》卷《贡举部·条制一》亦载："则天载初元年二月十四日，试贡举人于洛城殿前，数日毕。"卷六百四十三《贡举考试》条所载略同。这些资料与上述《通鉴》所载相辅相成，至少提供了三方面的信息：此次殿试开始于二月十四日；考试持续进行，"数日方了"；考试地点在神都洛城殿。

洛城殿位于洛阳宫城西南，东为集贤殿所在，西为丽景夹城，南为洛城

鸠雀争春图

南门，北为饮羽殿，是一座高大雄伟的宫殿。在这样一座宫殿里，考试进行了数日，而且皇帝亲自临试，这是前所未闻的壮举。由此可以想见，此次殿试的规模是相当惊人的。事实也是如此。据《文苑英华》卷四百八十二载，为了求贤进善、准备殿试，永昌元年（689）六月，武则天曾下了一道诏书。诏书云：

鸾台：上之临下，道莫贵于求贤；臣之事君，功岂逾于进善。所以允凝庶绩，式静群方，成大厦之凌云，济巨川之沃日。故周称多士，著美风谣；汉号得人，垂芳竹素。历观前代，罔不由兹。朕虽霄分辍寝，日旰忘食，勉思政术，不惮劬劳，而九域之至广，岂一人之犯化？必伫材能，共成羽翼。虽复群龙在位，振鹭充庭，仍恐屠钓或违，迈轴尚隐，未殚岩穴之美，或委邱园之秀。所以屡回旌帛，频遣搜扬。推荐之道相寻，而虚伫之怀未惬。永言于此，寤寐以之。宜令文武官五品以上，各举所知。其有抱梁栋之材，可以丹青神化；蕴韬钤之略，可以振耀天威；资道德之方，可以奖训风俗；践孝友之行，可以效率生灵；抱儒素之业，可以师范国胄；蓄文藻之思，可以方驾词人；守贞亮之节，可以直言无隐；履清白之操，可以守职不渝；凡此八科，实该三道。取人以器，求才务适。所司仍具为限程，副朕意焉。主者施行。

既令文武五品以上分八科各举所知，又不限人数之多寡，那么荐举出来的贡士一定不在少数。有人估计，"应制者向万人"，当不是夸大之词。正因为考生上万，科目又多，考试才得以持续数日。由此可知，当时仁子云集，神皇临考的情景是何等动人？

关于此次殿试的内容，没有留下任何记载。但从上述令文武五品以上荐士诏书分析，考试至少分"蓄文藻之思""抱儒素之业"等八科举行。每科按照惯例策问二至三道，各科内容不尽相同，但所问当皆与时政密切相关。这并不是臆说，殿试前的策问都是如此。例如，嗣圣元年（684），武则天临朝，欲稳定局势，将大展宏图，乃针对时弊，策词标文苑科问：

朕闻北辰端居，贮众彦以经邦；南面居尊，俟群材而纬俗。是知九官分职，薰风之咏载敷；八元匡朝，就日之规方远。历选列辟，遐考前修，并建明扬之躅，式广旁求之义。故康衢扣角，授相越于齐班；海上牧羊，封侯超于汉秩。洎乎淳风陵替，雅道湮沈，仕必因基，官非材进。官虽备职，位匪得人。遂使七辅之材，销声于岩穴；六佐之彦，晦迹于邱园。寤寐以之，载劳虚伫。今欲革因遁之弊，蹑稽古之踪，此志虽勤，其途未遂。为是旌贲爽于前代，英雄寡于今晨。仁尔昌言，朕将亲览。

永昌元年（689），"革命惟新"正在积极准备之中，策贤良方正科问，第一道即云：

朕闻体国经野，取则于天文；设官分职，用力于人纪。名实相逼，自古称难；则哲之方，深所不易。朕以薄德，谬荷昌图，思欲追逸轨于上皇，拯群生于季俗，澄源正本，式启维新。俾用才委能，靡失其序，以事效力，各得其长。至于考课之方，犹迷于去取；黜陟之义，尚惑于古今。未知何帝之法制可遵，何代之沿革可衷？此虽戈戈束帛，每贲于邱园；翘翘错薪，未获于英楚；并何方启塞，以致于兹？仁尔深谋，朕将亲览。

可见，所问皆与当时的政治活动密切相关。载初元年二月殿试时，正值"革命"前夜，则所策问，无疑是侧重于"革命"问题的。

总之，武则天在打击政敌的同时，继续搜罗英杰。通过完善科举，创立殿试等一系列有力措施，得到了地主官吏各阶层，尤其是分布在全国各地的中小地主——主要是庶族地主的支持。这对武则天来说，也是走向皇帝宝座的重要一步。

拜洛受图

随着铲除政敌和搜罗英杰两项活动的展开，武则天一步步地走向女皇宝座。为了证明她这样做是符合"天意"的，就在神都洛阳举行了一场空前绝后的拜洛受图活动。

史载，垂拱四年（688）十二月初。武则天亲撰《大享拜洛乐》十四章；

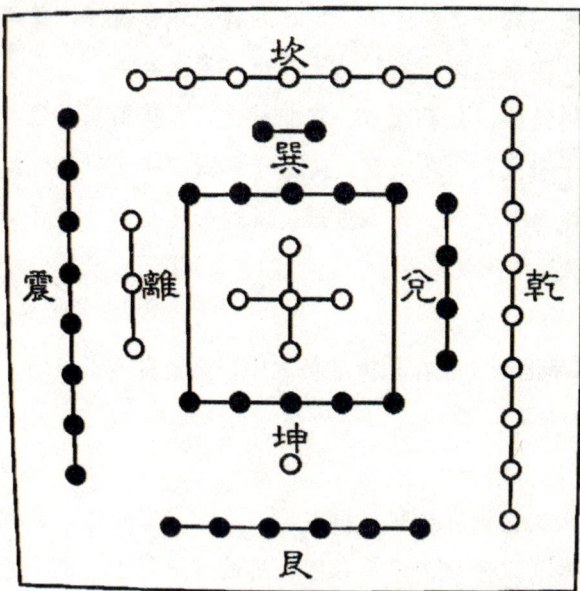

洛书河图

命侍臣筑拜洛坛于"圣图泉"北，承福坊南；令有司详定拜洛受图仪注。二十多天后，准备工作就绪。

十二月二十五日，雪后天晴，神都洛阳，显得非常热闹。拜洛坛前，摆满了珍禽异兽和珠宝文物。洛河两岸，挤满了从四面八方赶来观看的百姓。

圣母神皇备大驾卤簿，率皇嗣、太子、文武百官、蛮夷酋长向拜洛坛进发。其队列大抵如下：走在最前头的是洛阳令、河南尹、太常卿、御史大夫及兵部尚书的仪仗队。接下来是二杆清游队金旗。后随金吾折冲二人，各领四十骑戎。金吾大将军二人，果毅二人，领虞侯骑四十人，分左右单行，引黄麾杖。外铁甲像飞二十四骑，引步甲队。朱雀旗，一骑引，二骑夹。金吾折冲都尉一人，领四十人，执横刀。龙旗十二，各一人执，二人引，二人护……真可谓威武雄壮，惊天动荡。因路程不远，所以很快就到达了目的地。

武则天至拜洛坛下，文武百官，大驾仪仗各"依方位而"立，鱼鱼雅雅。这时丝竹声起，太常音声歌唱《大享拜洛乐》的前三章。其词曰：

九玄眷命，三圣基隆。

奉承先旨，明台毕功。

宗祀殿敬，冀表深衷。

永昌帝业，式播淳风。

神功不测兮运阴阳，

包藏万宇兮孕八荒。

天符既出兮帝业昌，

愿临明礼兮降祯祥。

坎泽祠容备举，坤坛祭典爰申。

灵眷遥行秘躅，嘉贶荐季殊珍。

肃祀恭贶载展，翘襟邈志逾殷。

第三章歌词一落句，武则天离开御位，缓步向拜洛坛走去。太常歌曰：

抵荷坤德，钦若乾灵。

惭惕闾寅，兴居匪宁。

恭崇礼制，肃奉仪形。

惟恁展敬，敢荐非馨。

歌声中，武则天登上拜洛坛。极目四望，嵩山、北邙，银装素裹，隐约可见。洛河如带，自西向东从脚下缓缓流去。拜洛台下，旌旗招展，人山人海。她来不及抒发感慨，便伴随着乐章拜祭起来。首先"拜洛"，就是朝拜洛水。太常歌曰：

菲躬承睿顾，薄德忝坤仪。

乾乾遵俊命，翼翼奉先规。

抚俗勤虽切，还淳化尚亏。

未能弘至道，何以契明祗。

接着进行受图仪式。受图就是接受武承嗣等人伪造的"圣图"。太常歌曰：

顾德有惭虚菲，明祗屡降祯符。

汜水初呈秘象，温洛荐表昌图。

玄泽流恩载洽，丹襟荷渥增愉。

然后进行"登歌""迎俎""酌献""文舞""武舞""撤俎""辞

舒阴致养，合大资生。

德以恒固，功由永贞。

升歌荐序，垂幣翘诚。

虹开玉照，凤引金声。

兰俎既升，苹羞可荐。

金石载设，咸英已变。

林泽斯总，山川是遍。

敢用敷诚，实惟忘倦。

沈潜演赜分三极，广大凝祯总万方。

既荐羽旌文化启，还呈干戚武威扬。

夕惕司龙契，晨兢当凤扆。

崇儒习旧规，偃伯循先旨。

绝壤飞冠盖，遐区丽山水。

幸承三圣余，忝属千年始。

百礼崇容，千官肃事。

灵隆无兆，神凝有粹。

箫享成周，威仪毕备。

奏夏登列，歌雍彻肆。

莫享成周，威仪毕备。

奏夏登列，歌雍彻肆。

皇皇灵倦，穆穆神心。

暂动凝质，还归积阴。

功玄枢纽，理寂高深。

衔恩佩德，耸志翘襟。

言旋云洞兮蹑烟途，

永宁中宇兮安下都。

仓涵动植兮顺荣枯，

长贻宝赆兮赞璇图。

至此，礼仪方告完毕。太常歌曰：

调云阕兮神座兴，骖云驾兮俨将升。

腾绛霄兮垂景祐，翘丹恳兮荷休徵。

音乐声中，武则天降自拜坛，率众还宫。时人李峤诗云：

"七萃銮舆动，千年瑞检开。文如龟负出，图似凤衔来。殷荐三神亨，明禋万国陪。周旗黄鸟集，汉幄紫云回。日幕饷陈转，清歌上帝台。"

苏味道诗云："绿绮膺河检，清坛俯洛滨。天旋俄制跸，孝亨属严禋。陟配光三祖，怀柔洎百神。雾开中道日，雪敛属车尘。预奉咸英奏，长歌忆万春。"

由此亦可见当时场面之一斑。真所谓"文物卤簿之盛，唐兴以来未之有也"。

武则天为什么要拜洛受图，而且搞得这样隆重？如果单从《拜洛乐章》来看，是因为洛出天符，昭告世人："圣母临人，永昌帝业。"但问题并不这么简单。如前所述，所谓"圣图"，只不过是武承嗣等人伪造的一块瑞石而已，并不是什么天符。事实上也根本不存在什么天符。既然如此，武则天

洛神赋图部分

为什么还要冒着严寒，拜洛受图，毕恭毕敬，感谢神灵呢？要弄清这个问题，还得从"河图洛书"说起。

中国上古时代有一个传说：伏羲氏继天而王，有龙马负图出于黄河，乃据其文字，以画八卦，谓之河图；大禹治水有功，神龟负书出于洛水，乃因而第之，以成九畴，谓之洛书。周人以为，龙马负图，神龟负书，乃是圣人出现的标志。自从汉武帝罢黜百家、独尊儒术之后，"天人感应"和谶纬神学逐渐占据了思想界。直到宋代，"天人感应"学说仍很盛行。

所以，唐代统治者重视祯异灾祥是可想而知的。正因为如此，见诸史册的唐代符瑞不胜枚举。试以太宗皇帝为例。史载，太宗即位之日，宋、秦、定、利等州庆云现；嵩、莒等州凤凰现。

贞观元年闰三月，甘露降于长安县；五月，豫州白狼见；十月，和州鸾现。二年三月，宜州白狼见；六月，长安县献嘉禾；九月，甘州献朱鬃白马；十月，安州驺虞现。据不完全统计，太宗在位二十三年，景云见七十四次，凤凰见三次，赤雀见三次，白雀二次，驺虞八次，玄圭一次，白雉一次，三足鸟一次，白狐二次，玄弧二次，麒麟四次，白狼九次，鸾鸟二次，毛鬼二次，老人星二次，独角兽一次，瑞石二次，嘉禾三次，连理木五次，白鹿九次，青龙十六次，白龙八次，芝草四次，礼泉涌四次，甘露九次，河水变清五次，野蚕成茧四次。事实上，野蚕成茧，树木连理，完全是自然现象。白狼毛龟的出现，也与政治毫不相干。至于青龙甘露，完全是统治者想象出来的东西。

但是，按照天人感应学说，这些都是天人感应的结果：统治者替天行道，政治清明，天降符瑞以赞其德。由于天人感应学说数百年来一直占据统治地位，结果，许多人往往信以为真，以为统治者的行为符合天意而俯首听命。

显然，天人感应学说是有利于统治者愚弄人民的。武则天"通文史"，对这一点并不陌生。因此，她在临朝称制之后，也同历代帝王一样提倡符瑞。特别是当她产生长期临朝的念头之后，对符瑞更加重视。

但是，一般的符瑞如嘉禾白狼只能说明她的布政符合天意，并不能成为她长期临朝的有力根据。只有河图洛书这样的大祥大瑞出现，才能证明自己以女主临朝，是老天爷同意的。

然而，自从龙马负图、神龟负书之后，黄河再也没有出过图，洛水也再没有出过书。怎样才能使这一传说中的事物变成现实而为自己服务呢？武则天不可能不想起她所耳闻目睹的一些事情：殷朝末年，周武王渡孟冯，有白鱼跃入舟中，目下赤纹成字，言纣可伐。武德九年九月，太宗刚刚即位，林州献祯石，白质黑字，篆隶相参，曰："圣主某大吉子孙五千岁"。贞观十七年八月，凉州言昌松县鸿池谷有石，青质而白章，文曰："产夕太平天子李世民王千年。"贞观二十年十一月，陕州奏曰，有青石纹理成"李君王"三字。石头怎么会自然成文？无非鱼腹丹书之类。既然前人能妄造瑞石祥符以言天命，自己为什么不能假制河图洛书以示"天意"呢？

　　就这样，武则天产生了假造符瑞的思想。由于谶纬经典认为："河以道乾出天苞，洛以流坤吐地符。"因此，武则天感到造河图不大合适，再说也没有全部伪造的必要。所以授意武承嗣，制造了一部耸人听闻的"洛书"。

　　武则天相信，前代帝王能够乞灵于伪造的符瑞，自己也能够玩一玩"洛书"这把戏。果不其然，唐同泰将"洛书"一献，颂声遂起："陛下圣烈丰懿，应期首出，珍符炳铄，旷代罕闻。"也就是说，伪造洛书已获得成功。既然洛出"宝图"，说是"圣母临人，永昌帝业"，那么"圣母神皇"怎能违背天意呢？既然天意如此，推卸不得，那么圣母神皇又怎能不去拜洛受图呢？

　　对于这一活动，当时的许多大臣是支持的。李峤曾代右仆射韦待价作《贺拜洛表》，最后一段说：

　　制有司，陈法驾，用禋柴之典，采沈璧之仪，然后负黼扆而朝百神，垂衣裳而会万国，不亦休哉？

　　类似表章，尚不在少数。但是反对者亦大有人在，李唐宗室诸王即其代表。这是很自然的，一点儿也不奇怪：垂拱四年冬，越王父子发动了武装叛乱，可是弹指间灰飞烟灭，宣告失败。如果说，"天授圣图"反映了"天"的旨意，那么，越王父子的惨败便是"天"意难违的又一证明。越王父子被镇压以后，反对者仍蠢蠢欲动。拜洛受图仪式正是在这种背景下进行的。如果把上述情况和拜洛受图的场面结合起来，就不难看出，武则天之所以大张

洛神赋人物图

旗鼓，拜洛受图，实际上并不真是天降符瑞，受命予彼，而是利用天人感应学说，打着"天"的招牌，为自己的长期掌握政权大造舆论。

史载，武则天拜洛还宫以后，"神都父老劳勒碑于拜洛坛前，号曰'天授圣图之表'"。可见他们对武则天此举并无异议。如果把这与朝臣热情洋溢的贺表和拜洛图的热闹场面联系起来考察，显而易见，朝野上下，多数人对武则天的政绩是满意的，对她的长期临朝是支持的。

拜洛受图的活动，是一次很好的民意测验。武则天的目的达到了。既然她已稳步走向皇帝宝座，那么正式戴上皇冠，改朝换代的时刻，就要来临了。

第九章　建立大周王朝

布政维新

武则天办事极其稳重。特别是当女皇这件亘古未有的大事，绝不能操之过急。当人们以为她马上要黄袍加身时，她偏偏用事实回答说：不，时机还不成熟。那么，她还要干什么呢？

垂拱四年（688）十二月二十七日，也就是拜洛受图后的第二天，薛怀义主持修建的明堂宣告竣工。据《资治通鉴》《旧唐书》及《唐会要》等史籍记载，这座明堂"高二百九十四尺，方三百尺"，由上、中、下三层组成。下层"法四时"，四门八窗。中层"法十二辰"，外为圆盘，九龙捧之。上层"法二十四气"，有圆盖，上置铁凤，以"黄金饰之"，势若飞骞。堂中有巨木，粗十围，贯穿上下，以铁索固"栭、栌、撑、棍"于其上。外置铁渠，以为排水之道。近看雕梁画栋，犹如地上天堂。远眺金碧辉煌，恰似仙山琼阁。其气势之宏伟，工艺之高超，是古来罕见的。

对于这座富丽堂皇的建筑，不少士人啧啧哑嘴，认为这是圣母神皇的一大奇功。他们说，明堂"顺春秋之左右，法天地之圆方。成八风而统刑德，现四序而候炎凉。跨东西而作甸，掩二七以疏疆。下临星雨，傍控烟霜。翔鹓坠于层极，宛虹拖于游梁。昆山之玉楼偃蹇，何曾仿佛；沧海之银宫焕烂，安足翱翔！"如此宏大之工程，"非至圣之精诚，孰能克勤乎此功！"但也有个别"礼官鸿儒"表示异议。他们说，"古之明堂，茅茨不翦，采椽不斫。今者饰以珠玉，涂以丹青，铁鹭入云，金龙隐雾，昔殷辛琼台，夏癸瑶室，无以加也。"在他们看来，武则天此举奢侈过度，劳民伤财，与夏桀、殷纣无异。不管群臣的议论如何，武则天对这座明堂的建筑是十分满意的。

首先，明堂的建成实现了她多年来的夙愿。自古帝王，皆以明堂布政为

美。然而营建明堂，却不那么容易。所以有人说："登封泰山，七十四主；有堂布政，无三数君"。就连大名鼎鼎的唐太宗，也没有获得"明堂布政"之美。武则天自参与朝政，每以前朝圣帝明王为比，常热衷于发挥古代盛事。她不仅是唐高宗封禅的倡导者之一，而且，还曾上表积极赞助高宗兴修明堂。

高宗多次集礼官议论明堂制度，设明堂县，改元总章，但终未能兴工营建。如今明堂建成，实现了高宗的遗志，了却了自己的一桩心事。其次，明堂的建成，显示了她自己的权威和唐王朝的国力。以往帝王之所以鲜居明堂，原因固然很多，但索其要害，无非两端：一则不明制度，无从下手；一则国家贫困，力不从心。武则天修建的这座明堂，当然也需要有明确的制度、严密的组织和雄厚的财力。但"经始启兴，成之匪日"，"工以奔竞，人皆乐康。"这无疑显示了武则天的高明之处和唐朝国力的强大。再次，明堂的建成，为今后处理朝政提供了一个良好的环境。

武则天看到明堂时说："大明堂者，天子宗祀之堂，朝诸侯之位也。开乾坤之奥策，法气象之运行，故能使灾害不生，祸乱不作。眷言盛烈，岂不美欤！"这话虽然夸大了明堂的作用，但说明明堂确实是一个很重要的政治活动中心。这个中心修建得好，使用得当，无疑会加强行政管理。

此外，明堂的建成，正值拜洛受图之后，恰好可以"恭承天命"。所以，武则天特别高兴。她没有去理会那些"礼官学士"的诽谤，也没有去回味纷至沓来的贺表颂章，立即下令宴赐群臣，大赦天下，改河南县为合宫县，以志纪念，并且亲自给明堂起了一个高雅的名儿，叫"万象神宫"。

接着，开放明堂，"纵东都妇人及诸州父老人观"。前来参观的人络绎不绝，无不交口称赞。"吐蕃及诸夷以明堂成，亦各遣使来贺"。"礼官鸿儒"的诽谤被嘹亮的颂歌淹没了。

于是，武则天诏曰："时既沿革，莫或相遵，自我作古，用适于事。今以上堂为严配之所，下堂为布政之居。光敷礼训，式展诚敬。来年正月一日，可于明堂宗祀三圣，以配上帝。宜令礼官、博士、学士、内外明礼者，详定仪礼，务从典要，速以奏闻。"阐明了"自我作古，用适于事"的思想，将大享明堂提到了议事日程之上。

永昌元年（689）正月一日，"大享明堂"活动如期举行。

《资治通鉴》二百〇四载：

　　春，正月，乙卯朔，大飨万象神宫。太后（武则天）服衮冕，搢大圭，执镇圭为初献，皇帝（睿宗）为亚献，太子（李成器）为终献。先诣昊天上帝座，次高祖、太宗、高宗，次魏国先王（武士彟），次五方帝座。御则天门（洛阳宫南面中门），赦天下，改元（由垂拱改永昌）。

基本情况大抵如此，陈子昂为程处弼所上贺表云：

　　元正启祚，品物惟新。陛下郊祭天，总受群瑞，神灵庆戴，万福攸宜。斯实旷古莫闻，于今始见。喙飞蠕动，莫不欢心。

左史刘允济所上《明堂赋》亦云：

　　衣冠肃于虔诚，礼乐崇于景令。三阳再启，百辟来朝。元纁雾集，旌旗云摇。罗九宾之玉帛，舞六代之咸昭。泽被翔泳，庆溢烟霄。穆穆，皇皇焉。粤自开辟，未有若斯之壮观者矣！盛矣美矣！皇哉唐哉！

　　由此可见，此次大享活动，是多么隆重庄严。表面上看，武则天大享明堂，完全是出于对神祇的崇拜。实质上，这种活动带有极为明显的政治色彩。古来帝王，莫不敬仰神祇，祭天祀地，三叩九拜。武则天生当神学未衰之时，当然也不例外。但是只要揭去迷信外衣，就可以清楚地看到，这些祭祀活动，大都与政治有关。

　　武则天的躬祀先蚕，从驾封

银鎏金唐草雁纹香熏

禅、拜洛受图便是如此。而明堂乃是替天行事的最理想的地方。由于明堂既是宗祀之所，又是布政之居，加之接受天命理应告祭神灵，因此，大享明堂既是拜洛受图的继续，又是"替天行道"，开始于"明堂布政"的标志。显然，它也是政治活动之一。这一点，还可以由改元的情况看出。武则天祭毕神灵后，当日即改元"永昌"，是取永昌帝业之意。可见此次大享明堂确实是具有政治目的的。这是武则天登基的前奏曲。

武则天懂得利用谶纬迷信为自己的统治服务。但是，她深深地知道，拜洛受图、大享明堂这仅仅是一种辅助手段，不可能从根本上解决问题。所以，她在大享明堂之后，立即布政明堂，开始了一系列"维新活动"。

其一，加强对官僚的控制。史载，永昌元年正月一日，武则天大享明堂，三日，受群臣朝贺，四日，即"布政于明堂，颁九条以训百官。"九条的内容如何？可惜：文多不载。

但从种种迹象来看，当与《臣轨》和《百僚新诫》相类似。推其要旨，应是要求群臣顺从天命，忠君爱国，各称其职，共昌帝业。

其二，进一步提高武氏地位。这一点表现在两个方面：一则追遵武氏祖姥。永昌元年二月十四日，尊魏忠孝王武士彟为周忠孝太皇，妣杨氏为忠孝太后，文水陵为章德陵，咸阳陵为明义陵。十五日，尊五世祖鲁国公克己为太原靖王，高祖北平王居常为赵肃恭王，曾祖金城王俭为魏义康王，祖太原王华为周安成王。一则起用武氏家族成员。三月二十日，以天官尚书武承嗣为纳言，成为武氏外戚中第一个宰相。

其三，改羽林军百骑为千骑，牢固控制禁军。永昌元年十一月一日，武则天下令改元载初，颁《改元载初赦》，进一步"维新"：

改正朔。以永昌元年十一月为载初元年正月，十二月为腊月，来年正月为一月。

优待阵亡战士家属。特赠战亡人勋两转，回授其期亲；若其子孤茕，州县给粮安养。征镇人家口，令州县存恤，劝课殷富之家助其营种，使之不受外人侵欺。

整饬风俗。令富商大贾节俭，不得衣服过制，丧葬奢侈，损废生业；州县长官，督天下百姓嫁娶以时，勿使外有旷夫，内有寡女。

刊正礼乐、文书。令有司刊正礼乐，删定律令格式，其不便于时者，内外五品以上官各举所知。九经文字，集学士详正，革其讹舛。

自以"曌"为名。为避太后名，改诏曰制。

改革文字。自制而（天）、埊（地）、⊙（日）、恖（臣）等十二字。

以周汉之后为二王，封舜禹成汤之裔为三恪。

在以上诸项中，第二项旨在保护府兵制，第三项在改善社会风气，第四项在促进政治文化事业的发展，这是至为明显的。但是其余诸项旨在何处？武则天解释说：

仲尼曰：其或继周者，虽百代可知。盖以文质相因，法度相改故矣。是以伏羲、高阳、有周皆以建子之月为正，神农、少昊、陶唐、有殷皆以建丑之月为正，轩辕、高辛、夏后、汉氏皆以建寅之月为正。后虽百代，可知者以此。虽遭遇不同，步骤殊致，未有不表明轨物，以章灵命之符者也。我国家创业，尝有意改正朔矣。所未改者，盖有由焉：高祖草创百度，因循隋氏；太宗纬地经天，日不暇给；高宗嗣历，将宏丕训，改作之事，屡发圣谟。言犹在耳，永怀无及。朕所以式尊礼经，奉成先志。今推三统之次，国家得天统，当以建子月为正。

人必有名者，所以吐情自纪，尊事天人。是故以甲以乙，成汤为子孙之制；有类有象，申缟明德义之由。朕令怀柔百神，对扬上帝，三灵眷枯，万国来庭，宜膺正名之典，式敷行政之方。朕宜以曌为名。

魏晋以降，代乏名儒，穿凿多门，形声转缪；结造新字，附会其情，吉今讹舛，稍益繁布。画规无端平之体，鲁鸟曾奔放之客，转相仿效，日滋日甚。遂使后生学徒，罔知所据，先王载籍，从此湮沈。言今浇漓，情深悯悼。思返上皇之化，伫移季叶之风。但习俗多时，良难顿改。特创制一十二字，率先百辟。上有依于古体，下有改于新文，庶保可久之基，方表还淳之意。

武则天这些话的意思是说，改正朔是"三统"发展的必然要求，是高祖、太宗、高宗的遗志；以，"曌"为名，是为了与她"怀柔百神，对扬上帝，三灵眷枯，万国来庭"的情况相应对；改革文字，是为了纠正"古今讹舛"，以期返璞还淳。其实，这些都只不过是些冠冕堂皇的掩饰之词，与加

强对官吏的控制，提高武氏地位一样，都是为改朝换代做准备的。

制造声势

通过大享明堂、布政维新等一系列活动，改朝换代不再仅仅是一种可能，已经在很大程度上有了现实性。但是，要真正实现改朝换代，还得进一步拿出充分的理由。因为"天授宝图"上只是说"圣母临人，永昌帝业"，并没有说圣母神皇可以改朝换代，代唐自立。如果没有充分的"根据"，贸然改朝换代，必然是"名不正，言不顺"，势必会被人视为窃国大盗。因此，寻找根据，制造舆论，便成了武则天亟待解决的问题。

那么，怎样才能证明女子称帝、圣母代唐是合理的呢？隋唐之际，亚洲有不少国家都曾发生过女主掌权的事。

在唐帝国的西边，所谓"女国"就是如此："女国在葱岭之西，以女为王。每居层楼，侍女数百，五日一听政。"

在南面，林邑国也是如此。林邑王范头利卒，几经内乱，国人"立头利之女为王"。

在东部，"新罗王真平卒，无嗣，国人立其女善德为王。"但这只是附属小国的情况。至若中土，虽间或有辅昏君、抱小儿以参政者，但妇人从来没有得过当官任职的权利（皇宫内职与政事无关），更无"南面而立，俨然天子"者。唐永徽四年，农民起义领袖陈硕真自称"文佳皇帝"，然而为时不久，即被当作盗贼镇压了。

虽然有人认为陈硕真是中国历史上第一个女皇帝，但至今得不到公认，因为她毕竟没有统治过一个王朝。由于没有先例可供比附，武则天只能从最原始的经典中去寻找根据。

中国土产的原始经典，主要有儒家的《诗》《书》《礼》《易》《春秋》和道家的《道德经》。儒家经典重男轻女，主张男尊女卑。其中根本没有女子可以称王称霸的条文，相反，却有妇女不许参与政治的诫律。例如，《尚书·牧誓》云："牝鸡之晨，惟家之索"。《诗·大雅·瞻卬》云："妇无公事，休其蚕织。"显然，儒家经典所具有的这些条文，不是武则天改朝换代所需要的东西。道家经典虽与儒经不同，但其中也同样没有女子可以君临天下的说法。

不仅如此，唐室每以老子后裔自居，常行奉祀尊崇之事。如贞观十一年正月，太宗曾说："朕之本系，出自柱下。鼎祚克昌，既凭上德之庆，天下大定，亦赖无为之功。" 诏令讲论之时，道士列僧侣之前。因此，道教经典也是不能引用的。

但是，佛教经典中却有女子可以为王的说法。《大方等无想大云经》说：

尔时众中，有一天女，名曰净光。佛告净光天女言：汝于彼佛暂一闻大涅槃经。以是因缘，今得天身。值我出世，复闻深义。舍是天形，即以女身当王国土，得转轮王所统领处四方之一。汝于尔时，实为菩萨。为化众生，现受女身。

是（净光）天女者，为众生故，现受女身。尔时诸臣即奉此女以继王嗣。女既承正，威伏天下。阎浮提中所有国土悉来奉承，无拒违者。 如是女王，未来之世，当得作佛。

自汉明帝夜梦金人，竺法兰白马驮经，佛教传入中国之后，士大夫或起塔供像，或出家读经，至魏晋南北朝时成风。梁武帝锐意释氏，舍身法佛，倾府库以给僧祗，殚人力以供塔庙；隋高祖醉心佛典，任听出家，计口出钱以造经像，官写诸经以散赐寺庙，"天下之人从而风靡，竞相景慕"。唐初高祖太宗二帝，尊崇老子，然亦许做佛事。因此佛教信徒，未尝稍衰。"缙绅门里，翻受秃丁邪戒，儒士学中，倒说胡妖浪语"，诚如太宗所言，"在外百姓，大似信佛"。既然从士大夫到百姓普遍信佛，那么，用佛教经典中的关于女子称王的说法来证明武则天改朝换代的合理性，自然是再好不过的了。

武则天早已与佛教有一定关系。从大量资料来看，其母杨氏是一个虔诚的佛教徒。《大周无上孝明高皇后碑》云，乃"思欲托三乘之妙果，凭五演之元宗。永奉严亲，长楼雅志"。也就是说，杨氏幼时，即归身佛门。及武士彟病死荆襄，杨氏仍对佛教深信不疑。武则天当上皇后以后，杨氏亦有发挥释教之举。如汉代所建之太平寺，毁于北周武帝，杨氏复立之，又曾建塔

于嵩山少林寺。因而一度成了佛教的代表人物。

在龙朔二年讨论僧尼是否应该孝敬父母问题时，不少名僧都曾上书杨氏，请求她维护佛教利益。可见，杨氏是一贯信佛的。在杨氏的影响下，武则天从小就受到了佛教思想的熏陶，她本人曾经不止一次地说过这一点，如"朕爱自幼龄，归心彼岸"，"朕幼从释教，夙慕归依"。不仅如此，武则天还在感业寺里当过几年尼姑。虽然她厌倦了感业寺的青灯黄卷生活，但对佛教的学说依然是比较相信的。这可以从她的生活中找到根据。

如显庆元年，太子弘病危，武则天和唐高宗祈求如来大慈大悲，予以保佑；太子病愈后，即令于延康坊西南隅建寺。同年十一月，第三子李显将生，难产，武则天和唐高宗向玄奘许愿，说如能保佑平安，所生是男，即令随玄奘出家；李显出生后，便成了玄奘的弟子。玄奘给他起名叫"佛光王"而李显"受三归依"，"被袈裟服"。

龙朔二年六月一日，四子李旦生于蓬莱宫之含凉殿，"则天乃于殿内造佛事，有玉像焉。"咸亨元年，母卒，乃请以休详坊旧宅为僧寺，度以追冥福。二年九月，复立太原寺于林详坊杨恭仁旧宅。辅政期间所雕大卢舍那佛像至今仍是龙门石窟中的上品。又如永淳二年正月，从驾少林寺，其母薰修

奉先寺天王、力士像

之所，犹未毕功，"一见悲惊，万感兼集"；乃遣武三思带金绢等物，前行督建。

垂拱元年，又亲为大德及地婆诃罗等所译《方广大庄严经》作序。垂拱四年，明堂始成，"又于明堂北起天堂五级以贮大像"。所有这些都说明，武则天与佛教的关系，不能全看成是虚伪的利用，武则天也算得上半个佛教徒。

因而她对佛经中关于女子为王的说法，尤其是当时佛教信徒众多的情况当是十分清楚的。所以，在没有先例可援，又从儒家、道家经典中找不到改朝换代的理由时，势必会利用佛教来制造舆论。

《大云经》中有女子可以为王的说法，所以武则天在众多的佛教经典中，最重视宣扬《大云经》。

史载，"怀义与法明等造《大云经》，陈符命，"言则天是弥勒下生，作阎浮提主，唐氏合微"。又说"东魏国寺僧法明等撰《大云经》四卷，表上之，言太后乃弥勒佛下生，当代唐为阎浮提主"。薛怀义本姓冯，名小保，是酷吏索元礼的干儿子。"伟形神，有膂力"，经千金公主推荐，得到武则天的赏识。据说"则天欲隐其迹，便于出入禁中，乃度为僧"。令随洛阳大德僧法明等于内道场念诵经文。又以怀义出身寒微，乃令与太平公主之婿薛绍合族，"人间呼为薛师"。

垂拱元年，武则天修故白马寺，以薛怀义为寺主。垂拱四年，充使督做明堂、天堂，表现出非凡的组织才能。以功拜左威卫大将军，封梁国公。永昌元年，突厥犯边，为清平道大总管，至单于台，刻石纪功而还。他深得武则天信任，加辅国大将军，进右卫大将军，改封鄂国公。法明亦是当时内道场有名的高僧。因此，当改朝换代的准备工作基本就绪后，武则天授意薛怀义等注疏佛教有关经典，朽为附会，是不难理解的。但上列史书都说《大云经》是薛怀义和法明等伪造的，这却与事实不符。

早在宋代，《高僧传》的作者赞宁就曾指出："此经晋朝已译，旧本便云女王，于是岂有天后耶？盖因重译，故有厚诬。加以薛怀义在其间，致招讥诮也。"赞宁认为《大云经》早有译本，这是毫无问题的。唐高宗时，名僧道宣编《大唐内典录》，其中就著录了两个本子。一为后秦沙门竺佛念所译。有五卷、四卷两种；一为北凉沙门昙无谶所译，凡六卷。但是，赞宁又

认为法明等所上为"重译"本，又显得缺乏根据。

近代敦煌石室发现了《大云经疏》残卷。有学者对该残卷进行了认真研究。在所作跋尾中略云："卷中所引经曰及经记云云，均见后凉昙无谶所译大方等无想经。此经又有竺法念译本，名大云无想经。《旧唐书·则天皇后本纪》皆以此经为武后时伪造。然后凉译本之末，固详说黑河女主之事，故赞宁《僧史略》颇以唐书之说为非。志盘《佛祖纪》从之，故于武后载初元年书'敕沙门法朗九人重译《大云经》，不云伪造。'今观此卷所引经文，皆与凉译无甚差池。岂符命之说皆在疏中，经文但稍加缘饰，不尽伪托欤？又此疏之成，盖与伪经同颁天下。故敦煌寺中，尚藏此残卷。"

有学者认为：

观昙无谶译《大方等大云经》之原文，则知不独史籍如《旧唐书》等之伪造说为诬枉，即僧徒如志盘辈之重译说亦非事实。今取敦煌残本，即当时颁行天下以为受命符谶之原本，与今佛藏传本参校，几全部符合。间有一二字句差池之处，而意义亦无不同。此古来书册传写所习见者，殊不能据此以为有歧异之二译本也。又因此可知薛怀义等当时即取旧译之本，附以新疏，巧为傅会，其与昙本原文，则全部袭用，绝无改易。既不伪造，亦非重译。

然则王跋以为"经文但稍加缘饰，不尽伪托。"又云："此疏之成，盖与伪经同颁天下。"则尚有未谛也。盖武曌政治上特殊之地位，既不能与儒家经典中得到一合理证明，自不得不转求之于佛教经典。而此佛教经典若为新译或伪造，则必假托译主，或别撰经文。其事既不易作，其书更难取信于人，仍不如即取前代旧译之原本，曲为比附，较之伪造或重译者，犹为事半而功倍。

如上所言，仍有不足之处，如认为薛怀义等所上即昙无谶译本。固然昙无谶所译与敦煌藏本经疏所引经文无甚差池，但《通鉴》云，薛怀义等所上《大云经》是偁，而昙无谶所译为六卷。如果说怀义所上为昙无谶译本，这种情况是不好解释的。后秦沙门竺佛念所译有四卷者。又，武则天在《三藏圣教序》中说："自夜掩周星，霄通汉梦。玉毫流彩，式彰东渐之风；金口传芳，遂睹后秦之译。"如此，则薛怀义等所上，当是竺佛念所译旧本。

虽然如上所论，有些微瑕，然瑕不掩瑜，观其要旨，率皆精辟宏瞻。如谓薛怀义"取旧译之本，附以新疏，巧为传会"，"既非伪造，亦非重译"，即是如此。这一点还可以从史书中得到进一步印证。如《通鉴》卷二百〇四卷说："东魏国寺僧法明等撰《大云经》四卷，表上之。"

同年十月，武则天"敕两京诸州各置大云寺一区，藏《大云经》，使僧升高座讲解，其撰疏僧云宣等九人皆赐爵县公，仍赐紫袈裟，银龟袋"。细细比较，可知当时所上有经有疏。经为旧本，疏为新撰。不然，若经疏均系新撰，则"其撰疏僧"云云，是无法解释的，岂有不赏撰经人而独赏撰疏人之理！再说当时佛教流行，凡诸内典，佛徒学士，谁人不知，哪个不晓？临时杜撰，欲瞒天过海，那怎么会成功？

总之，两《唐书》与《通鉴》所说《大云经》系伪造品，是与事实不相符合的。《大云经》早已有之。薛怀义等沙门所上，是竺佛念所译旧本及自撰新疏。

至于新疏的内容，则诚如《旧唐书·则天本纪》所言，是"盛言神皇受命之事"的。敦煌所藏《大云经疏》残卷中有这样的话语：

经曰："即以女身，当王国土。"今神皇王南净浮提一天下也。

经曰："女既承正，威伏天下，所有国土，悉来承奉，无违拒者。"此明当今大臣及百姓等，尽忠赤者，即得子孙昌炽，皆悉安乐。如有背叛作逆者，纵使国家不诛，上天降罚并自灭。

弥勒说法图

155

也就是说，至高无上的"佛"已经授命于圣母神皇，让她来改朝换代，统治东方世界，"佛"意如此，万不能违；"佛"法无边，违必丧灭。由此可见，薛怀义所作经疏，完全是取旧经文而附以新说，目的无疑是为武则天代唐制造舆论的。

由于薛怀义等人巧妙地将佛教旧经与现实生活联系了起来，所撰经疏突出了神皇受命于天的主题，因而武则天看后十分满意，立即颁行天下，令诸州各置大云寺，总度僧上千人。于是，《大云经》和《大云经疏》便像雪片一样，从神都洛阳，飞向四面八方。一时间，东起渤海，西止葱岭，南抵交趾，北迄大漠，所到之处，圣母受命无不是人们谈论的主要话题。既然佛意如此，又怎能违抗"佛"的旨意？

既然条件已经具备，舆论又已造成，改朝换代的时机就成熟了。

女皇登基

载初元年（689）九月，秋高气爽，大唐帝国一派升平景象。自《大云经·疏》颁下，至此已近两月，未曾有人公开反对，全国到处是一片对神皇的颂扬之声。这说明，代唐自立的时刻已经到来。但是，武则天并没有立即行动。于是，她的支持者便掀起了一场声势浩大的请愿活动。

关于请愿的情况，《新唐书·则天皇后武氏传》是这样记载的：

御史傅游艺率关内父老请革命，改帝氏为武。又胁群臣固请，妄言凤集上阳宫，赤雀见朝堂。天子不自安，亦请氏武，示一尊。

从这一记载来看，似乎武则天是一个孤家寡人，只有傅游艺等少数几个支持者；请愿活动是由傅游艺一手导演，胁迫群臣搞出的。其实，如前所述，武则天自参政以来内辅外临数十年，已有了相当的统治基础，何况为了改朝换代又进一步采取了打击政敌，搜罗英杰，宣扬"天"旨"佛"意等一系列措施，岂能没有众多的支持者！傅游艺只不过是一介御史，并无多大本领，纵或有回天之术，岂能胁迫数万百姓大臣？

《通鉴》的作者已知《新传》所言为非，说：

九月，丙子（三日）。侍御史汲人傅游艺帅关中百姓九百余人诣阙上表，请改国号曰周，赐皇帝姓武氏。太后不许；擢游艺为给事中。由是百官及帝室宗亲、远近百姓、西夷酋长、沙门、道士合六万余人，俱上表如游艺所请，皇帝亦上表自请赐姓武氏。戊寅（五日）群臣上言：有凤凰自明堂飞上阳宫，还集左台梧桐之上，久之，飞东南去；及赤雀数万集朝堂。

《通鉴》所载，比较符合实际。这有原始资料为证。陈子昂亲自参加了当时的请愿，他记述说：

九月戊申朔八日乙卯，神都耆老，遐荒夷貊，缁衣黄冠等万有二千余人云趋诣阙，请曰：臣等闻王者受命，必有锡氏。轩辕皇帝二十五子，班为十二姓；高阳氏才子二八，命为十六族。

《书》云：祗台德先，不拒朕行。然则圣人起则命历昌，必有锡氏之规。臣等伏惟陛下受天之符，为人圣母；皇帝仁孝，肃恭神明。可以纂武承家，以克永代。

陛下崇锡类，垂宪章，不易日月。天人交际，斯亦万代之一时。臣等固陋，不达大道，敢冒死上闻。神皇穆然，方御珍图，谦而未许也。

越翌日两辰，文武百僚又与耆老夷貊道俗等五万余人，守阙固请曰：盖臣闻圣人则天以王，顺人以昌。

今天命陛下以主，人以陛下为母。天之丕律，元命也；人之大猷，定姓也。陛下不应天，不顺人，独高谦让之道，无所宪法，臣等何所仰则？

陛下若遂辞之，是推天而绝人，将何以训？

从《通鉴》和当事人陈子昂的记载来看，这次请愿活动根本没有什么"胁迫"之举，而是有组织的自发的行动。说有组织，是考虑可能有人往来联系；说自发是因没有人强迫，请愿者大都是由衷之举。请愿活动凡三次。

第一次是关中耆老数百人自发前往洛阳，谒阙。正在值班的左肃政台御史傅游艺早有劝进之心，乃率之上表，说"天无二日，土无二王"，请求

降睿宗为皇嗣。对于关中耆老的请求，武则天没有答应。这并不是武则天不想代唐立主，只是请愿的人太少，还没到火候上，所以，她只是升了傅游艺的官，而没有答应登基。第二次是"神都耆老、遐荒夷貊、缁衣黄冠等"一万二千余人诣阙请愿，请求武则天登基正位，以睿宗为皇嗣赐姓武氏。对于一万余人的请愿，武则天还是"谦而未许"。

第三次请愿的规模比第二次更大。前来请愿的不仅有"远近百姓、四夷酋长、沙门道士"，而且还有文武百官、帝室宗亲乃至睿宗皇帝，人数多达五万以上，而且越来越多。在方式上也不是请一下不许即完，而是"守阙固请"，大有不允群情绝不罢休的劲头。

在言辞上也比以前更加激烈："臣闻圣人则天以王，顺人以昌。今天命陛下以主，人以陛下为母。天之丕律，元命也；人之大猷，定姓也。陛下不应天，不顺人，独高谦让之道，无所宪法，臣等何所仰则？""天意如彼，人诚如此，陛下曷可辞之！陛下若遂辞之，是推天而绝人，将何以训！"

由此可见，武则天为改朝换代所采取的措施是很成功的。对于她的改朝换代，各个阶层都有不少积极的支持者。武则天所希望的改朝换代，如今已到"不改不行"的地步。既然"天意如彼，民诚如此"，武则天又怎能"不应天，不顺人"呢？于是，武则天批准了皇帝李旦及群臣的请求，兴奋地说："愈哉！此亦天授也。"随即命令有司"正皇典"，"恢帝纲"，准备改朝仪礼。

九月九日，佳节重阳。洛阳宫阙，焕然一新。颂歌声中，武则天健步登上则天楼，宣布改唐为周，洛阳为都城，改元天授；赐酺七日，"在宥天下，咸与惟新"。五天以后，群臣上尊号曰"圣神皇帝"。乃降皇帝（李旦）为皇嗣，赐姓武氏，"令依旧名轮，徙居东宫，其具仪一比皇太子。"

至此，"武周"取代了"李唐"。武则天戴皇冠，穿龙袍，成了中国历史上独一无二的女皇帝。

武则天之所以改唐为"周"，主要有两个原因。其一，是为了显姓氏，崇本根。史云："武氏出自姬姓。周平王少子生而有文在手曰'武'，遂以为氏。"武则天亦以周氏苗裔自居。显庆初，高宗曾封其父武士彟为周国公。所以以"周"为国号，显然有表明"来历"的意思。其二，是表示要效法古代盛世，创造新的奇迹。中国古代的所谓"治世"，在唐人看来唯周、汉而已。"唐尊汉法，太宗之制也"。可是，武则天颇不以为然。

垂拱四年十二月制举时，她曾出了这样一道问答题："帝王之道奚是？王霸之理奚非？"张说回答说："圣人御历，上淳而下信；帝者膺期，君明而臣哲。周用王道，教化一而人从；汉杂霸道，刑政严而俗伪。故亲誉优于畏侮，文、景劣于成、康。"由此受到武则天赏识。后来武则天在《改元载初敕文》中，又从"五行终始"学说的角度，论证唐应承周的观点，进而采用了"周正"。毫无疑问，武则天以"大周"为号，亦是为了表明自己的政治抱负。

至于以洛阳为都，并不是像封建史学家所说的那样怕王皇后、萧淑妃披发沥血的灵魂，不敢回长安；也不是像有的学者所说的那样"无非为其害在长安出家，避洛以纵情荒淫起见"。因为这些说法缺乏事实根据，是与当时的实际情况不相符的。

武则天之所以以洛阳为首都主要是由于洛阳具有作为都城的条件，而且已被经营为有利于武周统治的政治、经济、军事、思想、文化中心。关中古称天府之国，被山带河，金城千里，故西周、西汉、西魏、隋、唐等王朝皆定都于长安，但是，这不等于说，除了长安，别的地方就不能建都。洛阳左据成皋，右阻渑池，前临嵩山，后界大河，是所谓"天心地胆之中，阴阳风气之会，四通八达之所，声名文物之区"。

陈子昂亦说，洛阳地区"北有太行之险，南有宛叶之饶；东压江淮，食湖海之利；西驰崤渑，据关河之宝"。

《建都论》云：古今天下都会有四，然论时宜地势，尽善全美则皆不如洛阳。夫建都之要，一形胜险固，二漕运便利，三居中而应四方。唯洛阳三善咸备。隋炀帝幸洛阳诏亦云："洛邑自古之都，王畿之内，天地之所合，阴阳之所和，控以三河，固以四塞，水陆通贡赋等。故自古帝王，何尝不留意。"且自东周洎乎有唐，已有好几个王朝曾建都于此。也就是说，洛阳也可以作为都城。

本来，长安是唐王朝的政治、军事、经济、文化中心。但这里也是"元从功臣"和世家大族的聚居之地。血气方刚的唐高宗欲纳志同道合的武则天为皇后，遭到他们的反对；欲施展自己的政治抱负，也往往受到他们的控制。后虽打击了个别人士，但生活在长安，总觉得不太舒服。正好此时东方

孔雀开屏图

战事频繁，高宗便下诏改洛阳为东都，修葺宫殿携武则天往来于长安和洛阳之间。而驻跸洛阳的时间，累计达十余年。

在此期间，武则天一直参与朝政，已培养了相当的势力。高宗死后，武则天临朝称制，大权独揽，对洛阳更加苦心经营。如光宅元年九月，改东都为神都。垂拱二年铸太仪，立于北阙。垂拱四年，毁乾元殿，作明堂。到易唐为周前夕，洛阳已成为号令所出的政治中心，租赋所集的经济中心，精兵所卫的军事中心和文人所趋、符瑞所出的文化思想中心。因此，她不能舍洛阳而趋长安，对她来说，以洛阳为都城是最恰当的。

总之，武则天改朝换代的每一步，都是经过深思熟虑的，就连定国名、选都城这样的问题也是如此。正因为武则天足智多谋，审时度势，采取了一系列得力措施，赢得了大多数人的支持，慑服了少数反对派，才使改朝换代得以顺利进行。以女子登皇位，"不出宫闱"而易社稷，并且保持了社会的安定，这是前所未闻的奇迹，再一次显示了武则天的超人本领。陈子昂所谓"伏惟圣神皇帝陛下阐元极，升紫图，光有唐基，以启周室。不改旧物，天下惟新，皇王以来未尝睹也"。并非夸饰之语。

登基大典结束后，在群臣的一片欢呼声中，武则天举行了尊崇武氏的活动：

立武氏七庙于神都。追尊周文王曰始祖文皇帝，姒妣氏曰文定皇后；平王少子武曰睿祖康皇帝，姒姜氏曰康睿皇后；太原靖王曰严祖成皇帝，妣曰成庄皇后；赵肃恭王曰肃祖章敬皇帝，魏义康王曰烈祖昭安皇帝，周安成王曰显祖文穆皇帝，忠考太皇曰太祖考明高皇帝，妣皆如考谥，称皇后。立武承嗣为魏王，三思为梁王，攸宁为建昌王。士護兄孙攸归、重规、载德、攸暨、懿宗、嗣宗、攸宜、攸望、攸绪、攸止皆为郡王，诸姑姊皆为长公主。

接着，又提拔奖赏了改朝换代时涌现出来的有功之臣，以司宾卿史务滋为纳言，以凤阁侍郎宗秦阁检校内史，给事中傅游艺为鸾台侍郎、同平章事。不久，"改置社稷于神都"。"社稷"本指帝王祭祀的土神和谷神，后成为国家的标志，历代帝王都极为重视。唐王朝的"社稷"设在长安含光门内西侧，与安上门内东侧的"宗庙"遥遥相对。武则天在神都置武氏"太庙"后，即改置社稷于与太庙相应的地位，以为"大周"的象征。接着，又改左右羽林军为左右羽卫，加强神都的军事力量。据估计，京城诸军人数在三十万左右，形成居中御外的形势，以拱卫神都的安全和局势的稳定。

登基成功了，庆功宴也摆过了，多年的凤愿实现了。武则天确实是异常兴奋，踌躇满志的。这一年她已六十七岁。但她并没有衰老之感。她的女皇生活刚刚开始。她将在群臣的协助下，用如椽巨笔去谱写"大周"绚烂的历史。

第九章 建立大周王朝

第十章　治理国家

巩固政权

对武则天来说，"改唐为周"难，治理"大周"更难。"大周"政权的建立，打破了千百年来男子专政的格局，同时也使人们的思想发生了激烈的动荡。不少士大夫冲破传统观念的羁绊，拥护武周政权。但还有许多士族官僚依然抱残守缺，对武周政权不满。在这种情况下，只有使人们的思想逐渐统一，拥护武氏，"大周"政权才能巩固。而武则天所能够利用的最得力的工具，就是儒、佛、道。

儒家思想是中国古代占统治地位的思想，影响十分深远。大抵封建仕子，无不诵《诗》《书》而讲仁义。虽然它反对女人掌权，武则天在当女皇之时不曾利用它；但它提倡"君君、臣臣、父父、子子"的伦理，武则天当上女皇后又正好需要它。她可以利用儒家经典中对自己有利的部分，"正名"分，调整最高统治阶层的内部关系，维护武周政权。

所谓"正名"，就是正名分，各安其所。儒家的创始人孔子曾说："名不正，则言不顺；言不顺，则事不成；事不成，则礼乐不兴；礼乐不兴，则刑罚不中；刑罚不中，则民无所措手足。"

可见"正名"是何等的重要。在高祖、太宗和高宗统治时期，乃是李氏的一统天下，李氏为宗室。武则天当皇后及皇太后时期，其娘家武氏为外戚。而武则天称帝后，改变了李武二家原来的"名位"。李家原来享有的皇位，拥有的"宗室""太庙"和"陵寝"，现在都要由武氏代替。这就需要用儒家的"正名"学说改变宗室、外戚的地位。

〔皇位〕　皇位就是至高无上的皇帝地位。天授元年九月九日登基以前，睿宗居于皇位。登基后，武则天称"圣神皇帝"，降睿宗为皇嗣，赐姓武氏。降皇太子成器为皇孙。起初，武则天对皇嗣颇为放心，让他居住东宫，按皇太子对待，也就是把他当作接班人，而且允许他参与朝政，与公卿相见。

长寿二年一月二十四日，前尚方监裴匪躬、左卫大将军阿史那元庆、白涧府果毅薛大信和监门卫大将军范云仙私谒皇嗣。武则天恐有异谋，令斩裴匪躬等人于市，禁止皇嗣与大臣会晤。"自是公卿以下皆不得见"，地位大大降低。

隋唐圜丘遗址

〔宗室〕 宗室就是皇帝的宗族。登基前，宗室是李渊一系。登基后，天授元年冬，武则天"封建"亲戚，广树"宗枝"。追封伯父武士让为楚僖王，武士逸为蜀节王；追封异母兄元庆为梁宪王，元爽为魏德王。封元爽子文昌左相同凤阁鸾台三品武承嗣为魏王，元庆子夏官尚书武三思为梁王。封从父兄子纳言武攸宁为建昌王，太子通事舍人武攸归为九江王，司礼卿武重规为高平王，左卫宗府中郎将武载德为颍川王，右卫将军武攸暨为千乘王，司农卿武懿宗为河内王，左千牛中郎将武嗣宗为临川王，右卫勋二府中郎将武攸宜为建安王，尚乘直长武攸望为会稽王，太子通事舍人武攸绪为安平王，武攸止为恒安王。又封承嗣子延基为南阳王，延秀为淮阳王，三思子崇训为高阳王，崇烈为新安王，承业子延晖为嗣陈王，延祚为咸安王。还封诸姑姊为长公主，堂姊妹为郡主。大凡诸侄，皆封为王；个别侄孙，亦得爵号。

此外，还"改并州文水县为武兴县。依汉丰、沛例，百姓子孙相承给复"；一度"制天下武氏咸蠲课役"。对于李氏诸王，初未降封。长寿二年腊月初七，始降皇孙成器为寿春郡王，恒王成义为衡阳郡王，楚王隆基为临淄郡王，衡王隆范为巴陵郡王，赵王隆业为彭城郡王，与章怀太子之子丰王光顺、嗣雍王守礼、永安王守义一起招入阁中，"不出门庭者十余年"。

〔太庙、陵寝〕 太庙是帝王祭祖之处，陵寝是帝王祖上尸骨所在。登基前，李氏有太庙、陵寝，登基后，天授元一月十三日，武则天下令立武氏七

163

庙于神都。长寿二年九月十四日，又追尊三世祖，以烈祖昭安皇帝为浑元昭安皇帝，妣曰浑元昭安皇后；显祖文穆皇帝为立极文穆皇帝，妣曰立极文穆皇后；太祖孝明高皇帝为无上孝明高皇帝，妣曰无上孝明高皇后。诸帝后的陵墓称谓和地位也作了相应的变动。

天授元年冬，尊始祖墓曰德陵，睿祖墓曰乔陵，严祖墓曰节陵，肃祖墓曰简陵，烈祖墓曰靖陵，显祖墓曰永陵。改章德陵为昊陵，显义陵为顺陵，予以扩建，设置署令守户，以奉祭祀。此外，还在昊陵树立"高五丈，阔九尺，厚三尺"，比华岳碑还要高大的"大周无上孝明高皇帝碑"，即所谓"攀龙台碑"；在顺陵竖立宏伟巨大的"大周无上孝明高皇后碑"，分别令李峤、武三思撰文，以歌颂武士彟和杨氏等人的懿德伟绩。与此同时，改唐太庙为享德庙，四时仅祀高祖、太宗、高宗三室，宣帝（熙）、元帝（天赐）、光帝（虎）、景帝（晒）四室，削闭而不享。废唐兴宁等陵署官，唯量署守户而已。又"罢举人习《老子》"，以此减少李氏所崇拜的偶像，逐渐缩小其政治影响。

儒家重视礼乐制度，认为"上好礼，则民易使也"，国家无礼则不宁。《礼记·乐记》说："礼以道其志，乐以和其声，政以一其行，刑以防其奸。礼乐刑政。其极一也，所以同民心而出治道也。"把礼乐放到了比政刑更重要的地位。

因此，秦汉以降，历代帝王莫不问礼作乐。"六经之道同归，而礼乐之用为急"。"礼"，本指"吉""凶""军""宾""嘉"五礼；"乐"本指《云门》《咸池》《大磬》《大夏》《大濩》《大武》六舞。但是由于每个帝王的修养和文化水平不同，对礼乐的推行情况也有差异，一般都与儒家所推崇的楷模有较大距离。如有关明堂、封禅等等就是如此。武则天在"正名"的同时，认为提倡儒家的礼乐很有必要，因而开展了许多制礼作乐的活动。

〔享明堂〕"明堂"既是布政之宫，也是敬神之所。"大享明堂"，乃是最隆重的祭神活动。登基后，武则天每年都要进行一次这样的活动。如史籍所载，天授二年正月，三年正月，长寿二年春一月，三年春一月，武则天都亲享明堂。

证圣元年（695）正月十六日夜，"天堂"失火，延及明堂，至天亮，二堂全被烧毁。对此，武则天十分难过，欲避正殿自责，经宰相姚璹谏诤才照如常临朝，仍下诏令文武九品已上各上封事，"极言无有所隐"。随即又下令薛怀义监作，以姚璹为督作使，重造明堂。

万岁登封二年（696）三月，新明堂竣工。凡高二百九十四尺，东西南北广三百尺。上施宝凤，后代以火珠。下环铁渠，以象辟雍。武则天命名为"通天宫"。四月一日，又亲行大享之礼。大享明堂如此频繁，这在以前是没有过的。所以当时人认为这是填补了"前王之阙典"。除了大享明堂，武则天有时还亲享南郊，合祭天地。从所撰《享昊天乐章》十二首来看，其礼仪之隆，也不亚于大享明堂。

〔置"七宝"〕"七宝"本来是佛教的七种宝物。具体有四种说法：《法华经》作金、银、琉璃、砗磲、玛瑙、珍珠、玫瑰；《无量寿经》作金、银、琉璃、玻璃、珊瑚、玛瑙、砗磲；《阿弥陀经》作赤金、银、琉璃、玻璃、砗磲、珠、玛瑙；《般若经》作金、银、琉璃、砗磲、玛瑙、琥珀、珊瑚。

这七种宝物本来与帝王没有多大关系。唐制，天子有八玺，即神玺、受命玺、皇帝行玺、皇帝之玺、皇帝信玺、天子行玺、天子之玺、天子信玺。"神玺以镇中国，藏而不用。受命玺以封禅礼神，皇帝行玺以报王公书，皇帝之玺以劳王公，皇帝信玺以召王公，天子行玺以报四夷，天子之玺以劳四夷，天子之信玺以召兵四夷，皆封泥"。

武则天即位后，"改诸玺皆为宝"。长寿二年九月称"金轮圣神皇帝"。又作不同于佛教七宝、但与佛教相联系的七种宝绶，即金轮宝、白象宝、女宝、马宝、珠宝、主兵臣宝和主藏臣宝。"每朝会，陈之殿庭"，以象征自己。超迈古昔的权力。

〔封"神岳"〕封禅历来被认为是帝王盛典。乾封元年（666），武则天曾与唐高宗封祀泰山，并充当了亚献。其后她又劝高宗封嵩山。高宗三次准备，但因突厥反叛、吐蕃入侵和疾病缠绕，终未成行。因而有人编造歌谣说："嵩山凡几层，不畏登不得，只畏不得登，三度征兵马，傍道打腾腾"甲。武则天称帝后，决心登封嵩山，但她并不着急，群臣请她封禅时，总予以推辞。天册万岁元年（695），武周政权业已稳固，王公百僚、四夷酋长再次奏请封禅，她便说了声"愈哉！"随即诏定登封日期，任命姚璹

等"包含艺文，考练风俗，采儒术，征礼官，规五岁之典章，核四朝之制度"，撰定仪注，做准备工作。

天册万岁二年腊月二日，天寒地冻，北风刺骨。武则天"癣丹掖，开紫微，抚元虬，按黄道"，率文武百官，千军万马向嵩山进发，旌旗招展，好不威风。嵩山亦名中岳，由三部分组成，中曰峻极峰，东曰太室，西曰少室。太室最高，海拔1440米。

故《诗经》上有"嵩高维岳，峻极于天"之说。要登上这座险峻的大山举行封禅大典，对年逾古稀的武则天来说，具有极大的困难。但是，武则天一点儿也不畏惧。到达嵩阳以后，即按仪注"幸斋寝，披山幄，靡薜荔之席，陟蟷蛸之台"，进行斋戒。九日，"柴燎"祀昊天上帝于岳南之万羊冈，以显祖立极文穆皇帝、太祖无上孝明高皇帝侑神作主，武则天"戴圆冕，披大裘，登三垓，植四邸"。时"高炎四施，广乐六变"，可谓极其庄严。

十一日，武则天"御金跸、登玉舆，环拱百神，导从群后"，登上中岳之巅。"羽节高挥，上干鸟星之次；龟坛下映，俯瞰鹏云之色。琼文秘检，络之以银绳；宝算休期，探之于金策"。"然后徜徉烟霄，怡怅古昔，凝神于九天之上，游目于八纮之表"。太室二十四峰尽收眼底，少室三十六峰相映成辉；黄河似带，神都如烟；吊古凭今，心潮澎湃。"眷触石之雷雨，爰覃作解之恩；仰斗杓之运行，仍布维新之令"。是日大

洛阳龙门卢舍那佛

赦，改元万岁登封。

十四日，禅祭后土于少室下趾东南。以显祖妣立极文穆皇后，太祖妣无上孝明高皇后侑神作主。"戈矛山立，玉帛星陈"。"威秩众灵，遍祀群望"。至此，大礼方毕。乃御朝觐台，受"万国"朝贺。宴罢，复追封嵩岳神祇，以天中王为神岳天中皇帝，灵妃为天中皇后，夏后启为齐圣皇帝，启母为玉京太后，少室阿姨神为金阙夫人。又封王子晋为升仙太子，别为立庙以祀之。自制《升中述志碑》，立于封祀坛之丙地。又令李峤作《大周降禅碑》，崔融作《朝觐坛碑》以记封禅之事。

〔铸"九鼎"〕 "九鼎"是古代象征国家政权的传国之宝。相传禹铸九鼎，以象九州。夏德衰，鼎迁商邑。商德衰，复迁洛邑。及周室灭亡，秦欲取之，一鼎沉于泗水，其余下落不明。一说皆没于泗水彭城。因为九鼎是传国之宝，故历代帝王都想得到它。如汉文帝时，新垣平上诈言，说"周鼎亡在泗水中，今河溢通泗。臣望东北汾阴直有金宝气"，文帝便令治庙于汾阴南，"临河，欲祠出周鼎"武则天知周鼎难求，遂征铜五十六万余斤，以司农卿宗晋卿为九鼎使，重新铸之。

神功元年（697）四月，鼎成。其神都鼎名永昌，高一丈八尺，容一千八百石。冀州鼎名武兴，雍州鼎名长安，兖州鼎名日观，屑州鼎名少阳，徐州鼎名东原，扬州鼎名江都，荆州鼎名江陵，梁州鼎名成都，皆高一丈四尺，容一千二百石。令书法家贾膺福，薛昌容，李元振，钟绍京分题鼎额，又令画家曹元廓图写各州山川物芦之豫于鼎上。然后令宰相、诸王率南北牙宿卫兵十余万久及仗内大牛、白象自玄武门外作坊曳人宫城，"置于明堂之庭，各以方位列焉"。曳鼎之时，场面极为宏大。则天自制《曳鼎歌》，令众人唱和。其词曰：

> 羲农首出，轩昊膺期。
>
> 唐虞继踵，汤禹乘时。
>
> 天下光宅，海内雍熙。
>
> 上玄降监，方建隆基。

在铸九鼎的同时，又铸十二生肖，以为十二神，"皆高一丈，各置其

方"。

大享明堂、登封神岳、置宝铸鼎，都是武则天举行的朝廷大礼。自古以来，礼与乐是密切相关的。武则天所举行的大礼，无不以乐相随。除了《享明堂乐》《享昊天乐》等乐章之外，武则天还自制了《申宫大乐》《长寿乐》《天授乐》《鸟歌万岁乐》等等。每天宴会，必奏乐于庭。

制礼作乐，向来被认为是帝王能事。武则天享明堂、置七宝、封神岳、铸九鼎、作大乐，表现得颇为突出。她之所以热衷于此，一方面是因为她是有神论者，相信神灵的存在，并且能给人以吉凶祸福。另一方面，也是为了宣扬天人感应，搞自我崇拜，要人们相信她当女皇，建立大周王朝，都是上天的意志，借以统一人们的思想。

当然，武则天搞自我崇拜，最突出的表现还要数接受尊号。众所周知，武则天接受尊号不始于"周"，早在辅佐高宗时，就称为"天后"。登基后，群臣屡请，乃多有改称。天授元年九月改唐为周后不久，即批准群臣所请，称"圣神皇帝"。意思是说，她和以前的封建帝王不同，不是一般的平庸之辈，而是具有圣明和神威的皇帝。

长寿二年九月九日，称"金轮圣神皇帝"。借佛教"金轮王"之义，说卦日就是像金轮王一样的圣神皇帝。三年五月十一日，称"越罟声轮圣神皇帝"，说自己是超迈古今的金轮圣神皇帝。证圣元年冬（695）正月初一，称"慈氏越古金轮圣神皇帝"；九月九日，又称"天册金轮大圣皇帝"。从"圣神皇帝"到"天册金轮大圣皇帝"，称号的内含越来越大，地位越来越崇高。

此外，还有竖立天枢的活动。延载元年（694），各少数民族首领请立天枢于端门（洛阳皇城正南门）之外，以记载武则天的功业。武则天析洛阳、永昌二县，置来庭县廨于神都从善坊，以领四方蕃客；以姚璹为督作使，征买天下铜三百二十万斤，铁五十万斤，令工人毛婆罗造模，铸八棱铜柱，以为天枢。高一百零五尺，径一丈二尺：下置铁山，绕以铜龙、狮子、麒麟。上施云盖，置四蛟以捧火珠。珠高一丈，围三丈，金彩荧煌，光比日月。

证圣元年（695）四月一日，天枢成，武则天自书其榜曰"大周万国颂德天枢"。武三思制颂文，纪则天功德，以黜唐颂周。"悉镂群臣、蕃酋名氏其上"。当时朝士献诗者不可胜记。李峤所作最为高雅，冠绝一时，其诗曰：

辙迹光西峤，勋名纪北燕。

何如万国会，讽德九门前。

灼灼临黄道，迢迢入紫烟。

仙盘正下露，高柱欲承天。

山类丛云起，珠疑大火悬。

声流尘作劫，业固海成田。

圣泽倾尧酒，熏风入舜弦。

欣逢下生日，还偶上皇年。

天枢立，"万国"会，群臣赋诗，皇帝临观，可谓是盛况空前。这实际上也是统一思想的一种手段。

宗教是自然力量和社会力量在人们头脑中歪曲的、虚幻的反映。在阶级社会里，宗教是麻痹人民的鸦片烟，因而往往为统治者所利用。武则天不仅仅是一位精通"法理"的佛教徒，而且是一位目光敏锐的政治家。她深知当

佛国寺紫霞门

时教徒之多，更懂得宗教的社会作用。所以，她即位之后，在利用儒家礼仪和神学迷信的同时，也极力利用宗教。

武则天最重视佛教。这首先表现在对佛教地位的提高。唐高祖、唐太宗尊崇道教，因而对佛教有所压抑。武则天即位以后，则大力提倡佛教。天授二年四月，诏释教在道法之上，缁服处黄冠之前，把佛道二教的位置来了个颠倒。其次，表现在对寺院的整修和保护。除天授元年敕两京、诸州各置大云寺一区外，长寿元年置长寿寺，证圣元年又置崇先寺。慈恩寺、敬爱寺、福先寺等也得到修缮。

久视、大足年间（700—701），李峤上书说："殿堂佛宇，处处皆有。"狄仁杰上书说："今之伽蓝，制逾宫阙"。说明经她的允许州县寺院广为创建和修饰。此外，延载元年（694）还曾下令："盗佛殿内物，同乘御物"。对寺院严加保护。第三，表现在对经典的翻译和对塔像的筑雕。长寿二年，武则天以白马寺大德沙门薛怀义为监译，令南印度达摩流支宣释梵文《宝雨经》。证圣元年（695），武则天派人自于阗"迎"回《大方广佛华严经》，并"于大编空寺亲授笔削，敬译斯经"。经高僧实叉难陀、菩提流志、义净等人的努力，圣历二年抄写完功，武则天亲自作序以广其义。

久视元年（700），令三藏法师义净等重译《大云经》，自作《三藏圣

嵩山中岳庙

教序》。同年又令三藏沙门于阗国僧实叉难陀、大德及大福先寺僧复礼等译《大乘入楞伽经》。长安四年译毕，仍不顾年迈，为之作序。在译经的同时，武则天"欲令像教兼行，睹相生善"，又提倡建塔造像，以"壮其塔庙、广其尊容"。登基之初，即令僧怀义做夹贮大像，其小指中犹容数十人"且构"天堂"以贮之。证圣元年（695），令扩建敦煌莫高窟，在今九十六窟主壁之西塑成一尊高达三十三米的趺坐弥勒佛。久视元年以后，又欲于白司马坂造像。影响所及，造像者有增无已。

第四，表现在对僧侣的重视。在为新译佛经所写的序言中，武则天对一些高僧作过很高的评价，如在《三藏圣教序》中，说义净等人"并缁俗之纲维，绀坊之龙像，德包初地，道辅弥天"。在《新译〈大乘入楞伽经〉序》中，说实叉难陀、复礼等人"并名追安远，德契腾兰"。对华严宗的创始人法藏和禅宗首领神秀、慧能还进行过特殊的表彰。

法藏曾参加过《华严经》的翻译，知识颇为渊博。据说他宣讲《华严世界品》十分得体，武则天下敕褒美，令载入史册。神秀和慧能分别是禅宗北南二派的代表。当时，神秀威望极高。"则天闻其名，追赴都，肩舆上殿，亲加跪礼，敕当阳山置度门寺以旌其德"，尊崇为"国师"。武则天对慧能的佛学修养，也很欣赏，派人请他入京。慧能固辞，武则天索取木棉袈裟，赐"摩纳袈裟一领及绢五百匹"予以奖赏。

第五，还表现在对佛教节日活动的支持。佛教一年中的重大节日有二。一是四月初八佛诞日，一是七月十五中元节。按照传统习惯，佛诞日要举行"浴佛法会"，以为佛诞纪念；中元节要举行"盂兰盆会"，以超渡历代祖先。武则天对这两个节日，尤其是后者大力支持。

如意元年（692）七月十五日，"宫中出盂兰盆，分送佛寺"。且于洛城南门外设盂兰盆会，"冠通天，佩玉玺，冕旒垂目，沈纩塞耳"，"穆穆然南面以观"。此外，还常在神都举行"无遮大会"。所谓"无遮大会"就是佛教布施僧俗的斋会，不论僧俗、贵贱，也不论男女，都可以参加。据《通鉴》记载，武则天"每佰无遮会，用钱万缗；士女云集，又散钱十车，使之争拾"。这些都说明武则天对佛教是很器重的。

在器重佛教的同时，武则天对道教也加以利用。由于武则天在提倡佛教方面十分卖力，又下诏令僧尼处道士之上，因而人们往往以为武则天是压制

道教的。事实上，正如武则天在废唐太庙之后仍享祭高祖等人一样，她对道教的压制是极其有限的。道教因李氏的推崇而升级，但它并不因为唐朝的建立而产生，它有自己的一套理论体系，对于维护统治本身有一定的作用。鉴于当时的道教徒较多，道教比较流行，武则天采取了一些措施，引导道教发展，使与佛教相制约，为武周政权服务。

这主要表现在：一是调和佛道矛盾。圣历元年（689）正月，颁《禁僧道殴谤制》（即《条流佛道二教制》）：

佛道二教，同归于善，无为究竟，皆是一宗。比有浅识之徒，竟生物我，或因忿，各出丑言，僧既排斥老君，道士乃诽谤佛法，更相訾毁，多在加诸。人而无良，一至于此。且出家之人，须崇业行，非圣犯义，岂是法门！自今僧及道士敢毁谤佛道者，先行决杖，即令还俗。

其后，又颁《僧道并重敕》："道能方便设教，佛本因道而生。老释既自元同，道佛亦合齐重。自今后，僧入观不礼拜天尊，道士入寺不瞻仰佛像，各勒还俗，仍科违敕之罪。"二是让道士作"功德"。天授二年（691）二月十日敕以友尉革命，令金台观主中岳先生马元贞率弟子往五岳四渎投龙作功德，造元始天尊像。

万岁通天二年（697）四月，敕东明观三洞道士孙文㩪将侍者诣岱岳观祈请行道，造天尊像。圣历元年（689）腊月二日，敕大历道观主桓道彦弟子晁自揣于东岳观设金笋宝斋、河图大醮，造等身老尊像。

大足元年（701）正月二日，令神都青元观主麻慈力内赍龙壁御词，缯帛及香等物，诣岱岳观中斋醮。十一月七日，又敕道士赵敬同等于泰山岱岳观灵坛修金篆斋。此外，武则天对道士也是比较尊崇的，还组织收集、整理过一些道家经典。

武则天利用儒、佛、道，都是出于一个目的，那就是宣传武周地位的正统性和有利于武周统治的社会意识与道德规范，安定社会秩序，以便于巩固自己的统治。当然，光凭社会舆论来统一思想是不够的，有些人根本不理这一套。他们或从传统的观念着眼，或从个人的思想出发，反对武则天称帝，反对武周政权。对这些人，特别是对有"谋反"嫌疑的人，武则天采取了强硬手段，即怂恿酷吏予以镇压。

史载，长寿二年（693）一月，当有人上封事告岭南流人谋反时，武则天便遣右台监察御史万国俊前往推案，并赋以"得实即论决"的特权。万国俊是编造《罗织经》的酷吏之一，"至广州，尽召流人，矫诏赐自尽"，流人号哭不服，国俊驱就水曲，"一日戮三百余人"，回来后又"诬奏流人怨望，请悉除之"。

于是，武则天便派刘光业、王德寿、鲍思恭、王大贞、屈贞筠等官吏，皆摄监察御史，分往剑南、黔中、安南等六道审察。结果，刘光业杀九百人，王德寿杀七百人，其余所杀亦不下百人。"流人"多系垂拱（685—688）以来"谋反"者的亲友或家属。这些人原来都生活在上流社会，享受着荣华富贵，一朝因罪流徙，或被亲友牵连，投戍边壤，远离京国，地位一落千丈，其愤怒和不满是可想而知的。故"谋反者"或有其人，但绝无如此众多。酷吏大肆杀戮，显然是滥用刑罚。武则天颇知其滥，制"六道流人未雍者并家属皆听还乡里"。

唐初著名谏臣魏徵像

万岁通天二年（697）正月，箕州刺史刘思礼跟术士张景藏学相面术。张景藏说刘思礼有富贵之相，当位至太师。刘思礼喜悦异常，认为太师位极人臣，非佐命无以致之，"乃与洛州录事参军綦连耀谋反，阴结朝士，托相术，许人富贵、像其意悦，因说以'綦连耀有天命，公必因之以得富贵'"。故意制造混乱，企图颠覆武周政权。明堂尉吉顼告之，武则天即付武懿宗与吉顼对讯。"懿宗与顼诱思礼，令广引朝士。思礼说凤阁侍郎李元素，夏官侍郎同平章事孙元亨，天官侍郎刘奇、

173

石抱忠，凤阁舍人王处、来庭，主簿柳璆，给事中周潘，泾州刺史王勔，监察御史王助，司议郎路敬淳，司门员外郎刘慎之，右司员外郎宇文全忠等三十六家与之通谋"。据说这三十六家，"皆海内名士"，武则天尽诛之，"亲党连坐流窜者千余人"。固然，被杀者中确有"名士"，李元素、孙元亨还是宰相，但他们大都与刘思礼等有一定联系，而刘思礼等正在谋反，武则天杀掉他们，是维护统治所必须的。

总之，武则天在制礼作乐的同时，并没有放弃专政手段。其目的同样是为了巩固武周政权，开创新的局面，促成"盛世"的出现。

任贤纳谏

武则天懂得，要治理好大周，只靠制造舆论是不行的。必须牢固掌握权柄，亲自处理朝政。为此，她日理万机，躬亲庶政，尽量做到"政由己出，明察善断"。

改唐为周时，武则天已经六十七岁了。但是，她仍保持着蓬勃向上的锐气。史载，"太后春秋虽高，善自涂泽，虽左右不觉其衰"。长寿元年九月，"齿落更生"。圣历二年正月，生八字重眉。

这些都说明，她精力比较充沛。因为有比较充沛的精力和极强的事业心，登基后的前十年，武则天几乎每天都在处理朝政。"临御天下，忧劳兆庶。宵衣仵旦，望调东户之风，旰食忘眠，希缉南薰之化"。为了使各项政令有益于时，武则天十分注意了解民情。

顺应民情，因势利导，是武则天的一贯思想。早在参与朝政之前，她就认识到上下蒙弊的坏处。临朝称制期间，在所修《臣轨》一书中，规定臣下应体察民情，做君主的手足耳目。设置铜匦的主要目的，也是为了征询群僚意见，了解人间真伪。改朝换代之后，"忧劳天下百姓，飞不得所"，更加注意了解民情。除继续利用铜匦等手段外，还常常派遣使节"察吏人善恶，观风俗得失"，甚至亲自过问民间"细事"。

圣历元年，武则天曾问群臣："比在外有何好事？"久视元年（700），又问鸾台侍郎同平章事陆元方以"外事"，陆元方回答说："人间细事，不足烦圣听"，武则天不悦，免去了陆元方的宰相职务。

根据了解到的情况，充分听取大臣意见，采取相应的政策，是武则天的一贯做法。凡是有关巩固政权及国计民生的事，她都要广泛听取大臣意见，经过反复考虑，使做出的决定

魏徵陵墓

尽量符合实际，然后"布政于有司"。

为了及时处理各种问题，武则天除每日早朝以外，还特令宰相轮流宿值。就这一点来讲，她和唐太宗有相似之处。若就对朝政的重视、勤奋程度而言，她并不比太宗逊色。虽然她是一个女子，但她深知权柄的重要，因而总是紧握权柄，"政由己出"，防止大权旁落。所谓"宵分辍寝，日旰忘食，勉思政术，不惮劬劳"，居内慑外，以保证国家机器的正常运行。

史学界有一种比较流行的观点，说武周时期是酷吏、外戚和男宠的天下。的确，武则天曾给酷吏、外戚、男宠以一定的特权。但是，武则天只不过把他们当作自己登基和巩固统治的特殊工具；一旦这个目的达到了，便加以剪除或限制。他们并没有像有些人想象的那样受到重视。

〔酷吏〕从大量材料来看，酷吏并没有掌握朝廷要职。当时最有名的酷吏是索元礼、周兴和来俊臣。索元礼官止游击将军（从五品上）。周兴止尚书左丞（正四品上）。来俊臣止殿中丞（从五品上）、司仆少卿（从四品上）。此三人皆未至宰辅。酷吏中当上宰相的只有二人。一个是傅游艺，一个是为吉顼。傅游艺天授元年九月同凤阁鸾台平章事，二年九月下狱自杀，一年之间，有二个建树：一是"诬族皇枝"，说李氏宗室谋反，要求"大义灭亲"；一是奏流人怨望，请发六道使杀之。吉顼严格地说并不是酷吏，《新唐书》就没有把他列入《酷吏传》，尤其是为相不足一年，即因与武懿宗争功失职，没有发挥多大作用。可见，酷吏虽然有时使"朝官侧目"，但根本不能左右国家政治。

本质上讲，酷吏只是武则天打击政敌，诛锄异己，建立和巩固武周政权的工具。武则天之所以弃素怀之所尚而用夙心之所鄙，开告端，用酷吏，完全是为了慑服政敌。事实上，酷吏也大都是按武则天的旨意办事的。史载，来俊臣"颛以夷诛大臣为国"。万国俊"与来俊臣同为《罗织经》，屠覆宗枝朝贵"。

王弘义"与来俊臣罗告衣冠"。这些被罗告诛夷的"大臣""衣冠""宗枝朝贵"虽有无辜的官僚，甚至有武则天的支持者，但绝大多数都是武则天的政敌，都是武周政权的反对派。就此而言，酷吏是武周的功臣。此外，一些酷吏也表现出对武则天的忠诚。如来俊臣之鞫周兴。来俊臣与周兴关系密切。有人告周兴阴谋作乱，武则天命来俊臣鞫之。来俊臣得令，没有向周兴泄密，更没有替他辩护，却来了一个"请君入瓮"。

史载，"俊臣与兴方推事对食，谓兴曰：'囚多不承，当为何法？'兴曰：'此甚易耳！取大瓮，以炭四周炙之，命囚入中，何事不承！'俊臣乃索大瓮，火围如兴法，因起谓兴曰：'有内状推兄，请兄入此瓮中！'兴惶恐叩头伏罪"。又如霍献可请杀崔宣礼。崔宣礼任司礼卿，为酷吏所告。其甥殿中侍御中霍献可（亦为酷吏）屡请杀之，武则天不许，霍献可坚持说："陛下不杀崔宣礼，臣请陨命于前"，遂一头碰在殿阶之上，血流沾地，"以示为人臣者不私其亲"。

但是，酷吏毕竟是残暴酷烈，滥用刑罚的官吏。当政敌伏首、政局稳定，统治阶级内部的矛盾趋于缓和时，酷吏不能对武周政权发挥积极作用，相反，倒成了社会动荡的因素。因此，当酷吏完成了他们的"历史使命"，人们要求"省刑尚宽"的时候，武则天毫不犹豫，又弃"夙心之所鄙"，用"素怀之所尚"，"尊时宪而抑幸臣，听忠言而诛酷吏"。先后杀掉了索元礼、丘神勣、周兴、傅游艺、王弘义等人。为了消除酷吏造成的恐怖气氛，甚至下令禁止天下屠杀。

万岁登封元年（695）十月，又颁发了一道诏书，严禁中央法官酷滥，减大理丞，废秋官狱，同时还要求地方官崇德简刑："州牧县宰，寄重亲人，僚守勾曹，任惟纲纪。百姓或有愆犯，必须尽理推寻，审知罪状分明，方可禁身科断。不得才闻小过，遽萦圜扉，高下其心，同叔鱼之鬻狱；轻重其手，爽定国之平刑；黠吏嵩奸，恣其乾没；要囚多滞，积以炎凉。有一于兹，当加重谴。幸悉心而慎罚，同底绩以胜残。仁弘勿辟之规，用阐无为之化。"表示"将使三千之罪，永绝当年；岂惟数百之刑，仅宽于昔代"。

神功元年（697）六月，武则天最终听从王及善和吉顼的劝说，将最后一个大酷吏来俊臣送进了坟墓。至此，所谓"武周酷吏"便退出了政治舞台。后来，又相继平反昭雪了酷吏制造的冤假错案，给死者及其家属——恢复了名誉。所以，夸大酷吏的影响，说武周是酷吏的天下，是不符合历史实际的。

〔外戚〕　武周时期的"外戚"，也没有达到专权的地步。武则天以皇太后身份掌权时，外戚武氏家族是依赖的条件之一；武则天登基之际，"外戚"势力确实有所发展，这是武则天登基称帝的必然结果。因为对武则天来说，"外戚"即是宗室，称帝后提高宗室地位不仅符合礼制，而且非常必要。

不过，"外戚"的发展是在武则天允许的范围内进行的，是有限度的。与东汉中后期的外戚权势相比，武周的"外戚"实在可怜。东汉外戚往往控制朝纲，一门数侯。如梁冀专权二十年，"威行内外，百僚侧目"，梁家一门，七人封侯，出了三个皇后，六个贵人，两个大将军。武周"外戚"虽多被封王，但那是"宗室"的一般荣誉，并非特殊的爵赏。

终武则天之世，"外戚"很少担负军国重任，至宰辅者也只有武承嗣、武攸宁、武三思三人。武承嗣是武元爽的儿子，曾随父贬徙岭南。贺兰敏之死后，被召还，袭爵周国公，遂为"外戚"中的骨干分子。登基前后，曾四度为相，历时四年有余。其主要活动有二：

一是劝武则天"尽诛皇室诸王及皇储"；二是固求皇储位。前者武则天依计施行，后者武则天竟不许。武攸宁是武士让之孙，天授元年一月初次入相，为纳言。二年八月，罢为左羽林卫大将军。九月，复为纳言。次年八月，罢为冬官尚书。圣历元年九月，再次入相，以夏官尚书同凤阁鸾台三品。半年以后，复罢为冬官尚书。虽然三度入朝，历时三年，但并未对政治产生重大影响。武三思是武元庆的儿子，"略涉文史，性倾巧便僻，善事人，由是特蒙信任。武则天数幸其第，赏赐甚厚"。契丹攻陷营州后，奉命以榆关道安抚大使屯边。神功元年（697）六月，同凤阁鸾台三品。七月，去位。翌年八月，检校内史。久视元年（700）正月，罢为特进，太子少保。二

次执政，不过二载，在政治上也没有什么作为。从当时的情况来看，武则天任用"外戚"，除有扶植"宗枝"之意外，主要是为了监视大臣。

但是在很多场合，武则天对"外戚"并不完全信任。例如，武承嗣为文昌左相时，李昭德密奏："承嗣陛下之侄，又是亲王，不宜更在机权，以惑众庶。且自古帝王，父子之间，犹相篡夺，况在姑侄，岂得委权与之？脱若乘便，宝位宁可安乎？"武则天闻听后不久就撤掉了武承嗣的宰相官职。又如武攸绪从封嵩山，固辞官，请求隐居。"后（武则天）疑其诈，许之，以观所为，攸绪庐岩下如素遁"。

不仅如此，武则天对"外戚"的经济特权也有所限制。唐初诸王封邑之租，皆王家自征；武则天改令州县征送，以防诸王额外敲剥。此事不见于"正史"。《朝野佥载》卷四载："周则天内宴甚乐，河内王懿宗忽然起奏曰：'臣急告君，子急告父。'武则天大惊，引问之，对曰：'臣封物承前府家自征，近敕州县征送，太有损折。'武则天大怒，仰观屋椽良久，曰：'朕诸亲饮正乐，汝是亲王，为三二百封户几惊杀我，不堪作王。'令曳下。懿宗免冠拜伏，诸王救之曰：'懿宗愚纯，无意之失。'上乃释之。"可见限制食封之家，当属确实无误。外戚不但没有受到特殊的礼重，而且甚至不得不去巴结武则天的男宠。武承嗣、武三思拍薛怀义的马屁，甘当其童仆，"为之执辔"，就是明显的例证。当时的臣僚也敢于批评"外戚"的过失。如孙万荣寇河北，武懿宗拥兵不前。敌退，却请诛为敌诖误的河北百姓。左拾遗王求礼廷折之，揭露懿宗罪过，"请先斩懿宗以谢河北官吏百姓"郎中张元一在武则天和众人面前嘲弄懿宗，作诗云："长弓短度箭，蜀马临阶骗，去贼七百里，隈墙独自战。甲仗纵抛却，骑猪正南蹿。"把武懿宗临阵畏怯，夹着尾巴逃跑的丑态揭露得淋漓尽致。由此可见，说武周是外戚的天下显然言过其实。

〔男宠〕当时的男宠，也不过是武则天的面首、卫士和监视贵戚、大臣的工具。

史载，武则天的男宠，前有薛怀义、沈南璆，后有张易之、张昌宗。关于薛怀义其人，前面略已提及。此人在登基前颇得武则天信任，"出入乘厩马，中官侍从，诸武朝贵，匍匐礼谒，人间呼为薛师。"曾护修白马寺，督作明堂，为清平道行军大总管击突厥，与僧法明等撰《大云经疏》言武氏符命。可以说对武周政权的建立有汗马之劳。登基后，薛怀义日益骄横，"厌入宫中，多居白马寺，刺血画大像，选有膂力白丁度为僧，数满千人。"

侍御史周矩弹劾他，武则天替他辩护说："此道人风病，不可苦问，所度僧任卿勘当。"周矩"穷其状以闻"，于是，"诸僧悉配远州"。证圣元年，明堂被火，薛怀义负有管理不善的责任，受到武则天的责备，然犹令充使重作。其后薛怀义更加跋扈，言多不顺。于是，武则天"密选宫人有力者百余人以防之"，"执之于瑶光殿前树下，使建昌王武攸宁率壮士殴杀之。送尸白马寺，焚之以造塔"。当薛怀义厌入宫中之后，御医沈南璆得幸。他不过是个给武则天看病的医生，未见有其他政治活动。至于二张，是初唐宰相张行成的族孙，家世较显赫。易之初以门荫入仕，累迁尚乘奉御，年二十余，"白皙美姿容、善音律歌词"。昌宗与易之颇为相似，而容貌过之。万岁通天二年（697），经太平公主推荐，张昌宗入侍禁中。昌宗又推荐了易之。"由是兄弟俱侍宫史，皆傅粉施朱，衣锦绣服，俱承辟阳之宠"。对于二张，武则天颇为倚重。以昌宗为云摩将军，行左千牛中郎将，易之为司卫少卿，赐第一区，物五百段及奴婢驼马等。

因此不到一个月，弟兄俩贵震天下。诸武氏登门拜访，看其眼色行事，称易之为"五郎"，昌宗为"六郎"。甚至有的大臣也前来阿谀奉承。如杨再思说："人言六郎面似莲花，再思以为莲花似六郎，非六郎似莲花也。"崔融乃咏诗以为绝唱："昔遇浮丘伯，今同丁令威。中郎才貌是，藏史姓名非。"

圣历二年（699），武则天置控鹤府官，任命张易之为控鹤监，正三品。久视初（700）以控鹤监为天骥府，又改奉宸府，罢监为令，以左右控鹤为奉宸大夫，易之复为令。武则天曾"命易之、昌宗与文学士李峤等修《三教珠英》于内殿。"

从上述情况来看，男宠确曾受到过武则天的宠爱。也正因为如此，武则天落了个"淫荡之君"的丑名。事实上，千百年来攻击武则天"淫荡"的人大都是出于"男尊女卑"的偏见，并没有多少事实根据。自秦汉以来，按照"礼仪"，帝王应有内职，所谓三宫六院七十二妃。实际上历代帝王莫不充实后宫，荡情帷屋。就拿最有贤名的唐太宗来说，后宫也是妃嫔如云。武则天南面而立，按"礼"应当有一定数量的妃嫔。但她是一个女子，只是宠爱

了几个"面首"。

这与其他帝王相比，本来是微不足道的。值得注意的是，薛怀义受宠之时，武则天已六十余岁；二张入宫之日，武则天已年逾古稀。何况薛怀义不久即"厌入宫中"居白马寺；二张也不住在宫中，而有自己的"甲第"。直到武则天病重时，二张才整日侍疾身边，组成"看守内阁"。因此，要说武则天"淫荡"实在是很牵强的。

乐舞图

武则天之宠幸"面首"，主要有两个原因。一是这些人本身有一定才能，如薛怀义精明强干，沈南璆通晓医术，二张善歌舞音律，可供宫中驱使；二是为了保护自己，监视大臣，牵制外戚。本来，"男宠"的角色可由宦官顶替。但由于其一，武则天通文史，懂得东汉宦官专权的教训；其二，武则天是女皇帝，认为自己用男宠是理所当然的。因此，她没有重用宦官，而选择了男宠。

虽然武则天对男宠比较信任，但并不让他们执掌朝廷大权。这一点，从男宠所担任的职务中便可以清楚地看出。史载："苏良嗣遇僧怀义于朝堂，怀义偃蹇不为礼；良嗣大怒，命左右捽曳。批其颊数十。怀义诉于太后，太后曰：'阿师当于北门出入，南牙宰相所往来，勿犯也'"这件事也说明，武则天是不许男宠染指相权的。不仅如此，武则天对男宠的态度也不是一成不变的。薛怀义被杀就是很好的证明。所以，说武周是男宠的天下也是站不住脚的。

事实上，武则天最器重的人不是酷吏，不是外戚，也不是男宠，而是有经邦济国之才的贤良。她让贤才居要职，任宰相，掌中枢，协助她治理大周天下。这主要表现在以下几个方面。

〔求贤若渴〕 武则天深知自己深居皇宫，虽宵衣旰食，终不能独理天下，遍览神州。只有依靠众多的"时贤"，才能共康天下。以为"济时之道，求贤是务"，"上之临下，道莫贵于求贤"；中国土地广博，人物荟萃，只要搜求，便可得贤。因而特别注意人才的擢拔。早在即位前，她就多次颁发《求贤制》，大力搜求才学之士。登基后，在这方面做得更加突出。

其一，进一步发展科举制，注意通过常举和制举选拔人才。科举是当时选拔人才的重要途径之一。武则天令贡举人停习无补于世的《道德经》，学习所撰《臣轨》一书，更新了考试内容。

唐制，士人经科举考试合格后，须经吏部铨选方可任官。"武太后又以吏部选人多不实，乃令试日自糊其名，暗考以定等第。糊名自此始也。"经过一段实践，在她看来，糊名考判，"非委任之方"，罢而不用。"大开举尔之科，广陈训迪之典"，"大搜遗逸，四方之士应制者向万人"。天授二年以后，每年通过科举入仕的人数，都有增加的趋势。

其二，经常要求臣下自荐并推荐人才。天授二年十月，"制官人者咸令自举"。此外，确有才能，愿意仕进者平时亦可投匦自荐。鉴于许多名士不愿自荐的情况，武则天特别强调推荐，把荐举人才作为官僚的一项任务，"屡迥旌帛，频遣搜扬"。

她在证圣元年诏书中说：

其长才广度，沈迹下僚，据德依仁，韬声幽闭，怀辅佐之器，乏知己之容，宜令京官职事五品以下及制史、上佐、县令量各准状荐举。

其后又下诏说：

或英谋冠代，雄略过人，总韩白以先驱，掩孙吴而得焦；或力能拔距，勇绝蒙轮，冒白刃其如归，抢苍壁而不顾；或迹隐廛肆，身托村间，行虽犯于流俗，器乃堪于拯难，或捷如迅雷、走若追风，弯弧则七札洞开，奔陈则重围自溃；并有思于制命，俱未遇于时须。可令文武内外官五品及七品以上清官及外官刺史都督等，于当管部内，即令俱举。且十室之邑，忠信尚存；

三人同行，我师尤在。会须搜访，不得称无。

武则天有时还特别要求某些大臣荐举有关人才。如圣历元年，令宰相各举尚书郎一人。长安（701—704）初，令雍州长史薛季昶择僚吏堪任御史者。长安四年，令宰相各举堪为员外郎者。

当然，武则天是要求推荐真贤的，"务取得贤之实，无贻滥吹之讥"。对于"非举其士"的人，予以贬责；对于"荐若不虚"的人，则予以褒奖。范履冰尝举犯逆者，因而被杀。狄仁杰荐其子光嗣为地官员外郎，很称职，武则天高兴地夸奖说："举善不避仇亲，卿是继祁奚矣。"在这种情况下，人以荐贤为忠，有才者多被荐于中央。

《朝野佥载》载：并州人毛俊子年飞岁，千字文皆能默写，则天召见试字。《唐诗纪事》卷七十八载：如意（692）中，有女子年九岁，能吟诗，武则天试之，皆应声而就。由此可知当时荐才范围之广。与此同时，出现了一些以荐才而著名的官吏。如朱敬则，"敬则知政事时，每以用人为先。桂州蛮叛，荐裴怀古；凤阁舍人缺，荐魏知古；右史缺，荐张思敬。则天以为知人。"又如狄仁杰，"仁杰常以举贤为意，其所引拔桓彦范、敬晖、窦怀贞、姚崇等，至公卿者数十人二。"再如卢承泰，卢承泰字齐卿，为雍州录事参军，"时则天令雍州长史薛季昶择僚吏堪为御史者，季昶以闻齐卿，荐长安尉卢怀慎李休光、万年尉李乂崔湜、咸阳丞倪若水、周至尉田崇辟、新丰尉崔日用，后皆至大官。"

由于通过各种渠道，命令、鼓励荐举人才，又不限门第高下、富贵贫贱，也不限种落族属、离京远近，甚至下制"缘逆人亲属，有能公勤清白者，自当随才擢用，不以为瑕"。"君子盈朝，求之恒如不及"因而，选司空前忙碌，以至出现了"多士如林，扬己露才，干时求进"的局面。对此，封建史家颇多异议，今人亦多谓之太滥。

其实，这正是武则天超越其他任何帝王的地方。她敢于冲破以往狭窄的选官范围，不拘一格选拔人才，因而谋臣猛将和文苑俊杰大批涌现，这不仅是治理大周所必需的，而且也为后来开元盛世的出现准备了一个重要条件。

〔赏善罚恶〕武则天深明用人之道。因而坚持对众多的官员，进行认真地筛选，赏善罚恶，进贤才，退不肖。对于从各地搜求来的人才，武则天皆予厚待，"量才授职。"天授二年创立试官制度，也就是让他们担任一定职务而锻炼他们的政治才干。试官规模相当庞大，仅长寿元年一月一次就擢试百余人。

史载武则天"引见存抚使所举人，无问贤愚，悉加擢用，高者试凤阁舍人、给事中，次试员外郎、侍御史、补缺、拾遗、校书郎"。有人对她这种作法进行攻击，她也满不在乎。《朝野佥载》卷四载：

> 则天革命，举人不试皆与官，起家至御史、评事、拾遗、补阙者，不可胜数。张鷟为谣曰："补阙连车载，拾遗平斗量。杷推侍御史，碗脱校书郎。"时有沈金交者，傲诞自纵，露才扬己，高巾子，长布衫，南院吟之，续四句曰："评事不读律，博士不寻章。面糊存抚使，眯目圣神皇。"遂被杷推御史纪先知捉向左台，对杖弹劾，以为谤朝政，败国风，请于朝堂决杖，然后付法。则天笑曰："但使卿等不滥，何虑天下人语？不须与罪，即宜放却。"

如果把这件事与她读骆宾王《为徐敬业传檄天下文》时的情形联系起来，足见她的心胸宽广。

为了使试官和现任官能发挥出他们的政治才能，武则天向他们提出了较高的要求。在他们赴任时，往往赐袍训诫。如天授二年二月，"朝集使、刺史赐绣袍，各于背上绣成八字"。天授三年正月二十二日，"内出绣袍，赐新除都督、刺史。其袍皆刺绣作山形，绕山勒回文铭曰：'德政惟明，职令思平，清慎忠勤，荣进躬亲'。"此后每新除都督刺史，都以这种绣袍赐之。

长寿三年（694）四月，又"敕赐岳牧（即都督刺史）金字、银字铭袍"。五月二十二日，"出绣袍以赐文武三品已上。其袍文仍各有训诫。诸王则饰以盘龙及鹿，宰相饰以凤池，尚书饰以对雁，左右卫将军饰以麒麟。文铭皆各为八字回文。其辞曰：'忠贞正直，崇庆荣职。文昌翊政，勋彰庆陟。懿冲顺彰，义忠慎光。廉正奉公，谦感忠勇。"

不仅如此，武则天还加强了左右肃政台的力量，常常派使者对官吏进行督促检查。检查的项目很多，达三十余项，全面衡量，以确定升降。若政有殊绩，试官亦得正授超迁；若无所作为，或有恶迹，正员亦加贬责。对情况

史载，她的堂姐的儿子宗秦客兄弟居官贪浊，"奸赃事发"，武则天毫不留情，将他们"配流岭外"。陆余庆虽然长得挺漂亮，又能言善辩，但无真才实学，受命草诏，至晚尚未写成，武则天不悦，责受左司郎中尹思贞累转明堂令，以善政闻。契丹侵扰，河朔不安，思贞善于绥抚，境内遂安，"武则天降玺书褒美之"；杨元琰"号为善政"，累迁安南副都护，历任蕲、蒲、晋、魏、宣、许六州刺史，凉、梁二州都督，荆州长史，"前后九度清白升进"，武则天"累降玺书褒美"。韦安石性持重，为政清严，当并州司马，十分称职。武则天手制慰劳说："闻卿在彼，庶事存心，善政表于能官，仁明彰于镇抚。如此称职，深慰朕怀。"王方庆任广州都督，保护工商，禁止贪暴，境内清肃，"当时议者以为有唐以来，治广州者无出方庆之右"，则天下制褒奖说："朕以卿历职著称，故授此官。既美化远闻，实副朝寄。今赐卿杂彩六十段并瑞锦等物，以彰善政也。"

姚璹降任益州大都督府长史，"蜀中官吏多贪暴，璹屡有发摘，奸无所容"。武则天降玺书嘉勉说："夫严霜之下，识贞松之擅奇；疾风之前，知劲草之为贵。物既有此，人亦宜哉。卿早荷朝思，委任斯重。居中作相，弘益已多。防边训兵，心力俱尽。岁寒无改，始终不渝；果能揽辔澄清，下车整肃。吏不敢犯，奸无所容，前后纠摘；盖非一绪。"并对侍臣说："凡为长官，能清自身者甚易，清得僚吏者甚难。至于姚璹，可谓兼之矣。"

对于智能之士，武则天尤其珍爱，往往破格提拔。殷仲容精通书法，知名当时，武则天爱其才，官至申州刺史。李迥秀雅有文才，当时称为风流之士，"武则天雅爱其材，甚宠待之，掌举数年，迁凤阁舍人"。韦承庆才思敏捷，学识渊博，"虽军国大事，下笔辄成，未尝起草"，自天授（690—692）以后，三掌天官选事，给授平允，海内称之。武则天超拜为凤阁侍郎，同凤阁鸾台平章事，仍依旧兼修国史。飞弟韦嗣立补任县令，政绩显著，韦承庆自凤阁舍人因病去职，武则天召嗣立说："卿父往日尝谓朕曰：'臣有两男忠孝，堪事陛下。'自卿兄弟效职，如卿父言。今授卿凤阁舍人，今卿兄弟自相替代。"立迁凤阁舍人。

王及善退休在家闲居，值契丹侵扰，授滑州刺史。将行，武则天问以朝廷得失，王及善备陈治乱之宜十余道。武则天说："彼末事也，此为本也。

卿不可行"，认为让王及善任地方官是大才小用了，乃留拜内史。唐休璟谙练边事，自碣石西逾四镇，绵亘万里，山川要害，皆能熟记。长安年间（701—705）西突厥乌质勒与诸蕃不和，举兵相持，安西道绝。武则天令唐休璟与宰相商议对策。唐休璟草奏，诏依施行。结果程期一如唐休璟所言。武则天对休璟说："恨用卿晚！"遂迁为夏官尚书、同凤阁鸾台三品司。李峤善文章，少时与骆宾王、刘光业齐名，又颇有政术。武则天甚为器重，"朝廷每有大手笔，皆令峤为之"。诸如此类，俯拾即是，不胜枚举。

三友百禽图

后来促成"开元盛世"的许多著名大臣，都经受过武则天的赏识和提拔。姚崇、宋璟、张说就是如此。姚崇"少倜傥，尚气节，长丑好学"，下笔成章，迁夏官郎中。当时契丹扰河北，兵机填委，姚崇"剖析若流，皆有条贯"，"则天甚奇之，超迁夏官侍郎，又寻同凤阁鸾台平章事"，位至宰相。宋璟"少耿介有大节，博学，工于文翰"。举进士中第，累转凤阁舍人。"居官鲠正"，"武后高其才"，"甚重之"。张说"为文俊丽，用思精密"，"尤长于碑文、墓志"，与苏颋齐名，有"大手笔"之称。

《大唐新语》卷八载："则天初革命，大搜遗逸四方之士，御雒（洛）阳城南，亲自临试。张说对策，为天下第一。拜太子校书，仍令写策本于尚书省，颁示朝集（使）及蕃客等，以光大国得贤之美。"

可见张说亦是由于武则天的擢拔才脱颖而出的。此外，萧至忠、郭元

振、张嘉贞等人也是如此。萧至忠长于击断，誉重当时。迁监察御史，劾凤阁侍郎苏味道贪赃事。武则天重之，超拜吏部员外郎少。郭元振"少有大志"，"任侠使气，拨去小节"，曾盗铸及掠卖部中人口千余，百姓厌苦。则天闻之，使籍其家，唯有书籍数百卷，资财皆济人。

武则天召之，将责问，"既与语，奇之，索所为文章，上《宝剑篇》，后览嘉叹，诏示学士李峤等，即授右武卫司铠曹参军，进奉宸监丞"。张嘉贞弱冠应五经举，拜平乡尉，坐事免归。后来张循宪以御史身份出巡，在蒲州驿遇到疑难问题，经人推荐，与张嘉贞相见，嘉贞迅速帮助循宪解决疑难，并代为草表。回朝后，则天问及表奏，循宪以实对，因请以己官让之。则天说："卿能举贤美矣，朕岂可无一官自进贤耶厂乃召见嘉贞。"次日，拜监察御史蝴。像这样朕例子，还可举出一些。

武则天奖拔人才还有一个特点，那就是没有成见，主要看其是否称职。被贬降的人，若有殊政，照样褒奖提升，反复使用。这一点，王孝杰的履历便是明证。王孝杰为武威军总管，长寿元年，率军收复安西四镇，武则天大悦，拜左卫大将军，不久出将入相。证圣初为朔方道总管，出讨吐蕃，败绩，被削职为民。万岁通天元年，复诏以白衣领清边道大总管，统兵十八万以讨契丹，战死，诏赠夏官尚书，封耿国公。犯人的后代，亦许做官。史载，太后命宰相各举堪为员外郎者，韦嗣立荐广武公岑羲曰：'但恨其伯父长倩为累。'太后曰：'苟或有才，此何所累！'遂拜天官员外郎。因此，中唐名相陆贽评论

博古图

说："往者则天太后践祚临朝，举收人心，尤务拔擢，弘委任之意，开汲引之门，进用不疑，求访无倦，非但人得荐士，亦许自举其才。所荐必行，所举辄试，其于选士之道，岂不伤于容易哉！而课责既严，进退皆速，不肖者旋黜，才能者骤升，是以当代谓知人之明，累朝赖多士之用。此乃近于求才贵广，考课声精之效也。"

北宋史学家司马光也说："太后虽滥以禄位收天下人心，然不称职者，寻亦黜之，或加刑诛。挟刑赏之柄以驾御天下，政由己出，明察善断，故当时英贤亦竟为之用。"这些评论是比较符合实际的。其中"求才贵广，考课贵精"，"不称职者，寻亦黜之"等评语，也是中肯的。

须知，一个官吏的贤愚，不能凭主观的想象，需要依据事实才能作出判断。皇帝考察大臣是要有一个过程的。既然武则天一旦发现官吏不称职，便加以贬黜，就不能说她滥用官吏。应该承认，无论是在求贤的迫切、选贤的严格上，还是在得贤的人数和质量上，武则天都是封建帝王中首屈一指的。

还应该指出，武则天选拔贤才，考核官吏，是既重德，又重才的：

其一，武则天十分爱惜人才，即使敌人、政敌的后代，只要有真才实学，又能改变政治态度，她都尽量擢为己用。

这还可以从以下几个事例中看出：

史载，上官仪被杀后，其孙女上官婉儿自幼没入宫中，长大后天性韶警，才华横溢，为女中骄子。武则天爱惜其才，自万岁通天以后，令掌诏命，曾忤旨当诛，武则天又惜其才，"止黥而不杀也"，"百司表奏，多令参决"。术士尚献辅精于历算，召拜太史令。尚献辅自以山野之人，不能屈事长官，请求归山。武则天惜其才，特敕太史局为浑天监，自为职局以留之。契丹将领李楷固善用锡素，百无一失，马上使弓刀，尤如飞仙，曾擒官军将领麻仁节、张玄遇等人。战后力屈被俘。武则天"惜其才不杀，用以为将"。

其二，特别尊重并注意保护直臣，就是那些对武周政权忠心耿耿，敢于讲真话，办实事的贤臣。如宰相周允元死，"则天为七言诗以伤之，又自缮写，时以为荣"。陆元方在官清谨，再为宰相，"则天将有迁除，每先以访之"。

王方庆家多书籍，武则天访王羲之遗墨，方庆献十卷。则天御武成殿示

群臣，仍令中书舍人崔融为《宝章集》以叙其事，复赐方庆，当时甚以为荣少。崔玄暐为天官侍郎，公正自守，杜绝请谒，不走后门。及转文昌左丞，月余，则天召曰："自卿改职以来，选司大有罪过，或闻令史乃设斋自庆，此欲盛为贪污耳。今要卿复旧任"，又除天官侍郎，赐杂采七十段。

武则天尊重大臣，从对狄仁杰的态度可以看得更加清楚。狄仁杰"出移节传，播良守之风；人践台阁，得名臣之伴"。"太后信重内史梁文惠公狄仁杰，群臣莫及。常谓之国孝而不名。仁杰好面引廷争，太后每屈意从之。尝从太后游幸，遇风吹仁杰巾坠，而马惊不止，太后命太子追执其鞚而系之。仁杰屡以老疾乞骸骨，太后不许。入见，常止其拜，曰：'每见公拜，朕亦身痛。'仍免其宿直，戒其同僚曰：'自非军国大事，勿以烦公。'"且制字袍赐仁杰："敷政术、守清勤，升显位，励相臣。"当直臣被人陷害时，武则天总是尽力予以营救。除"大赦"外，还常常亲自出面"保驾"。如狄仁杰在汝南任职时，"甚有善政"，但有人上表说仁杰的坏话。武则天不为所惑，更以仁杰为宰相。后来酷吏来俊臣诬告仁杰谋反，武承嗣亦屡请诛之。武则天既知其枉，坚决不许，说"朕好生恶杀，志在恤刑。涣汗已行，不可更返"。

陆元方为凤阁舍人，判待郎事时，为酷吏所陷，"则天手敕特赦之"。苏良嗣当宰相时，与地官尚书韦方质有隙。韦方质坐事当诛，诬引良嗣。"则天特保明之"。武良嗣潜毁李昭德，武则天说："自我任昭德，好获高卧，是代我劳苦，非汝所及也。"武则天冷诸相各述书传中善言。周允元说："耻其君不如尧、舜。"武三思认为语有指斥，纠而驳之。则天立即说"闻此言足为诚，岂特将为过耶"。宋璟为官刚正不阿，亦经常遭到酷吏、男宠们的攻击，张易之等人常想陷害他，但"则天察其情，竟以获免"；所有这些，都充分说明，由于武则天的保护，狄仁杰等大臣才能位居中枢，参与国家决策，发挥其应有的作用。

有人指责武则天的用人，说所用宰相绝无才能、绝无表现者居多。并举杨再思、苏味道等人为例。其实，这只是没有深入研究而得出的偏见。固然，在武则天所用宰相中，有极个别人缺乏才能，但那些大都有特殊原因，而且很快都被罢免了。凡是武则天重信的宰相，都有相当高的才能，也绝非绝无表现。就拿苏味道和杨再思来说。

苏味道年轻时与李峤齐名，学识渊博，文辞冠代，"才学识度，物望攸归"；"善敷奏，多识台阁故事"。且克己奉公．弟弟走后门，也不开绿灯。只因初大相耐，为人所质，一时不能答对，横手于"床棱"。遂被抓为口实，称"横棱手"。而史家借题发挥，说味道尝谓人曰："处事不宜明白。"杨再思也有一定的学识，尤其重于公事。"恭慎畏忌，未尝忤物"。"能得人主微旨。主意所不欲，必因而毁之；主意所欲，必因而誉之"。

　　因此，说苏味道和杨再思屈事男宠未尝不可，但要说全是草包则与事实不符。天下一统，要求每个人在政治上都有重大建树是不可能的。且武则天高瞻远瞩，励精图治，既需要一批出谋划策，面引廷争的"智囊""诤臣"，也需要一批奉旨办事、勤勤恳恳的"傻臣"。

　　像苏味道这样有才学，善敷奏，多识台阁故事，又有较高威信的人，留在中枢机构并没有什么坏处。至于像杨再思这样"能得人主微旨"的人在当时的中枢机构中也是不可缺少的。

　　〔虚心纳谏〕武则天广集人才，赏善罚恶，用贤不疑，确实表现得极为突出。不仅如此，她还能虚心纳谏，充分发挥诸贤的集体智慧。

　　在《臣轨》一书中，武则天就提出，臣子应外扬君之善，内匡君之恶。所谓"匡君之恶"，就是要群僚犯颜进谏，纠正她的过错。

　　改朝换代之初，武则天继续使用酷吏，万机独断，似乎不能纳谏。史载，天授二年正月，御史中丞知大夫事李嗣真以酷吏纵横，上疏进谏："今告事纷纭，虚多实少，恐有凶慝阴谋离间陛下君臣。古者狱成，公卿

听琴图

参听，王必三宥，然后行刑。比日狱官单车奉使，推鞫既定，法家依断，不令重推；或临时专决，不复闻奏。如此，则权由臣下，非审慎之法，傥有冤滥，何由可知！况以九品之官专命推覆，操杀生之柄，窃人主之威，国之利器，轻以假人，恐为社稷之祸"。结果武则天不听。

但是，这并不是由于武则天拒谏饰非，而是由于李嗣真所谏，脱离了当时实际。当时武周政权刚刚建立，人心未定，潜在的反对派仍有相当的实力，需要继续用酷吏来防乱制乱，稳定局势。在这种情况下要求杜告密之门，断酷吏之手，显然是不合适的。因此武则天不听是必然的。待政局逐渐稳定之后，当右补阙朱敬则、侍御史周矩等人进谏，要求诛杀酷吏，缓刑省法时，武则天不仅听从，而且给予奖赏。

这也说明，武则天不纳李嗣真之言，并不是拒谏，而是比他站得高，看得远。值得注意的是，武则天虽然没有采纳李嗣真等人的意见，但为了防止酷吏继续制造冤案，故意安插了一些用法平允的法官，如徐有功、杜景佺、李日知等人。

徐有功名弘敏，以字行。"为政宽仁，不行杖罚"，"卓然守法，虽死不移。"武则天令与来俊臣、周兴一起推案制犹、有功"常王殿论奏曲直"，"前后济活数十百家"。杜景佺"性严正"，"用法宽平"。武则天用为司刑丞，令与徐有功、来俊臣、侯思止专知诏狱。时称"遇徐、杜者必生，遇来、侯者必死"。

李日知用法"平宽无文致"。天授年间任司刑丞。曾为一死囚与司刑少卿胡元礼发生争执。元礼说："吾不去曹，囚无生理。"日知说："仆不去曹，囚无死法。"以至两状齐上，"而武后用日知议"。事实上，武则天用这些法官防止重用酷吏可能造成的冤假错案，也是纳谏的一种表现。

政权稳固后，武则天一方面打击酷吏，把他们一个一个地杀掉；另一方面，健全谏官制度，多置拾遗、补阙，扩大谏官队伍。重用贤臣，鼓励进谏，从谏如流，越到后来越为突出。

她常下诏求谏。如天册万岁元年一月，"遣内外文武百官九品以上，各上封事，极言正议，无有所隐"。万岁登封元年四月，"命文武官九品以上极言时政得失"。有时还特诏大臣言天下利害及为政之要。就连陈子昂那样的"拾遗"，也得以多次上书。对于臣下的批评意见，她也能虚心接受。

如，延载元年九月，武则天出梨花一枝以示宰相。宰相皆以为瑞，杜景佺独以为不然。则天曰："卿真宰相也。"

天册万岁元年（695），获嘉县主簿刘知畿表陈四事：

其一，今六合清晏赦令不息，近则一年再赦，远则每岁无遗，望陛下而今而后，颇节于赦，使黎氓知禁，奸宄肃清。

其二，海内俱僚九品以上，每岁逢赦，必赐陛勋。臣望自今以后，稍息私恩，使有善者逾效忠勤，无才者一威翅勉励。

其三，陛下临朝践极，取士太广，若遂不加沙汰，臣恐有秽皇风。

其四，今之牧伯迁代太速。望自今刺史非三岁以上不可迁官，仍明察功过，尤甄赏罚。疏奏，武则天颇嘉之。

圣历年间（698—700）武则天欲冬季讲武，延入孟春。王方庆上疏切谏，认为妨害农时。武则天手制回答说："循览所陈，深合典礼，若违此请，乃月令虚行。伫启真言，用依来表。"

久视元年（700）四月，武则天幸三阳宫避暑。有胡僧请观葬舍利，武则天许之。狄仁杰认为不可。武则天中道而起，说："以成吾直臣之气。"七月，武则天欲造大佛像，令天下僧尼日出一钱以助其功。狄仁杰以为有损百姓，不利于国，上书极谏。武则天说："公教朕为善，何得相违！"遂罢其役。十一月，宫中饮宴，张易之引蜀商宋霸子等数人，韦安石上奏："商贾贱类，不应得预此会。"令左右逐出，在座同僚无不失惊。武则天"以其言直，劳勉之"。十二月，凤阁舍人崔融认为禁屠无益，上书进谏。武则天于是"复开屠禁"。诸如此类甚多，实在难以备述。

中国历史上一些有作为的皇帝，统治前期颇能任贤纳谏，但到晚年却往往刚愎自用，如秦始皇、汉武帝、隋文帝、唐太宗。这里可拿武则天与最享纳谏盛誉的唐太宗相比较。唐太宗于贞观初中期素以纳谏著称，但到了暮年，"虑人致谏"或"杜谏者之口"；而武则天则不然。她与太宗一样能够虚怀求谏，所不同的是晚年越能纳谏，而无拒谏之意。这是武则天在政治上的又一特点。

总观武则天治理大周，审时度势，在意识形态领域利用儒、佛、道，宣

传天命，制造舆论，统一人们思想，励精图治，躬亲庶政，独掌大权，又通过各种手段，选拔有用之才，健全中枢机构，发挥他们的积极作用。她所任用的宰相，绝大部分都有相当的才能。

因而，武周时期在政治上是很有起色的。不仅下情得以上达，而且朝廷政令也能够雷厉风行，直达边陲。虽然中央和地方曾出现过个别贪残之徒，但天下之大，这样的事情即使在贞观时期亦难避免。因此，可以说，武周时期的政治是颇为清明的。

发展农业

武则天的统治，从弘道元年（683）十二月高宗病死开始，直至神龙元年（705）正月中宗复位结束，历时二十一年。这个时期农业生产状况如何？

当武则天从高宗手中接过一切大权的时候，长安、洛阳两京刚刚遭受过一场严重灾害的袭击。永淳元年（682）四月，高宗由于关中闹饥荒，米每斗三百文，离开京师长安，赴东都洛阳，"时出幸仓猝，扈从之士有饿死于中道者。"五月，东都又遭水灾，洛水泛滥，淹没居民千余家。关中先水灾，后又发生旱、蝗灾害，接着是疾疫，百姓死亡很多，米每斗涨价至四百文，"两京间死者相枕于路，人相食"。外地的经济状况也不太景气。

光宅元年（684）秋七月，"温州大水，流四千余家"，八月"栝（括）州大水，流二千余家"。连绵不断的灾害威胁着刚刚临朝称制的武则天。武则天如不能度过自然灾害带来的严重困难，她的政权就有立即被政敌颠覆的危险。

〔劝课农桑〕武则天是重视农业生产的。早在上元元年（674）当皇后时，她就曾向高宗建言十二事，其中第一条就是"劝农桑，薄徭赋"。她亲自执政以后，在《臣轨》一书中又说："然俱王天下者，必国富而粟多，粟生于农，故先王贵之。田垦则粟多，粟多则人富。"她懂得"建国之本，必在于农"，"家足人足，则国自安焉。"垂拱二年（686）四月，武则天将所撰农书《兆人本业记》发给诸州来京的朝集使，颁行天下。以后唐朝历代皇帝都推崇武则天的这部农书，"每年二月一日，以农务方兴，令百僚具则天大圣皇后所删定《兆人本业记》进奉"，成为定制，足见其影响是很大的。

为发展农业生产，武则天以境内农田状况作为奖惩官吏的标准。临朝称制伊始，即规定州县境内，"田畴垦辟，家有余粮"，则升奖其官吏；如"为政苛滥，户口流移"，则必加惩处，"轻者年终贬考，甚者非时解替"。

〔放免部分奴婢〕 奴婢部曲制度，是长期以来形成的落后制度。隋唐之际，这种制度渐趋衰落，但唐初仍有大量奴婢存在，且多为宗室贵族所占有。唐高宗显庆二年十二月敕："放还奴婢为良及部曲客女者听之。"但是收效甚微，宗室贵族依然占有许多奴婢，如越王贞的家童奴婢能打仗的就有一千余人。武则天认为这种情况有百害而无一利，"于是制王公以下奴婢有数"，即只准许王公以下按照身份占有一定数量的奴婢、部曲，其余一概放免。对于所占奴婢、部曲、客女，也要登记年龄、姓名，造为账册，不许随意杀害奴婢、部曲、客女。奴婢死了，还要向官府报告。

此外，登基前后，允许奴婢告主。万岁通天元年九月，"士庶家僮仆，有骁勇者，官酬主直，令讨击契丹。"

从上述情况来看，武周时期奴婢的数量减少了，身份也有所提高，这对于农业生产的发展是一个有利的因素。

〔实行屯田、营田〕 为发展农业生产，武则天还在边远地区实行军事性屯田、营田。其中以娄师德、郭元振等人的成绩尤为显著。娄师德，出身庶族，岁进士及第。上元初（674），任监察御史，后因从军讨吐蕃有功，升殿中待御史，兼河源军（在今青海省西宁市）司马，并知营田事。天授初（690），累授左金吾将军，兼检校丰州（治所在今内蒙古五原）都督，仍依旧知营田事。他"率土屯田，积谷数百万，兵以饶给，无转饷和籴之费"。武则天降书慰劳说："自卿受委北陲，总司军任，往返灵（灵州，治所在今宁夏灵武）、夏（夏州，治所在今陕西靖边北），检校屯田，收率既多，京坻遽积。不烦和籴之费，无复转输之艰，两军及北镇兵数年咸得支给。"以前靠征购粮食供应军需，转运艰苦，劳民伤财，现在靠屯田积谷即可支军粮数年。因此武则天甚为高兴，不久任娄师德为宰相。她对娄师德说："王师外镇，必藉边境营田"，让他兼任河源、积石、怀远等军，以及河、兰、鄯、廓等州检校营田大使。

神功元年（697），又让娄师德充任陇右诸军大使，仍检校河西营田事。在武则天的信任和支持下，娄师德对河源军等地农牧业的发展，起了很大的

193

促进作用。

郭元振亦是进士出身，才兼文武。大足元年（701），武则天任郭元振为凉州都督、陇右诸军大使。其前，凉州（治所在今甘肃武威）封界南北不过四百余里，突厥、吐蕃经常侵扰至城下，百姓深受其害。元振始于南境硖石设置和戎城，北界碛中又设置白亭军，控制其

唐代三彩壶

交通要道，开拓州境一千里，从此突厥、吐蕃不敢深入侵扰。

郭元振又令甘州（治所在今甘肃张掖）刺史李汉通"开置屯田，尽其水陆之利"。旧凉州粟麦每斛贵至数千文，自汉通开垦屯田，连续几年获得丰收之后，粮价下跌，乃至一匹绢能买粟麦十斛，积军粮可供数十年。郭元振在凉州五年，军威大振，生产发展，牛羊被野，路不拾遗，因此史家称誉"唐兴以来，善为凉州者，郭居其最"。

〔兴修水利〕为发展农业生产，武则天还注意兴修水利。在她统治时期，地方水利建设蓬勃发展，仅据《新唐书·地理志》中记载，就有以下十九项水利工程：

文明元年（684），陵州（治所仁寿，在今四川仁寿县）籍县令陈充复置汉阴堰，引汉水溉田二百顷。

光宅元年（684），朗州刺史胡处立在武陵县（今湖南常德市）北开凿永泰渠，以通漕运。

垂拱初（685），关中虢县（今陕西宝鸡县）西北原有升原渠，引济水至咸阳。此时又引岐、陇水入京城长安。

垂拱四年（688），绵州巴西县（在今四川绵阳市东）长史樊思孝、县令夏侯爽在故渠基础上开广济陂，引渠溉田百余顷。

同年，在泗州涟水（今属江苏）开成新漕渠，南连淮水，以通海、沂、密等州。

载初元年（689），在汴州开封县（今河南开封市）开凿湛渠，引汴水注入白沟，经漕运曹、兖二州赋租。

载初中（689—690），冀州衡水（在今河北衡水之西）县令羊元圭引漳水北流，贯注护城壕，名羊令渠。

如意元年（692），在关中虢县东北十里开凿高泉渠，引水入县城。

长寿元年（692），桂州临桂县（在今广西桂林市西南）修筑相思埭，分相思水使东西流。

延载元年（694），冀州南宫县（在今河北南宫县西北）开通利渠，以利灌田。

证圣中（695），在楚州（治所山阳，在今江苏淮安市）宝应县西南八十里，开白水塘、羡塘，设置屯田。

万岁登封元年（696），杭州富阳（今浙江富阳）县令李睿，在县城北十四里的阳陂湖南修堤，"东白海，西至于苋浦，以捍水患"。

圣历初（698），郎州武陵县令崔嗣业于县北开津石陂，溉田数百顷。崔嗣业又于县东修槎陂，用以溉田。

大足元年（701）六月，在东都立德坊南，开洛漕新潭，安置诸州租船。

长安初（701年十月以后），在彭州导江县（今四川灌县）修小堰，用以灌溉农田。

长安中（701—704），青州北海县令窦琰于故营丘城（今山东昌乐县东南）东北修渠，引白浪水曲折三十里以溉田，号窦公渠。

还有一项水利工程，开凿年代不详。史载，武则天为皇后时，长安刘易从在彭州九陇县、唐昌县（今四川彭县及其西南一带）决唐昌县沲江，"凿川派流，合堋口、壤岐水溉九陇、唐昌田，民为立祠。"

水利建设是农业发展的命脉。武则天时期地方水利事业如此兴旺，必然促进农业生产的发展。

〔继续推行均田制〕 为发展农业生产，武则天继续推行均田制。无须认为，在唐代任何情况下都应以均田制的是否推行作为判定生产发展与否的标准。均田制作为一种土地制度，同其他任何社会经济制度一样，有它产生、

发展和消亡的过程。历史证明，均田制从北魏产生时起，历经北齐、北周、隋代，至唐前期，它是适应生产力发展的一种较好的土地制度。它曾给贞观、永徽时期带来社会经济的恢复和发展。因此唐太宗大力推行它，高宗竭力维护它，曾下令禁止买卖口分田和永业田。现以敦煌资料为例，说明武则天统治时期，确实十分有力地推行过均田制。

按唐制："凡男女始生为黄，四岁为小，十六为中，二十有一为丁，六十为老"，"丁男中男以一顷（中男年十八以上者，亦依丁男给），老男笃废疾以四十亩，寡妻妾以三十亩，若为户者，则减丁之半。凡田分为二等，一曰永业、一曰口分。丁之田二为永业，八为口分"，这是均田制的主要内容。

关于赋役，唐前期主要是租庸调及杂徭，规定凡受田的丁男每年向国家交纳粟二石，称作租；交纳绢二丈、绵三两或布二丈五尺、麻三斤，称作调；每丁每年服徭役二十天，如不服役，每天输绢三尺或布三尺七寸五分。

邯寿寿一户共一丁一寡，应受田一顷三十亩，另有一亩园宅地，因此所记"合应受田壹顷叁拾壹亩"，正与唐制符合。至于已受田仅四十四亩，尚有八十七亩未受，实受数不足应受数之半，这在唐朝亦是普遍存在的。许多地区所耕之田，一户不过十亩、五亩。

唐太宗曾亲自察看狭乡灵口（今陕西临潼东）均田制实施情况，每丁受田才三十亩，不足法定的三分之一。唐代沙州敦煌县属人稠地少的狭乡，在武则天时每丁受田只达到法定的三分之一，这是很正常的。当然，百姓不论受田多少，每丁必须按规定向唐王朝承担租庸调。敦煌属产布之县，邯寿寿一户有一丁，交纳布二丈五尺、麻三斤、租二石，完全符合唐制。

张玄均一户共二丁一寡，应受田二顷三十亩，另有一亩园宅地，因此所记"合应受田贰顷叁拾壹亩"，亦正符合唐朝田令。其中曲亩永业田已受足，口分田欠一顷五十五亩，未受一亩园宅地，因此"一顷五十六亩未受"，也完全属实。由于户主与其弟皆为上柱国子，所以虽为应课户但暂时可以不输纳，这也是唐朝所明文规定的。

从以上两户受田者的记载可知：武则天在西部边陲沙州敦煌县确曾推行过均田制，而且严格按照唐代田令办事，在户籍中有详细记载。那么不言而喻，武则天在内地推行过均田制。有人认为武则天破坏了均田制，缺乏应有

敦煌壁弥勒经变之耕稼图

的事实根据。

正因为武则天重视农业生产，又采取了奖励垦辟，广开屯田，兴修水利，推行均田制等措施，所以在她统治的二十一年中，从总的方面来说，农业生产是比较发展的。

其一，户口显著增加。永徽三年（652）唐有户三百八十五万，至神龙元年（705）武则天死时，有户六百一十五万六千，有人口三千七百一十四万，五十多年间，人口几乎增加了一倍。

武则天统治时幅员辽阔，人口业已较前增加。武则天还采取人口增殖的措施，令"天下百姓，皆须嫁娶以时，勿使外有旷夫，内有寡女"。如果政府没有足够的粮食储备，武则天会这样做吗？

其二，粮食储备丰富。首先，国家仓库里储满了粮食。陈子昂说："太原蓄钜万之仓，洛口积天下之粟，国家之宝，斯为大矣。"杨齐哲："神都帑藏，积年充实，淮海漕运，日夕流衍。"张说亦曾说，神都帑藏储粟，积年充实。

陈子昂还说，仅江、淮南诸州租船就有数千艘，载粮百余万斛。他们都是当时人谈当代事，应属可信。1971年，考古工作者在洛阳发掘隋唐含嘉仓

197

时，仅一窖中发现的一大堆炭化谷子，估计存放时就有二十五万公斤左右。根据从窖中发现的许多刻有"天授""长寿""万岁通天""圣历"等年号的砖铭推断，这堆谷子绝大部分是武则天时期储藏的。这就足以证明，当时国家的仓库里确实装满了粮食。

唐代开元通宝

其次，地方州县储粮亦很多。唐代常平仓多用和籴粟储存，以备急需。而武则天登基后不久，便于证圣元年（695）三月二十一日敕令"州县军司府官等，不得辄取和籴物，亦不得遣人替名代取"，使州县和籴粟受到国家保护。当时正是和籴制度更加全面推广的时期，并且起了一定的积极作用。

唐代义仓粟始于贞观二年太宗采纳戴胄的建议，每亩纳粟二升，交于州县以备凶年。其后至"高宗、武太后数十年间义仓不许杂用"，严格遵守储粮备荒的原则。酷吏来俊臣滥用御史中丞的职权，欲用蓝田县义仓米数千石偿还私债，因受到县令薛讷的抵制未能得逞。这说明当时义仓粟是不许私人侵吞或挪为他用的，也说明当时州县确实储藏有大量的义仓粟。

由此可见，武则天统治时期，不仅神都、太原等地官仓储粮丰富，而且存放在州县的和籴粟、义仓粟亦仓廪皆满。在人口不断增加的情况下，尚有这么多的粮食储备，这只能说明农业生产较为发达。

商业和交通业

农业的发展促进了手工业的发展。唐代掌管手工业的中央机构主要是少府监、将作监等。武则天光宅元年（684）改少府监为尚方监，分中尚、左尚、织染、掌治等五署；改将作监为营缮监，掌营构宫室房屋，制作砖瓦等。当时采矿业很发达。除国家开采外，亦允许私人经营。规定"凡天下诸州出铜铁之所，听人私采，官收其税"。当时称颂武周德政，立天枢，铸九鼎，耗费大量铜铁。

武周时期虽一度限制民间织绵，但纺织业特别是丝织业仍有一定程度的发展，主要由官府经营。据《唐六典》卷七《尚书工部》记载，唐代少府监工匠一千九百八十五人。

武则天垂拱元年（685）的尚方监，有"短蕃匠五千二十九人，绫锦巧儿三百六十五人，内作使绫匠八十三人，掖庭绫匠百五十人，内作巧儿四十二人，配京都诸司使杂匠百二十五人"，共五千七百九十四人，显然不是尚方监的全部，但其中纯属纺织工匠者，占工匠的十分之一多，可见武周政权对纺织业的重视。尚太监所辖织染署，是专管纺织和染练的，主要供织染皇家冠冕、贵族衣物，匠作内部分工细密，工序繁多，制造出来的丝织品质地精良，花色艳丽，久享盛誉。

1987年5月从陕西扶风法门寺地宫中发现的一批珍贵文物中，除举世瞩目的四枚佛指舍利以外，尚有唐代的金、银、玉、瓷、铁、石、漆、丝、玻璃等手工业制品四百多件，其中还有一件武则天的裙子。这充分说明丝织等手工业的发达。当时纺织业的发达，其特点之一是地区相当普遍。不仅内地，而且西部边陲亦很发达。20世纪以来在吐鲁番的阿斯塔那、哈拉和早卓两墓地，以及敦煌莫高窟，都曾发现了大批唐代丝织品。

属武则天亲政前的，有阿斯塔那出土的永徽四年（653）的随葬物——联珠对马纹绵、联珠对孔雀纹绵、联珠戴胜鸾鸟纹绵、龟甲"王"字纹绵等，永淳二年（683）的随葬物——用果绿、墨绿、黄、棕、白五色丝线织成的宝相花、白色联珠带、黄色晕涧、四件锦条等，反映出武则天统治时期丝织品花色的繁多和技术的高超。其特点之二是发展程度高。不仅官营作坊分工细密，工匠众多，而且出现了较大规模的私人作坊，如定州的何明远，"家财巨万，家有绫机五百张。"已明显有雇工劳动的现象。

武周时期的建筑业亦很发达，土木结构的建筑已达到成熟的阶段。当时，长安、洛阳、太原、扬州、益州、荆州等都市都程度不同的得到了维修或扩建。长安自高宗、武则天修筑含元殿和外郭城后基本定型。至武周时虽

失去了政治、经济、军事中心的地位，但仍在发展之中，宫室宏伟，坊街整齐，市场繁荣，人口滋增。洛阳是当时全国的政治、经济、文化、军事中心，其繁荣状况，可与长安相媲美。太原发展最快，由二城相峙，变为三城一体，成为名副其实的北方重镇。

此外，高宗晚年开始营建的乾陵，主要是在武周时期完成的。它除了封闭的、至今尚未发掘的地宫之外，地面上还有一个仿效长安城的规模宏伟、气势磅礴的建筑群。人们称誉它"布局宏大、建筑美观，是唐陵之冠"：处城周长四十公里，内城（皇城）总面积为二百二十九点三平方公里。辉煌的宫殿建筑群矗立在整个梁山之阳，从今日残存的遗迹上仍然可以看出当年的博大气魄。在乾陵及其附近发现的唐代砖瓦窑，窑内残留的灰褐色砖，与乾陵发现的残砖一致，证明这些窑是专为建筑乾陵而修的。据考古工作者推断，从烧结的残物和窑壁的色调，可知炉温高达摄氏九百度到一千二百度。有两个窑址均呈瓮状，但上部收小，窑壁似坛子的内腔，证明当时人们已懂得火力反射的原理。

古城西安的大雁塔，始建于永徽三年（652），在大慈恩寺内，是高僧玄奘，为安置由印度带回的佛经、佛像而亲自设计创建的。塔高最初只有五层，砖表土心，到了武则天长安年间（701—704）塔身倒塌，又精工重修，高十层、三十丈，全部用砖砌成。后留七层，迄今已近一千三百年之久。它雄伟壮丽，高耸入云，是我国楼阁式砖塔的典型，古城西安的象征。

武周时期的商业亦较前繁荣。其原因一是农业、手工业的发展，为商业的发展奠定了基础。二是唐太宗以来推行的各民族融合、经济开放政策，以及驿传制度的完备、交通便利、国力强盛，促进了商业的发展。三是武则天本人的出身及采取的措施，对商业的发展都产生了积极的影响。武则天出生在一个由木材商人上升为新权贵的官僚家庭，在她执政时，形成一种对商人较为宽松的环境。

洛阳街头一个卖假药的骗子，竟能当上武氏的男宠；礼泉县上一个卖烧饼的无赖，也能被擢为殿中待御史；几个蜀州商人能随便出入宫中，参加宴会，与武氏男宠张易之同座博戏，这些虽不能说明武则天重视商业，但至少可以证明武氏并不像当时许多人那样鄙视商人。

武周时期商业繁荣的主要表现是"市"的增加和城市贸易的发达。唐初京城长安有东西二市，是商业集中场所，东市"市内货财二百二十行，四面立邸，四方珍奇，皆所积集"；西市"市内店肆如东市之制"。东都洛阳有南、北二市，南市有"一百二十行，三千余肆"。

就是说，仅南市就有一百二十种行业，三千余家店肆。至周武时期，由于人口增多，生产发展，旧市已不能满足商业交易的需要，便增加新市场或扩大规模。

天授三年（692），在神都洛阳增置西市一。唐代洛阳城建于隋大业元年（605），当时无外城郭。长寿二年（693），武则天令宰相李昭德增筑罗郭城（即外郭城），"城内纵横各十街，凡坊一百十三，市三"，使洛阳更加宏伟、壮丽，成为武周时期名副其实的政治、经济、文化中心。

此外，天授元年（690），武则天下令设置北都（太原城）。其中，汾东曰东城，是贞观十一年时李勣所筑，两城（都城、东城）之间的中城，是武周时所筑，用以连接东城。长安年间（701—704），苏瑰任扬州大都督府长史，当时"扬州地当冲要，多富商大贾，珠翠珍怪之产"。

武周时，王綝（字方庆）曾任广州都督。当时广州的海外贸易很发达，"南海岁有昆仑舶市外区琛赆，前都督路元睿又取其货，舶酋不胜忍，杀之。方庆至，秋毫无所索"。

"市"的增多和城市贸易的繁盛，又促进了交通事业的发达。武周时驿站制度很完备，以神都洛阳与西京长安为中心通向全国各地。

流民图之一

长安三年（703），凤阁舍人崔融在给武则天上疏中，描述说："天下诸津，舟航所聚，旁通巴、汉，前指闽、越，七泽十薮，三江五湖，控引河洛，兼包淮海。弘舸巨舰，千轴万艘，交贸往还，昧旦永日。"

武周疆域辽阔，东至大海，南达林邑，西尽波斯，北迄大漠，重要敕书日行五百里，武则天自制的新字在敦煌、吐鲁番等地都得到认真推行。这不仅说明武周政权的强盛，亦可证明当时交通确实发达，武则天的军政诏令才能如此畅通无阻。

"逃户"问题

武周后期出现户口的大量逃亡现象，人们所持的主要根据是以下几条史料：

其一，陈子昂上疏。垂拱元年（685），他说"自剑以南，至河、陇、秦、凉之间，山东则青、徐、曹、汴，河北则沧、云、恒、赵流离分散，十之四五，可谓不安矣"。三年，他说"今山东饥，关陇弊，历岁枯旱，人有流亡"。圣历元年（698），他又说四川诸州"逃走户三万余"。

其二，韦嗣立上疏。圣历二年（699），他说"今天下户口，亡逃过半，租调既减，国用不足"。

其三，狄仁杰上疏。神功元年（697），他说"方今关东饥馑，蜀汉逃亡，江淮以南，征求不息"。

从上述几条论据中可以看出：所谓武则天时期严重逃亡问题，都是几位官员在给武则天上疏，批评时政时反映出来的社会现象，并无确凿的事实根据。但他们这些言论既然是在针贬某种时弊时说的，就免不了有所夸大，因此不可全信。

例如垂拱元年（685），陈子昂说剑南、河陇、山东等地百姓流离分散"十之四五，可为不安矣"，可是垂拱二年（686）他在上书中又说"今天下百姓思安久矣"，称颂武则天的"至圣之德，抚宁兆人，边境获安，中国无事，阴阳大顺，年谷累登，天下父子，始得相养矣。故扬州构祸（指684年徐敬业据扬州叛乱），殆有五旬，而海内晏然，纤尘不动"。

他们在上疏中所说的蜀中等地百姓逃亡的现象，在当时确曾存在。不过对其发生的时间、地区、严重程度及其原因等，都应该根据事实，加以具体分析。

神功元年（697），狄仁杰所说"方今关东饥馑，蜀汉逃亡，江淮以南，征求不息"，是比较符合实际的。

当时，武周军队在王孝杰率领下，正同契丹孙万荣展开激战，结果官兵大败，王孝杰战死。契丹乘胜进扰幽州，攻陷城邑。突厥默啜可汗亦趁机侵扰，武则天答应其要求，把丰、胜、灵、夏、朔、代六州原突厥降户数千帐给默啜，并给谷种四万斛，彩万段，农器三千件，铁四万斤。这虽有益于突厥民族的发展，但却加重了关东（泛指潼关以东）百姓的负担。

圣历元年（698），武则天命皇太子李显为河北道元帅以讨突厥，百姓应募者云集，很快达到五万之众。

武则天以狄仁杰为副元帅，知元帅事，率兵十万抵抗突厥、迫使默啜北还。

武则天又以狄仁杰为河北道安抚大使。针对百姓原为突厥所驱逼者，突厥退走后，害怕朝廷诛杀，往往逃亡的情况，狄仁杰上疏请求赦免河北诸州，一无所问。经武则天批准后，狄仁杰于是抚慰百姓，劝说原被突厥驱掠者，全部回归乡里，"散粮运以赈贫乏，修邮驿以济旋师"；又恐诸将妄求供应，他带头吃粗饭，并下令其部众"无得侵扰百姓，犯者必斩"，"河北遂安"。

由此可见，关东（河北即在其中）饥馑，百姓逃亡的主要原因，是由于战争的骚扰和负担的加重，经过狄仁杰的抚慰，便制止了逃亡，恢复了安定局面。

"蜀汉逃亡"另有原因。陈子昂是四川人，他对蜀中之富庶是极为称赞的，认为"蜀为西南一都会，国家之宝库，天下珍货，聚出其中，又人富粟多，顺江而下，可以兼济中国"，但为何圣历元年（698）四川诸州会出现百姓逃亡的现象？"蜀川诸州百姓所以逃亡者，实缘官人贪暴，不奉国法，典吏游客，因此侵渔。剥夺既深，人不堪命，百姓失业，因而逃亡，凶险之徒，聚为盗贼"。

就是说，蜀州某些百姓逃亡，并不是由于武则天的肆意盘剥造成的，恰恰相反，正是由于当地官吏违犯武周国法，贪暴侵渔，致使百姓失业而引起

的。

另外，为联合川滇各族抗御吐蕃，蜀州每年差兵五百人往姚州（今云南姚安）镇守，"路越山险，死者甚众"，还在泸南置镇七所，遣蜀兵防守，"自此蜀中骚扰，于今不息"，也是一个重要原因。

陈子昂垂拱三年（687）所说"关陇弊，历岁枯旱，人有流亡"确实存在。史载，垂拱元年，"是夏大旱"；二年"是冬无雪"；三年又旱，"是岁，大饥"。连年枯旱，是造成关陇困弊的一个重要原因。不过，关陇困弊不始于武则天。早在隋文帝时期，由于京畿所在，人口众多，关陇不足以供应，遇天灾顿显困弊。开皇十四年，关中大旱，人饥，文帝"率户口就食于洛阳"。

这种天子逐粮的现象，至唐代则更是屡见不鲜。所以武则天临朝称制后，干脆将都城迁至洛阳，这实在是适应社会经济发展状况的决策。但其后由于关中人口集中、土地狭小，每遇水旱灾害，仍然会发生饥荒。对此，武则天采取了一系列有力措施。

例如，为使关中度过垂拱年间的灾荒，武则天除了像一般皇帝通常表现的那样，以旱虑囚、减膳之外，还派遣著名直臣王及善、狄仁杰等人巡抚赈给。特别是采取大移民的办法，于载初二年（690）七月，"徙关内雍、同等七州户数十万以实洛阳"。

天授二年（691）七月，武则天又令"雍州、并州、析州、同州、太州，并通入畿"，"其雍州旧管及同、太等州，土狭人稠，营种辛苦，有情愿向神都编贯者，宜听，仍给复三年。百姓无田业者，任其所欲"，并派遣清正干

西夏王妃供养图

练的官吏护送移民，给予乘船的方便，到洛阳后由政府安置，编入户籍。同时，对流亡中的卫士杂色人等，武则天下令，限他们百日内自首，任于神都洛阳及畿内怀郑汴许汝等州落户，并免除一年内赋役。"其官人百姓，有情愿于洛怀等七州附贯者，亦听"，但要办理交割手续，防止"隐漏户口，虚蠲赋役"。

这是有史以来第一次由封建王朝组织的、从关西向关东的大规模移民。这样的人口流动和整顿户籍，对于减轻关中的压力，促进东南方的经济发展，是有一定积极意义的。此后户口明显增长，至神龙元年（705）有户达六百多万，就是突出的例证。

由此可见，对武则天时期户口逃亡的程度不能估计过高，对陈子昂等人的上疏要进行具体分析。而出现人口流亡的原因，也不能简单地归结为武则天时期的赋役繁重，导致均田制的破坏。

敦煌、吐鲁番社会经济资料显示，武周时期继续推行均田制。当然，不可否认，武则天统治后期，由于大造佛寺、佛像，铸造"天枢""九鼎"，建造"明堂"，"通天宫"，统治阶级又极其挥霍，加重了广大百姓的赋役负担。甚至为铸铜铁造天枢，诸胡聚钱百万亿，买铜铁不能足。赋民间农器以足之，这势必影响农业，延缓社会经济发展的速度。

现以武周社会经济的发展，同贞观、开元两个时期相比较。贞观元年至三年，连续大旱、大霜、大风。京畿又曾闹蝗灾。到贞观四年，神州大地便出现了史家众口一词的贞观之治："天下大稔，流散者咸归乡里，米斗不过三四钱"。

武周时期除局部地区如郭元振治凉州以外，没有这种辉煌的记录；开元盛世是唐代最繁盛的时期，开元十三年"东都斗米十五钱，青、齐五钱，粟三钱"，此后直到天宝年间，物价长期稳定，"两京米斗不至二十文，面三十二文，绢一匹百一十文"，武周时期似乎也没有这种令人惊羡的光彩。

就是说，论经济的发展速度，武周不及贞观；论社会的繁盛程度，武周不如开元。但是武则天在她执掌政权的二十一年里，经营屯田，兴修水利，推行均田制，使农业生产得到发展；同时，也促进了手工业、商业、城市贸易的兴旺和交通的发达。从而维护了国家的辽阔版图和强盛局面。

正因为如此，尽管在她死后，唐中央多次发生政变，社会经济又遭折

腾，但经过唐玄宗短期的改革，上距武则天退位不过十余年，便出现了举世瞩目的开元盛世。这又从另一个侧面证明武则天统治时期的社会经济是发展的，物质基础是雄厚的。

民族关系

武周政权是在唐王朝的基础上建立起来的。在武周的外围和周边地区，存在着新罗、日本、印度、波斯、吐蕃、突厥、回纥、契丹等许多国家和少数民族政权。这些国家和民族，曾经与唐王朝发生过密切的联系，必然也要与武周政权发生各种关系。因此，如何处理国际关系和民族关系，是武则天登基后遇到的又一个重要问题。

武则天对国际关系和民族关系是极为重视的。有关国际关系和民族关系的事，大都亲自予以处理。不仅如此，而且以抚慰和怀柔的准则，对承认武周地位，向往中原文化的国家和少数民族政权，皆予以支持、保护和优待。

史载，武则天规定："东至高丽国（朝鲜），南至真腊国（柬埔寨），西至波斯（伊朗）、吐蕃及坚昆都督府（今中亚叶尼塞河上游一带），北至契丹、突厥、靺鞨，并为入番，以外为绝域。"

所谓"入番"，就是离武周神都较近的，应该来入贡的"蕃国"；所谓"绝域"，就是不受武周管辖的、遥远的国度。可以统称之为异邦别国。对异邦别国，武则天采取睦邻友好政策。其中对于"绝域"国家，武则天以平等态度对待。如果这些国家派使者来，武则天皆令予以厚待。

对于"蕃国"，武则天也没有什么特别要求，只要他们各守其土，按期朝贡，武则天便心满意足。如果这些国家的国王死了，武则天都予以册封。如，垂拱（685—688）中，武则天以高丽已故国王高藏之孙宝元为朝鲜郡王。圣历初（698），晋左鹰扬卫大将军，更封忠诚国王，使统安东旧部，次年，以藏子德武为安东都督。

长寿二年（693）二月，新罗王金政明卒，武则天遣使立其子理洪为王，令袭为辅国大将军、左豹韬卫大将军、鸡林州都督。后来，理洪卒，复册其弟崇基为王，袭兄爵如故。万岁通天元年（696），封康国大首领笃婆钵提为王。钵提卒，又册立其子泥涅师师。对于这些国家的使节，武则天皆令予以热情招待，有的甚至亲自接见。如新罗王法敏死，子政明袭王，遣使者来朝，请要唐礼及其他文辞，"武后赐《吉凶礼》并文词五十篇。"

天授三年（692）。东天竺王摩罗枝摩、西天竺王尸罗逸多、南天竺王遮逻婆、北天竺王娄其那那、中未竺王地婆西那并遣使朝贡。武则天喜，慰而遣之。长安三年（703），日本遣大臣粟田朝臣真人来华贡献方物。《旧唐书》卷一百九十九《东夷·日本国传》载："朝臣真人者，犹中国户部尚书，冠进德冠，其顶为花，分而四散，身服紫袍，以帛为腰带。亲人好读经史，解属文，容止温雅。则天宴之于麟德殿，授司膳卿，放还本国。"

可见，武则天对蕃国使者颇为礼重。使者返回时，除赏赐大量珍品作为回礼以外，还按路程远近，拨绮粮料。南天竺、北天竺、波斯、大食等国使者，给六个月粮；尸利佛誓、真腊、河陵等国使者，给三个月粮；林邑国使，给三个月粮。总之，武则天对于"绝域"和"蕃国"的态度始终是比较友好的。

各国供养人图

对于边疆少数民族政权，武则天的要求比对"蕃国"要严。所谓严，并不是要求他们在经济上能对中央有多大帮助，而是要求他们在政治上绝对服从中央，各安其土，固守边疆。为了达到这一目的，武则天对这些少数民族政权实行了明显的抚慰政策。

一是广泛吸收少数民族成员参与武周政治。《朝野佥载》卷四载："周则天朝，蕃人上封事，多加官赏。"这便是武则天吸引蕃人参政的明

证之一。由于吸引蕃人做官，因而当时少数民族成员任文职，尤其是任武职者很多。如铁勒人契苾明为左鹰扬卫大将军兼贺兰都督，百济人沙吒忠义为右武卫将军，靺鞨人李多祚为右羽林大将军。

二是允许少数民族酋长改过、和亲。突厥默啜反叛，侵扰灵州（治所回乐，在今宁夏灵武县西南），杀掠居人。武则天遣薛怀义为代北道行军大总管，率十八将军前去讨伐，不遇而还。默啜遣使入朝，"则天大悦，册授左卫大将军，封归国公，赐物五千段"。翌年，加授"迁善可汗"。后默啜请以女和亲，凤阁舍人张柬之以为不可，上书称："自古未有中国亲王娶夷狄女者。"武则天不以为然。"命淮阳王武延秀入突厥，纳默啜女为妃。"

三是帮助少数民族政权发展经济。最明显的例子就是神功元年（697）给突厥谷种四万斛，杂彩六万段，农器三千件、铁器万斤。这些种子、农具，等等，对边疆少数民族地区的开发，无疑会产生积极的影响。

四是妥善安置降户。如意元年二月，吐蕃党项部万参人内附，五月灶蕃八千内附；延载元年六月，永昌蛮二十户内附；神功元年，昆明内附；圣历二年七月，吐谷浑一千四百，帐内附。对这些内附者，皆指定区域，予以存抚。正因为武则天与唐太宗一样，在很大程度上排除了民族偏见，对少数民族采取了怀柔、抚慰政策，因而，她也与唐太宗一样，赢得了不少"蕃夷酋长"的支持和爱戴。天授元年九月，来到洛阳的"蕃夷酋长"与文武百官一起，上书赞成登基，请求武则天登基称帝，改唐为周。延载元年，"四夷酋长"又捐资请修"天枢"，以颂则天之德。

国防外交

〔武则天统治前的国家形势〕论隋唐的国家形势，一般而言，东边和东南边面对海洋，当时绝无足以影响国家安全的外患。南边岭南和西南边也可说相对的无事，有的话只是边疆的一些骚动，规模与危害都不大。大事多发生在当时所谓的三边——正北边、西北边和东北边。正北边、西北边指的是以突厥为首，包括后起的契丹等的北狄系统问题；东北边指的是朝鲜半岛的东夷问题；到了武则天辅政时，吐蕃问题继起，西边事连西北边，乃属西戎问题。

大唐开国以来，最大的国家安全威胁来自东突厥。

突厥世居金山（今阿尔泰山），在北朝中末期崛兴，当时为北亚强权；但稍后约以金山为界，分裂为东、西两个汗国，迭相侵略。史谓东突厥东自契丹，西尽吐谷浑、高昌诸国，控弦百万，戎狄之盛，近代未有；西突厥则东至东突厥，西至雷翥海（今咸海），控弦数十万，霸有西域，西戎之盛也未曾有。

由于东突厥位居中国正北，故唐人也习惯称之为北突厥，或索性简称为突厥。虽然东突厥一度为隋所屈服，向隋称臣，然而不久值隋末丧乱，故又重新复兴，与西突厥仍皆不失为亚洲强权。他们都以武力服属周边诸国和部落，故也都有"世界帝国"的格局。隋末群雄并起之时，北方诸雄如梁师都等人虽自为帝王，然而俱向东突厥称臣，引为外援，连大唐太原起义时李渊也不能免，以免西攻关中后根据地受其威胁。

把大唐带进世界舞台，使之成为新盟主的主要是东突厥。

原来李渊称帝之后，国家战略以平定群雄、统一中国为第一目标，故始终对东突厥执礼甚恭，优礼有加。武德二年（619），吐谷浑、高丽、契丹、靺鞨等国对唐称臣，高祖皇帝盱衡外交形势，承认地隔华夷，中外刑政相殊，又鉴于隋炀帝因穷兵黩武而亡国，乃于二月制定政策，下诏"要荒蕃服，宜与和亲"，分命使节往申好睦。并布告天下明知此意。

基于国家战略和外交政策的考虑，高祖皇帝忍受了东突厥此后的屡次侵略，且对其在定襄城扶立隋炀帝之孙杨政道为隋主，统有流亡于突厥的中国人，政治上大大威胁号称接受隋朝"禅让"的大唐，也不表示任何态度。不过，他为了减轻来自东突厥的压力以及准备反击，一方面利用东突厥君臣的内部矛盾，对其实行离间分化；另一方面积极拉拢西突厥，欲与他建立和亲及军事同盟的关系，以牵制东突厥的力量，并且在外交上争取东突厥外围诸国家部落，以孤立东突厥。这是大唐最早的大战略。

及至武德九年（626）六月四日，大唐第一次玄武门兵变爆发，秦王李世民杀其兄弟，软禁父皇，并在八月九日即位为皇帝——即为唐太宗，上述的国际情势遂出现了新变化。变化的原因与东突厥大举入侵唐朝有关。唐太宗登基的同月十九日，东突厥大可汗颉利突然亲统十余万骑侵入唐朝，二十八日竟进至渭水便桥，三十日逼唐太宗作京城下的白马之盟。颉利可汗能轻易

突破唐军防线，直抵京师逼盟，使唐太宗引以为奇耻大辱，也意识到东突厥危害国家安全的严重性。

翌月，为了国防安全的考虑，唐太宗颁下《修缘边障塞诏》，说明"凶狡不息，驱侵未已；御以长策，利在修边。今约以和通，虽云疲寇；然蕃情难测，更事修葺"，因此诏令北道诸州城寨镇戍，必须动员所在军民，共同修补，务使成功。修筑缘边障塞以为防御之余，其实从此以后，他一面加紧离间分化的外交运作，一面亲自练兵，加强整军经武，伺机大举报复，以雪耻辱。

也就是说，颉利可汗此次的胜利，适足以成为大唐战略构想改变的契机，促使唐太宗由守势国防转变为攻势国防。

正北边的国防局势改变得很快，颉利可汗因内政失修，兵革岁动，遂为国人所患，诸部离心。

贞观元年（627），服属于东突厥的薛延陀、回纥等漠北铁勒十余部相率叛变，击走监领他们的突厥长官，颉利派东部小可汗突利往讨。

突利可汗一直是唐朝的离间分化对象，统领东方，管奚、霫等数十国部，因征税无度而被诸国部所怨，故诸国部于贞观初年并来归附于唐，使颉利为其失众而大怒，此次派他出征算是要他将功赎罪。不过他也兵败，轻骑奔还，故被颉利怒罚。突利挟怨欲叛，翌年遣使将所图密告于唐。虽然颉利可汗内忧外患，但是唐太宗仍认为时机未到，仅令并州兵马随便应接突利而已。

关键时刻终于来临，贞观三年（629），薛延陀发展成熟，欲自称可汗而不敢，唐太宗乘机遣使间道正式册拜薛延陀为真珠可汗，于是东突厥腹背受敌的战略形势乃呈现。加上连年大雪，六畜多死，东突厥国中大饥，而颉利却因用度不给，内政失修，更重敛于诸部，由是下不堪命，内外多叛；当此之时，颉利向突利征兵不果而进攻他，突利乃率众奔唐。颉利自知情势不利，故向唐朝称臣，并要求和亲。

代州（治今山西代县）都督张公瑾坐镇前线，了解情势，上书建议乘时攻击。唐太宗乃下决心，以颉利称臣之后复援梁师都为借口，在十一月二十三日令兵部尚书、检校中书令李靖为定襄道行军大总管，节度并州都督李世勣、代州都督张公瑾、任城王李道宗、营州都督薛万彻、幽州都督卫孝节和华州刺史柴绍六道行军总管，统兵十余万，分道往击东突厥。

贞观四年（630）正月五日，李靖舍却大军，决定奇袭，亲率骁骑三千夜袭颉利牙帐所在的定襄，俘获隋朝流亡政权杨政道等人，颉利撤至铁山（今地不详），尚有数万兵力。李靖再度率精骑一万前往奇袭，另要李世勣实行翼侧行动，封锁漠南碛口，阻止颉利逃往漠北，于是大获全胜。颉利仅率十余骑沿着阴山往贺兰山方向逃，为李道宗兵团所逼，于三月十五日被俘，押送京师，东突厥乃亡。

李靖不用大兵团正面决战，而一再运用奇袭，创下了世界两强会战时，其中一强忽然被歼灭的辉煌战果，而此被歼灭者正曾是世界第一号强权的东突厥。李靖和李世勣的合作，创下了战史上以少歼众的经典战例，难怪史臣赞颂他们说："近代称为名将者，英（世勣）、卫（李靖）二公，诚烟阁之最！"

东突厥被灭的事实震惊亚洲，此年三月，西北边和北边的诸国君长诣阙上书，推戴唐太宗为"天可汗"。唐太宗下制曰："我为大唐天子，又下行可汗事乎？！"群臣与诸蕃咸称万岁。是后以玺书赐西、北君长，皆称皇帝天可汗，新君长的嗣位，必待诏书才能册立，大唐统临四夷自此开始。换句话说，大唐天子从此成为亚洲的盟主，拥有全新的世界角色，负有维持国际秩序的权力与责任。

因此，唐太宗调整他的外交政策和建立新的大战略——在维持与各国和亲的前提之下，积极介入

突厥石人像

调解各国内部的矛盾，和国与国之间的冲突纠纷；同时为了确保大唐的国际地位与国家利益，因此防止区域或世界霸权的兴起，维持国际势力的均衡。这种新政策与大战略，从他处理东突厥复国，讨伐薛延陀以及高丽的方略与行动，可以得到证明。

唐太宗虽然为了报仇雪耻，有对东突厥开战的决心；但是在李靖的指挥下，东突厥不堪一击而迅速灭亡，却似乎出他意料之外。为此，他紧急与大臣商议如何处理战后东突厥以及丧失统合架构下的北亚诸国部问题，显得大费脑筋，辩论激烈。大抵上，凉州都督李大亮反对招抚战后各国部，以为中国百姓是天下根本，四夷仅是枝叶，故劳费中国实非国家之利，请停招抚而羁縻受之，行虚惠而收实福。朝臣则多主张将突厥种落分迁于兖、徐内地（约今安徽、江苏一带），各属当地政府管辖，使他们改事耕织，将他们化成百姓，则中国有加户之利，塞北可常空虚，不致危害国家安全。

但是，持论最针锋相对的是中书令温彦博与获授权参与朝政的秘书监魏征。温中令以为兖、徐内地的风土气候对草原牧族不适合，建议效法东汉安置南匈奴于河套、晋北一带的策略，以收增强中国捍卫力量，而又能维持牧族土俗以安抚之的两全实利。魏征则认为这次是北狄史无前例的破败，如果不想诛灭他们，则应遣还本土；否则这些有强寇弱服风俗的非我族类，日后人口增长，将会使"五胡乱华"的历史重演。

唐太宗最后决定：在朔方之地，从幽州至灵州，分置顺、化等四州都督府；分颉利之地为六州，置定襄和云中两都督府以统其众。虽然都督、刺史仍以酋长充任，但是大多数酋长和首领都入京为将军等官，人数达百余人之多，几与朝士相半。突利可汗来附前原建牙直幽州之北，当唐太宗封拜他为右卫大将军叫顺州都督、北平郡王，令他率部落还蕃时，乃举当年隋朝扶植东突厥启民可汗，及至启民强大，乘隋乱而为患之例，严厉地警告说："我今所以不立尔为可汗者，正为启人（即启民，避太宗讳）前事故也。改变前法，欲中国久安，尔宗族永固，是以授尔都督，当须依我国法，齐整所部；如违，当获重罪！"这些可汗酋长既受大唐官爵，统领所部又"须依我国法"，是则唐太宗此时对他们实行的是实质的直接统治，可以无疑。

及至贞观十三年（639），薛延陀已发展成漠北新强权，渐对大唐北边构成压力，这年适逢发生几十个扈从的突厥卫士叛乱，唐太宗始患之，上书者也多言处突厥于中国不利，遂决定让其部落北还复国，以大漠为界，与薛延陀分而治之。新册可汗李思摩——即被赐国姓的原右武侯大将军、化州都督、怀化郡王阿史那思摩，因害怕薛延陀强大，不肯北还。

唐太宗为此遣使赍玺书告诉薛延陀可汗说："即欲遣突厥渡河，复其国土。我册尔延陀日月在前，今突厥理是居后。后者为小，前者为大。尔在碛北，突厥居碛南，各守土境；若其助越，故相抄掠，即将兵各问其罪！"显示唐太宗决心以武力为后盾，以协助东突厥复国，并且揭露其维持国际势力均衡的政策。

李思摩率领当年颉利部众几十万，胜兵四万，返还旧土重建汗国后，薛延陀不时侵击之，唐太宗虽加救止而效果不彰。尤其当贞观十五年（641）唐太宗将东封泰山时，薛延陀以为机会难得，乃于十一月遣其子大度设，率领铁勒诸部二十万大军渡漠入白道川（今内蒙呼和浩特北），大举进攻东突厥。

为了贯彻维护国际均势的政策，同月，唐太宗立命兵部尚书李世勣为朔州道行军大总管，率六万余兵直往应援东突厥，并命营州（治今辽宁朝阳）都督张俭率所部骑兵及奚、契丹联军压其东境，右卫大将军李大亮率四万余兵出灵州（治今宁夏永固），右屯卫大将军张士贵率一万余兵出云中（今内蒙古托克托东北），凉州（治今甘肃武威）都督李袭誉统所部出其西，诸道齐发。

十二月，大度设见李世勣军至而北撤，李世勣挑选所部和突厥精骑各三千，追及于诺真水（今内蒙艾不盖河）。副总管薛万彻以翼侧攻击配合李世勣的正面强攻，薛延陀大败瓦解，斩首三千余级，俘虏五万余人。这是大唐继歼灭东突厥之战后的另一重大胜利，有人从战史上论，以为此役以一比六十六大败薛延陀，也是中外战史上以寡击众歼灭战的经典之作。

薛延陀兵败后请求与东突厥言和，遣使向唐太宗谢罪；但其后又不时与东突厥交兵，因此唐太宗曾再以玺书责备他。降至贞观十七年（643），由于李思摩不能抚治其众，部众相率南渡黄河，唐太宗允许他们入居，李思摩亦轻骑入京为官，东突厥复国失败，而薛延陀乃与唐相接。

十九年，唐太宗御驾东征高丽，值薛延陀死，嗣位可汗一度入侵夏州（今陕西靖边白城子），战败而还，寻被回纥所杀，国内大乱，铁勒诸部各

遣使归附于唐。翌年，唐太宗决心解决此区域霸权，命名将李道宗、薛万彻等多路渡漠进攻，并亲幸灵州督师，摧毁薛延陀政权，铁勒诸部相继至灵州，请求列漠北诸部为州县。

二十一年，唐太宗分诸部为十三州，各以其酋长为都督、刺史，又置燕然都护府以统领他们，实行监护统治。自是北尽瀚海，尽入大唐提封。稍后他们修筑"参天可汗道"，置驿与唐交通，直至唐高宗调露元年（679）东突厥复反，正北边维持和平凡三十年之久。为此，唐太宗曾经在贞观二十一年自豪地说："今氈幕穹庐，聚为郡县；天山瀚海，分为苑池。去既往之长劳，成将来之永逸！"

从正北边的经略情态看，唐太宗以盟主身份维持国际秩序，以武力贯彻大唐的外交政策和大战略，决心是坚定而不可动摇的。他以同样的思维行动经略东夷和西域，也为高宗所遵行，而其间则各有成败利弊。于此先说朝鲜半岛。

半岛三国在唐朝以前即因宿怨而常有战争，他们都在武德年间先后来朝，大唐抱持和平外交的政策，与三国均保持良好的关系。从高祖皇帝以来，大唐就册拜高丽为辽东郡王、高丽王，百济王为带方郡王、百济王，新罗为乐浪郡公、新罗王。问题在三国交侵不息，高丽又常遮断入朝的道路，

听法的吐蕃赞普

唐朝为此经常以盟主身份协调警告，均无效果。

贞观十六年（642），高丽大臣盖苏文政变，弑其国王高建武，拥立其侄高藏为王，又联百济进攻新罗，连下数十城。唐太宗得到新罗乞师救援的国信，翌年遂因册立高藏之便，遣使赍玺书警告高丽说："新罗委命国家，不阙朝献，尔与百济，宜即戢兵。若更攻之，明年当出师击尔国矣！"专政的盖苏文不从。唐太宗因此以盖苏文弑君虐民为辞，认为师出有名，决定出师讨伐。

此役由唐太宗御驾亲征，从贞观十八年二月下达决心开始部署以来，至十二月更以盟主身份诏令新罗、百济、奚、契丹与唐军分道往击。然而自十九年正月出发，至年中一直僵持于安市城，及至九月冬季来临，加上后勤补给难以为继，乃不得不狼狈班师。

唐太宗以盟主身份扮演"国际警察"的角色，不料却有此失利，不免大失颜面，因此遂不断以持久消耗战的方式攻击高丽，让国防军事重心往东北边转移。

直至唐高宗继位，仍想调停三国的纷争而无效，新罗又上表求救，遂于显庆五年（660）先命左卫大将军苏定方统兵征讨百济。苏定方不负所望，平定其国，分置府州而还。

龙朔二年（662），唐朝复立在京的百济旧太子扶余隆为王，授他为熊津都督，遣还本国，并令与新罗和亲。其后高丽灭亡，新罗渐强，当唐将刘仁轨等率兵撤还唐朝后，扶余隆畏惧新罗，竟于仪凤二年（677）也弃国归唐，其国遂为新罗所据。高丽原本最强，但乾封元年（666）盖苏文死，诸子内乱，高宗乃乘机命司空李勣（太宗死后避"世"字讳）为辽东道大总管前往征伐。李勣持重，直至总章元年（668）年底才平定高丽，将高藏等一行献俘至京。

唐朝也将高丽分置府州，又置安东都护府以统领之，命薛仁贵总兵镇守；其后唐军撤还，高丽亦为新罗所据。大唐因盟主身份而卷入朝鲜三国的纷争，为了扮演"国际警察"而耗时耗力，积两代的努力才能以武力解决问题；不过维持不久则因吐蕃的兴起而力不从心，放弃朝鲜半岛的经略，拱手让与新罗，可谓为他人作嫁衣，赔了夫人又折兵。

西北边的问题也就是西域——中亚问题，此地区国族复杂，以西突厥

最为霸权。基本上西突厥位于欧亚大陆中心，介于中国、波斯、拂菻（东罗马）与天竺（印度）四大古文明之间，腰控丝绸之路，对中国而言，具有甚大的文化经济利益。相对地说，西突厥对大唐的国家利益主要在文经，不像东突厥般严重地构成了国家安全上的威胁。

其实隋唐之际，西域诸国虽多臣属于西突厥，但对中国也颇友好，甚至先后经高昌国来朝。唐朝为了实行对付东突厥的大战略，又为了外交与文经利益，故插手西域事务乃是早晚之事。

吐谷浑之南是党项诸羌之地，贞观三四年间，唐太宗因党项诸羌陆续内属，遂因势开为十六州，后来又列原与吐谷浑联盟抗唐的拓拔部为三十二州，"自是从河首大碛山已东，并为中国之境"，是西进政策的先声。西南诸民族部落情势已定，要经略西域则必须先打通河西走廊。

建国于青海的吐谷浑，与大唐关系时好时坏，曾多次寇掠鄯、兰等州，对走廊安全构成威胁，故唐太宗多次遣使责备交涉，均无远效。外交手段既然不能解决问题，则军事行动势在必行。

贞观八年（634）年底，唐太宗命特进李靖为西海道行军大总管，率兵部尚书侯君集、任城王李道宗、凉州都督李大亮、岷州刺使李道彦、利州刺史高甑生，联同突厥、契苾之众往击之。尽管吐谷浑拥有优势战略地缘，但是唐军进展顺利，至九年五月攻至河源（黄河发源处），会师大非川。可汗慕容伏允之子慕容顺斩其国相举国来降，伏允则逃入沙漠中，寻被左右杀死。国人乃立慕容顺为可汗，称臣内附。

慕容顺在隋炀帝时曾入隋为质子，大唐高祖皇帝时始放还，唐太宗以他早慕华风，深识逆顺，能立功补过，特宜原免，因此仍授他为可汗，封为西平郡王，命李大亮将兵为其声援，但也因此使其国内分裂为亲唐派与反唐派。未几，反唐派政变杀慕容顺，而立其子诺曷钵。唐朝遣兵来援，仍封诺曷钵为河源郡王，授以可汗之号，展示武力的支持，甚至在贞观十四年（640）以弘化公主妻之。吐谷浑的威胁解除，河西走廊信道安全，该年，大唐平定高昌。

高昌国在武德时即已与大唐交往，唐太宗时更成大唐监听西域动静的前哨。其后高昌自恃有西突厥撑腰，故遮断西域诸国入唐的信道，拘留隋末流亡至其国的中国人而不让他们归唐，复与西突厥攻击伊吾、焉耆，离间薛延陀与唐的关系。焉耆向唐投诉，贞观十三年（639）唐太宗遣使前往问罪，要求改善，否则"明年当发兵马以击尔"。值薛延陀也请为向导以击高昌，唐太宗冀其悔过，再遣使交涉，高昌王曲文泰仍置之不理，故决定命参与朝政的吏部尚书侯君集为交河道行军大总管，会同突厥、契苾之众，联军数万征讨。曲文泰以为路长，中有二千里沙漠狂风，唐军后勤补给困难，必不能至。

契丹小字铜镜

十四年五月，闻知唐军已兵临碛口，遂惶惧发病而死，其子曲智盛嗣位。联军继进攻击，其屯驻附近可汗浮图城的西突厥盟军惧而西走，不敢来救。八月，曲智盛投降，留守可汗浮图城的西突厥军也来降，战事结束。

唐太宗决定将高昌改为直属州，乃以其地为西州，以可汗浮图城为庭州，并置安西都护府于交河城。焉耆原来声援唐军，不过高昌灭后未几，却与西突厥结盟，遂缺朝贡，唐太宗批准安西都护郭孝恪所请，由孝恪往攻其国，俘虏其王龙突骑支，另委其臣摄理国事。于是唐朝直属领土东极于海，西至焉耆，南尽林邑，北抵大漠，东西凡九千五百一十里，南北有一万六千九百一十八里。

焉耆之西有臣属于西突厥的龟兹国，但对大唐也朝贡不绝。当郭孝恪进攻焉耆后，自是对唐职贡颇缺。

贞观二十一年（647）唐太宗命左骁卫大将军阿史那社尔为昆山道行军大总管，与安西都护郭孝恪等五将，联同铁勒十三部、突厥、吐蕃、吐谷浑兵十余万骑往伐龟兹。联军屡败龟兹、西突厥盟军，最后在二十二年年底破擒龟兹王，另立王弟为君主而旋。龟兹之败，西域大震，于阗等国争相归唐。

其后大唐乃将龟兹、于阗、疏勒与焉耆合为安西四镇。半年之后唐太宗驾崩，高宗令将先帝陆续降服的各国君长，自颉利可汗以下凡十四人，皆

琢石为像，刻名列于昭陵北司马门内，以旌其功。原来的外交政策与战略构想，尚待高宗努力继续推动。

当西突厥强盛，为中亚第一强权之时，与东突厥为敌，而高祖皇帝要远交近攻的对象正是此时的统叶护可汗。可汗后为其伯父所杀而自立为莫贺咄可汗，国人不附，迎立前汗之子为肆叶护可汗，连兵不息，俱遣使来朝并请婚，让大唐对西突厥轻易取得了国际的主导权。

唐太宗面对分裂内战的西突厥保持中立，各不许婚，仍讽令他们"各保所部，无相征伐"，亦即分而治之的政策。于是臣属的西域各国乘机背叛，西突厥国内空虚。显然维持二汗分裂、促使其属国脱离，对大唐极为有利。肆叶护可汗虽然一度统一西突厥，寻因内政无方，为国人所叛，逃至康居而卒。国人遂从焉耆者迎立咄陆可汗。咄陆可汗曾入唐，与唐太宗结为兄弟，故遣使诣阙请降。唐太宗乃于贞观七年（633）遣使赐以名号及鼓纛，正式对西突厥行册礼，取得了宗主国的地位。

咄陆可汗死于翌年，继任的沙钵罗可汗也曾在贞观九年请婚。当时与唐结婚可以提高该国的国际地位，唐太宗可能鉴于此，故仍不许，唯厚加抚慰而已。沙钵罗可汗分其国为十部，号称十箭。又分十箭为左、右厢，左厢在碎叶（今俄罗斯托克马克）以东，号五咄六部落；右厢在碎叶以西，号五弩失毕部落，总称为十姓部落。此次改革后不久，国人又因不服而起内战，贞观十二年乃以伊列河（今伊犁河）为界，东属沙林罗可汗，西属乙毗咄陆可汗。

翌年沙钵罗可汗因部落叛乱，出奔而死，部落乃立沙钵罗叶护可汗。两汗频相攻击，西域诸国则左右依违，唐太宗仍是扮演调停的角色。其后乙毗咄陆可汗攻杀沙钵罗叶护可汗，并其国，自恃强大，遣兵寇伊州，安西都护郭孝恪反击，西突厥开始与唐冲突。

大唐这时新置安西都护府，尚未有解决此霸权的构想，仍以维持西突厥分治的外交政策为主。

贞观十五年（641），部众叛乙毗咄陆可汗，各遣使诣阙请立可汗，唐太宗乃遣使赍玺书册立乙毗射匮可汗。由于乙毗射匮可汗也不为部众所附，故唐太宗一度许婚，并令他割龟兹、于阗、疏勒、朱俱波、葱岭等五国以为聘礼，用意是扶植他以制衡乙毗咄陆可汗。其后唐太宗崩而阿史那贺鲁反叛，乙毗射匮可汗部落遂为贺鲁所并。

贺鲁原隶于乙毗咄陆可汗，因乙毗射匮可汗之迫逐，于贞观二十二年（648）率部内属，诏令徙居庭州，授左骁卫将军、瑶池都督。高宗继位，进拜左骁卫大将军、瑶池都督，寻率部西走还国，乘乱壮大，统有十姓与西域诸国，出现统一的新形势，且有兵数十万，遂进寇庭州。唐朝有意趁此新兴霸权统一未稳之时遂行攻击，乃于永徽三年（652）命左武侯大将军梁建方等率燕然都护府所部回纥骑兵五万征讨。这是大唐对西域霸权第一次大举用兵。

显庆二年（657），复命右屯卫将军苏定方等出征，破其千泉牙帐，又大胜于碎叶水（今楚河），贺鲁逃至石国（今塔什干）被俘，解送京师。唐朝乃将诸部落置为州府，各给印契，以为征发符信，行使统治权，这些州府又分隶于昆陵、蒙池二都护府，分别任命随军的安抚大使右武卫大将军阿史那弥射为兴昔亡可汗兼右卫大将军昆陵都护，押领五咄六部；左屯卫大将军阿史那步真为继往绝可汗兼右卫大将军蒙池都护，押领五弩失毕部，贯彻扶植西突厥王族监护西突厥旧部、分而治之的政策。两都护府此时均隶属于安西大都护府，为了更有效及更便利大唐直接监护十姓部落，故于翌年五月二日又进一步移安西都护府治于龟兹国。显示大唐要加强贯彻西突厥本部分治，而不让原来臣属的诸国仍然臣属于他们的政策，并向西移治，增强监护制度的机能，对西突厥两汗国及西域诸国实施了更直接而有力的统治。

西域既平，同年五月大唐遣使分往康国（今撒马尔罕）及吐火罗（阿富汗北、葱岭西）等国，访其风俗物产及古今废置，画图以进，令史官撰成《西域图志》六十卷以供参考。降至龙朔元年（662）六月十七日，吐火罗道置州县使王名远奏准从于阗以西至波斯以东，分置八十个都督府州，一百一十个县，一百二十六个军府，并在吐火罗国立碑，这些州府也并隶于安西都护府。

此时朝鲜半岛问题还未解决，显然唐朝因已征服北狄，力量又伸至安西，故屈服西域霸权比解决东夷霸权来得容易。步真是弥射的族兄，两人因宿怨而有隙，及至龙朔二年（662），两人奉令从唐将苏海政讨伐龟兹，步真诬告弥射谋反，使他被海政所杀，而步真不久亦死，自此十姓部落无主。对于大唐的霸权，十姓部落似乎也有亲唐和反唐的派系，故诸部仍有战争寇掠

的行动，且开始连引吐蕃加入，只是此时对国家安全影响不大，尚引不起大唐的重视。

几年之后，大唐陆续平定了百济和高丽，虽然稍后将国防线退至辽东，但是东夷无虞，国家安全也无重大威胁。这是西北边和东北边国防外交在武则天统治前的情势。尽管调露元年（679）东突厥复反，但在高宗生前还不构成国防上的严重问题，此时的重大威胁来自西戎系统的吐蕃。

吐蕃约略与大唐同时崛兴，在唐太宗时一度因求婚被拒而入侵，但关系大抵尚好，以致在贞观十五年（641）将文成公主嫁给其主松赞干布。吐蕃甚至出兵助唐使王玄策平定中天竺，及奉命参与昆山道行军讨伐龟兹。高宗嗣位之初，更曾封拜松赞干布为驸马都尉、西海郡王。

松赞干布死于永徽元年（650），其孙立，年幼，国事皆委于禄东赞，唐、蕃关系仍和好。降至显庆五年（660），吐蕃基于扩张政策，东进与吐谷浑冲突，自后两吐遂互相攻击。又叠相表奏唐朝。

唐朝对此两个有舅甥关系之国似无良法以对，又未认识到吐蕃的强大与其攻浑的意义，依违其间未为与夺，适足以恶化他们的冲突，且使援浑抗蕃错失了先机。及至龙朔二年（662）苏海政枉杀兴昔亡可汗，西突厥别部弓月遂援引吐蕃来战。海政因师老不敢战，而以军资贿和。此后吐蕃开始介入西域事务，展开了北上政策。吐蕃北上政策与大唐的西进政策，也就从此产生了利益上的冲突。

龙朔三年（663），反唐亲蕃的吐谷浑人勾结吐蕃入侵，吐谷浑大败，可汗率领数千帐弃国走依凉州。这时正是大唐经略朝鲜半岛吃紧的时候，高宗命将分屯凉、鄯二州防御，并遣使降玺书责备吐蕃；然已因此而丧失了

唐代长沙窑小狗

唐、蕃两国之间的战略缓冲区，使唐之西进政策及西北国防备受翼侧威胁。禄东赞死后，其子钦陵等复专国政，此下三十余年更恒为唐的边患。及至平定高丽后两年——咸亨元年（670），吐蕃北上，连陷西域十八州，又与于阗攻陷龟兹，大唐为之罢弃安西四镇，乃以右卫大将军薛仁贵为逻娑（拉萨）道行军大总管，统兵十万往击吐蕃，且援送吐谷浑还故地。军至大非川，钦陵将兵四十万来会战，因副帅郭待封与统帅薛仁贵不和，唐军大败，正、副统帅仅以身免，遂与钦陵约和而还。唐、蕃第一次大战唐军覆灭，是大唐开国以来国际战争首次的惨败，国防线遂由河源退至赤岭（今日月山）一带。

吐蕃自此占领了水草丰美的青海地区，国力得到新的补充而更强大，不断攻击河陇，遂使河西、陇右成为唐朝重兵常驻区，大量消耗唐之国力。不仅如此，吐谷浑亦因复国不成，又畏吐蕃强大，不安其居，造成令唐朝头痛的负担。

后来在朝议之中，唐休璟等建议徙吐谷浑于秦、陇或丰、灵，"贵令渐去边隅，使居内地，用为防闲之要，冀免背叛之虞"。郭元振则有异议，以为此非长久之策，理由是"若近秦、陇，则与监牧杂居；如在丰、灵，复与默啜（东突厥）甫迩"，威胁国防安全。建议不如就其来降之地，分别安置于凉、甘、肃、瓜等州，一者此数州皆是其旧居之地，易于安情恋本；二者可以分裂其势而不扰民，甚至可以提供诸州役使，往后纵有叛乱，其势当不会太大，故无伤于中国。最后天皇决定将他们徙置于灵州，其国遂皆沦入吐蕃，等同亡国。

吐蕃不断寇边，大唐予以极大的重视，其重视程度可由以下的措施看出来：在武则天和高宗称为天皇和天后的第三年——仪凤元年（676），唐高宗将安东都护府及朝鲜半岛兵力后撤至辽东，将统帅刘仁轨调回中央；取消原订在该年冬天封禅中岳嵩山的计划，并一度史无前例地发表洛州牧、周王李显为洮河军行军元帅、并州大都督、相王李轮为凉州道行军元帅，各统兵往讨吐蕃；事虽不行，仍于翌年八月命刘仁轨以宰相身份调往鄯州洮河军充任镇守大使，且在十二月下诏发大兵以讨吐蕃。

翌年——仪凤三年（678），刘仁轨因留在中央而不知兵的宰相李敬玄对他多所裁抑，故请改调李敬玄为统帅，仍募猛士，及发剑南、山南兵以赴战。九月，李敬玄统兵十八万被钦陵大败于青海之上，工部尚书、右卫大将

军刘审礼战死，幸唐将黑齿常之小胜，监察御史娄师德议和成功，余众乃得退守鄯州。

唐军第二次大败，吐蕃为患转甚，高宗乃召侍臣商议攻守方略。多人认为攻不足而守有余，故主张发兵备边、明立烽火，采守势国防，待足食足兵然后再图攻取；中书侍郎、同三品薛元超则以为"敌不可纵，纵敌则患生；边不可守，守边则卒老。不如料简士卒，一举灭之"。高宗衡量"宿将旧人多从物故"，顾谓黄门侍郎："李勣已后，实无好将。当今以张虔勖、纪及善等差为优耳！"来恒回答说："昨者洮河兵马足堪制敌，但为诸将失于部分，遂无成功。今无好将，诚如圣旨！"

于是决定采守势，自后大军供补遂成西边国防的严重问题。其后黑齿常之升任河源军经略大使，广置烽戍七十余所，开屯田五千余顷，岁收五百余万石，由是才战守有备；然而吐蕃侵境不已，师旅仍不给，"乃购运酬勋，募耕入选"，终究稳住了情势。河陇方面的边地防御战略，后来仍为武则天所沿袭。

从青海之败至高宗驾崩，吐蕃北上和东进政策并举，一方面联合西突厥部落而与唐交争于安西四镇；一方面东攻诸羌之地，于是领土大拓，东与凉、松、茂诸州相接，南至婆罗门，北抵西突厥，地方万里，西戎自汉、魏以来莫此为盛。此期间，松赞干布和文成公主先后去世，吐蕃请和，并求婚于太平公主，严峻的西边国防始暂时缓和下来。唐朝此时又出现了新的国防问题——即是东突厥的复兴。

唐高宗死后，陈子昂曾上疏论及当时形势，说如今"燕、代逼匈奴（指东突厥）之侵，巴、陇婴吐蕃之患。西蜀疲老，千里赢粮；北国丁男，十五乘塞。岁月奔命，其弊不堪。秦之首尾，今为阙矣。即所余者，三辅之闲尔。顷遭荒馑，人被荐饥，自河而西，无非赤地；循陇以北，罕逢青草。莫不父兄转徙，妻子流离，委家丧业"。这是武则天独治初时的国家形势。

〔战略与军事行动〕当唐太宗为了洗雪国耻及追求"去既往之长劳，成将来之永逸"的国家利益之时，他其实已将守势国防改变成攻势国防，加上大唐负有维持国际秩序的责任，为此他调整外交政策和建立新的大战略。大战略的指导原则是"远程防御、国外决战"，意谓大唐此后以外交手段配合同盟作战，哪国挑起战火则在哪国烧，以维持国际秩序及国家安全。

为了贯彻这种大战略与新政策，自后大唐遂经常派军出国作战，并且在战后将各国落置为羁縻府州，遣军往戍，而远征军也渐渐常驻化，因此才有东从安东护府镇军，向西经燕然、单于两护府，以至安西护府四镇，及于阗至波斯等一百二十六个军府的大战略体系部署。这种战略威慑力至天皇中期而臻极盛，换取了大唐几十年的国家安全。其后虽有吐蕃的兴起和东突厥的复国，使大唐在国际间受挫，但国内仍然安全，战火未曾烧及本土。史家对此未经细审，遽谓"自高宗、武后时，天下久不用兵"；其实此时用兵于境外，付出了相当的代价，才使国内获得安全。

武则天承接了这种国家安全状况，想维持这种国际地位与声誉，但是因为她的外交与战略出现了问题，遂使大周一再严重受挫。主要问题发生于吐蕃、西突厥、东突厥以及契丹，使大周的国际冲突由西而北形成了一条漫长的弧形危机地带。先从吐蕃与西突厥说起。

唐高宗驾崩前后，大唐冲突来自正北的东突厥，西突厥十姓部落则呈无主状态，正被大唐安抚，而吐蕃则趁此情势与唐在西域争霸。临朝的武则天鉴于国内新平徐敬业不久，而对外又不想太下力气，故安排阿史那元庆和斛瑟罗重回西突厥两汗国为可汗后，遂于垂拱二年（686）再度罢弃安西四镇。她的构想不是要放弃西域的利益，而是交还政权给两可汗，让他们站上西域冲突的第一线，大唐则退守河西以作声援，使"国家有继绝之美，荒外无转输之役"，并能显示她"务在养人，不在广地"的德政。她想不费己力，仅靠羁縻体系以坐收国家安全之利，可谓面子里子都兼顾了。如果真的要守住边疆，统治中国本部，不劳中国以事四夷，则这不失为适当的政策；但若只是想以夷制夷，用夷力以确保己之安全，则是不智之举。

武则天显然没有弄清楚吐蕃扩张的意志与意图，故此构想未免是一厢情愿的想法。就在两可汗新立未稳、唐军刚撤不久，吐蕃大举入侵西域，尽占据焉耆以西诸城堡，又推翻阿史那元庆；翌年——垂拱三年（687）更攻破焉耆，长驱东向，兵临敦煌。原本不是真要放弃西域的武则天，于是在同年年底命文昌右相、同三品韦待价为安息道行军大总管，安西大都护阎温古为副，统三十六总管征讨。

降至永昌元年（689）五月五日，唐军大败于寅识迦河（在今伊塞克湖一带），退顿于高昌。这是大唐第三次大败于吐蕃，主帅韦待价除名配流，副

帅阎温古处斩，武则天改以安西副都护唐休璟为西州都督，安抚西土。明年复命继任右相岑长倩征讨，但中路退还。

当韦待价进军之时，武则天又想同时在四川西边开辟第二战场，调发梁（治今汉中市）、凤（治今凤县东北）、巴（治今巴中）蛋兵从雅州（治今雅安）开山信道，出击生羌，并因势进攻吐蕃。但是巴蜀人陈子昂上书反对，认为雅州边羌一向安居乐业，如今加以征发，必然引起骚动，使蜀之边邑不得不连兵备战，此时吐蕃若乘机入侵，边羌为之向导，则巴蜀危险。因此建议说："今无故生西羌、吐蕃之患，臣见其不及百年，蜀为戎矣。国家近废安北，拔单于，弃龟兹，放疏勒，天下翕然谓之盛德者，盖以陛下务在养人，不在广地也。今山东饥，关陇弊，而徇贪夫之议，谋动甲兵，兴大役，自古国亡家败，未尝不由黩兵，愿陛下熟计之。"武则天这才打消这一念头。

无论如何，大唐此时正处于天下大饥的处境，内有李氏诸王联兵匡复之事，外有东突厥的威胁，而且已经弃守安西四镇，示人以"务在养人，不在广地"，如今却大举攻击吐蕃在西域的势力，复想开辟康藏第二战场，的确是失策的战略思考，让人觉得武则天有穷兵黩武之感。

因此，陈子昂后来又奏《上军国利害事》说："当今天下百姓虽未穷困，军旅之弊，不得安者，向五六年矣。国家所伐吐蕃有大失策，中国之众，半天下受其弊。"故盼望武则天能予召见，给他一个面论的机会。所幸武则天正忙着革命，所以就暂时不对吐蕃用兵，再次用兵已是登基后两年——长寿元年（692）之事了。

从永昌元年至长寿元年（689—692）这三四年间，吐蕃内政出了问题，部属一再来降，大周曾在大度西山勒石以纪其功。可能因此之故，奉命安抚西土的西州都督唐休璟趁机奏请复取四镇，武则天乃命右鹰扬将军王孝杰为武威道行军大总管统兵往攻。王孝杰十四年前曾随工部尚书刘审礼战败于青海而被俘，嗣因相貌像赞普之父，故得免死而归。由于久在吐蕃，悉其虚实，故武则天用他为帅。

长寿元年十月，王孝杰不负所望，克复龟兹、于阗、疏勒、碎叶四镇，重置安西都护府于龟兹，留重兵三万驻守。这支重兵是武威道行军的长驻军，军号即为武威军，因此丝绸之路自后得以确保，吐蕃与西突厥交连的战略形势亦被切断，甚至使吐蕃再难出于阗而攻疏勒。武则天深嘉王孝杰之功，明年迁为夏官（兵部）尚书。三年（694，即延载元年）二月，武威军复破吐蕃与西突厥联军，更进拜他为夏官尚书、同三品。

吐蕃失利于安西，遂改由东出陇右，证圣元年（695）七月钦陵进攻洮州（治今甘肃临潭县），娄师德曾以宰相身份在此地区充任检校营田大使，故武则天命他副肃边道行军大总管王孝杰统兵迎战。

翌年三月，王娄二人大败于素罗汗山，王孝杰坐免，娄师德被贬。这年五月契丹反周，东突厥也入侵凉州，当此大周危急之际，吐蕃却于九月遣使来请和，希望趁机以外交手段取得安西四镇。武则天乃派奉宸监丞郭元振前往观察交涉。

郭元振此次奉使甚为成功，于交涉中婉拒钦陵请罢四镇戍兵和割让十姓之地两大要求，令钦陵二度派使随他回朝再议。回都后郭元振上疏建议以羁縻手段拖延吐蕃所请，不可直接拒绝以阻逆其意，俾他有理由再开边患。疏中又对此事的利害详加分析，认为"今国之外患者，十姓四镇是；内患者，甘凉瓜肃是"，因此应"当先料内以敌外，不贪外以害内"；不过，他又估计安西诸国比较亲唐，一旦割让而舍弃他们也非制驭之算。

因此，最佳的方法莫过于通过外交，说明周朝的安西战略构想，并且要求吐蕃利益交换，以塞钦陵之口，使议和拖延而不完全绝望。他建议向吐蕃的答词是这样的："国家非惜四镇，本置此以扼蕃国之尾，分蕃国之力，使不得并兵东侵。今若顿委之于蕃，恐蕃力强，易为东扰；必实无东意，则宜还汉吐浑诸部及青海故地，即俟斤部落当以与蕃"。也就是向钦陵说明安西四镇是中国钳形威胁吐蕃，使吐蕃不易东扰或不能全力东侵的战略部署；如果吐蕃无意东进，则应以吐谷浑诸部及青海故地，

唐代玉骆驼

作为与中国交换西突厥十姓部落的条件。郭元振又根据到吐蕃观察的心得，评估吐蕃除了钦陵主战之外，人民普遍厌战愿和，因此要用离间之策——亦即采用外交拖延的战术，每年派和亲使前往；钦陵如果经常否决和议，则必会导致上下猜怨，也就难以举国来犯。他的前后建议均被武则天采纳。

翌年——神功元年（697）——契丹事平，闰十月幽州都督狄仁杰入相，建议将四镇交还给西突厥王族，安东交还给高丽王族，中国坚壁清野退守塞上，全面对吐蕃及东突厥实行本土防御的守势国防。翌年蜀州刺史张柬之也奏请停止每年派兵戍守姚州（治今云南姚安），并将此州废置，放弃泸水以南诸镇，退守巂州（治今四川西昌市），并加强泸北关防。

两人的意见其实就是羁縻四夷、保全中国的传统想法，十年前武则天即已采用过，却导致吐蕃大入西域，西突厥二汗国沦丧，大周安全至今备受威胁的局面，所以此次武则天均不采纳。如是者到了圣历二年（699），果然不出郭元振所料，吐蕃君臣因猜怨而交战，钦陵兵败自杀，党羽二千余人也被赞普所诛，子弟率众来降。

武则天乃命娄师德充任陇右诸军大使，就近安抚来降者。不久娄师德死，先后继任大使的有魏元忠、唐休璟和郭元振，都是一时之选，故吐蕃多次入侵皆为周军所破。尤其武则天在长安元年（701）以郭元振为凉州都督、陇右诸军大使，他任职五年，将州境拓大了四倍，加强军事设施，广开屯田，积军粮可支数十年，牛羊遍野，令行禁止，路不拾遗，使吐蕃、突厥不复能侵至城下。

至此，吐蕃北上和东进均受挫，故于长安二年遣使入朝请和，次年初又遣使献马千匹、金二千两以求婚，武则天许之，邦交又见缓和下来。同年年底，吐蕃南边尼婆罗等属国皆叛，赞普征讨，死于军中，诸子争立，国内大乱，最后立了年仅七岁的幼主为新赞普。

当此之时，突骑施大将阙啜忠节想南引吐蕃助其政争，郭元振又上疏提出分析和警告说：

往者吐蕃所争唯论十姓四镇，国家不能舍与，所以不得通和。今吐蕃不相侵扰者，不是顾国家和信不来，直是其国中诸豪及泥婆罗门等属国自有携贰，故赞普躬往南征，身殒寇庭。国中大乱，嫡庶竞立，将相争权，自相屠灭；兼以人畜疲疬，财力困穷。人事天时，俱未称惬，所以屈志，且共汉和，非是本心能忘情于十姓四镇也。如国力殷足之后，则必争小事，方便绝和，纵其丑徒，来相吞扰，此必然之计也。今忠节乃不论国家大计，直欲公为吐蕃做乡导主人，四镇危机，恐从此启。忠节不体国家中外之意，而别求吐蕃；吐蕃得志，则忠节在其掌握，若为复得事汉？故臣愚以为用吐蕃之力，实为非便。

寻因忠节被其可汗所平而止。

阙啜忠节为何要请准唐朝才能引用吐蕃，此又与西域政情的变化有关。原来此时西突厥二汗国已经沦亡，忠节臣属于原为西突厥旧部、如今已经兴起的突骑施，因对新可汗娑葛不服，数相攻击而不支，故请求已复辟的大唐发安西兵及准引吐蕃来援助，并请求让居住于长安的旧可汗子弟阿史那献回国为可汗，以招抚十姓部落。二汗国为何沦亡，大唐何以在安西有如此直接而强大的实力？此又与当年武则天的西域政策和西突厥复国表现有关。

东、西两突厥先后亡于唐，但是皆隐然埋藏着一股复国的渴望。大唐对此缺乏足够的认识，而有意空虚其故土，以谋本身的国家安全与利益。高宗晚期的调露元年（679）是转变关键的一年。这年无独有偶，东、西两突厥都发出了复国行动的第一步：东突厥采用反唐的激进方式，西突厥则采用自立的较温和方式。

西突厥自立的意图始见于阿史那都支。自从龙朔年间（661—663），弥射和步真相继死亡而十姓部落无主，咸亨元年（670）吐蕃连陷西域十八州而大唐首次弃守安西四镇，高宗稍后反击，并命西突厥部酋阿史那都支为左骁卫大将军兼匐延都督以安抚部众，几年后都支自号"十姓可汗"，且与吐蕃联合攻击安西。十姓早已分为左、右两厢，唐朝因势利导将之分为两个汗国，如今都支自称十姓可汗，依违于两大之间以谋利益，显有复国统一之意，因此朝议欲发兵进讨，以除后患。吏部侍郎裴行俭则建议趁波斯王新死，可以遣使护送波斯质子归国为王的名义，假途其地，出其不意而不血刃擒之。

调露元年（679）六月，大唐遂命裴行俭册立波斯王，仍为安抚大使。裴行俭则奏请以肃州刺史王方翼为副使，仍令检校安西都护。七月来至西州，

唐代壁画上的男乐队

裴行俭召集四镇诸胡酋长，伪装会猎，智擒都支，于是囚之以归，留王方翼使筑碎叶城。王方翼以安西都护重筑碎叶城并留守，显示大唐对西域仍有极大的影响力，也有决心确保四镇，以维持其优越地位，并无意扶植西突厥复国。因此，都支的意图仅能昙花一现。

而到武则天临朝时，为了表示要垂拱而治、务在养民，遂推行"国家有继绝之美，荒外无转输之役"的政策，分在垂拱元年（685）十一月立阿史那元庆为左玉钤卫将军兼昆陵都护，袭兴昔亡可汗，押领五咄六部落；翌年九月又立阿史那斛瑟罗为右玉钤卫将军兼蒙池都护，袭继往绝可汗，押领五弩失毕部落。她表面上沿袭了分十姓而治的传统羁縻政策，但是却于次年年底罢弃四镇，则实际上连安西监护的力量也撤退了，故造成吐蕃乘机大入的后果。

吐蕃大入虽然与武则天罢弃四镇，使西域防务一时真空有关；但却也与她让二可汗复国，与民心想法不同，及处理不当有关。揆诸事实，武则天其实并不了解无主已久的西突厥民心政情，选择人选又不适任，扶植也无周详计划和不积极，所以反受二可汗的牵累，卷进一场大风暴中。

试看郭元振后来针对阙啜忠节奏请让袭兴昔亡可汗阿史那献（元庆之

子）归国抚众一事，所提出的分析检讨吧。他对此奏请反对，指出此非得计，因为当年立西突厥王族，以为可以招抚十姓部落，不料相反的使到部落不安，使"元庆没贼，四镇尽沦"。后来又让"斛瑟罗及怀道俱为可汗，亦不能招胁得十姓，却遣碎叶数年被围，兵士饥馁"。接着他解释原因，说这些王族子孙"非有惠下之才，恩义素绝，故人心不归。来者既不能招携，惟与四镇却生疮痏，则知册可汗子孙亦未获招胁十姓之算也。今料献之恩义，又隔远于其父兄。向来既未树立恩威，亦何由即遣人心悬附？若自举兵力势能取，则可招胁十姓，不必要须得可汗子孙也"。显示十姓部落此时已无故主之思，对这些旧汗子孙更无向心，他们需要的是一个有领袖魅力的新主。武则天既无知于此，扶植不得民心的旧汗子孙，反而适受其累，卷进此地的政治旋涡，及至吐蕃乘时介入，造成了武则天必须承担的大包袱。

根据所述，元庆最先沦没。他寻而奔走入朝，却又在七年后——如意元年（692，即长寿元年），为酷吏来俊臣诬以谋反而被害，其子阿史那献则流配崖州，五咄六部落无主，幸好后来王孝杰收复四镇，稳住了西域情势。阿史那献则要至长安三年（703）——武则天被推翻前一年才被召还，累授右骁卫大将军，袭兴昔亡可汗，充安抚招慰十姓大使。但阿史那献却因本蕃五咄六部落渐为东突厥与突骑施所侵，不敢还国，最后在开元中死于长安。

当吐蕃大举侵入之时，斛瑟罗即已因屡被东突厥所侵，故部落散亡，力量薄弱，或谓韦待价迂回进军寅识迦河而败，可能就是要往援斛瑟罗，以图控制十姓可汗的故地。无论如何，随着韦待价的战败，斛瑟罗也入居内地。

翌年，武则天革命，他率诸蕃君长请赐废帝姓武氏，武则天以为忠，乃拜他为右卫大将军，改号"竭忠事主可汗"。仍兼蒙池都护，也只不过是遥兼而已。

圣历二年（699），吐蕃政变，钦陵被杀，武则天以斛瑟罗为平西军大总管，归国抚镇其国人；然他用刑残酷，诸部不服，所属突骑施酋长乌质勒崛起，诸部归之，斛瑟罗不能制。乌质勒后来攻陷碎叶，徙其牙帐居此。斛瑟罗遂收余众六七万人再度入居内地，史谓他此次内迁，不敢复还，西突厥阿史那氏王朝于是断绝。

斛瑟罗寻卒，子怀道在大周成长，长安末累授诸卫大将军等官，兼蒙池都护、十姓可汗，但也因突骑施强大而终不敢回本蕃，最后亦死于长安。显

然武则天扶植多个阿史那王族都未得到十姓的支持，他们反而支持别部领袖乌质勒，因此之故对大周不很亲附。是则王孝杰收复四镇后，等于复将不很亲附的十姓部落直接置于监护之下，使大周更立于冲突的第一线。

由于昆陵、蒙池二都护府名存实亡，丧失功能，因此安西大都护府直接监护的幅员就更加辽阔，故武则天在长安二年（702）于庭州另置北庭都护府，以监护突骑施、坚昆以及东突厥，基本上就是以监护当年西突厥本部为主。此后北庭、安西二府遂以天山为界，以北属北庭府，以南属安西府，共同负担监护西域诸国的责任。

据此可知，武则天虽然沿袭大唐对西突厥的传统政策，但是却显然没有完全贯彻，所以才在有意无意之间，让两可汗先后复国、失势以至亡国，使中国直接置身于与列强——包括吐蕃、东突厥、突骑施，以至后来加入的大食——冲突交争的第一线；中国若要维持西域的优势，则必须为此付出很大的代价。

武则天的西域政策究竟出了什么问题？还是重新回顾几年前——神功元年——新任宰相狄仁杰所提的意见，及其所引起的争议吧。

狄仁杰的提议不仅仅是为了解决去年吐蕃求和并要求割让四镇而来，其实提议的此年契丹一度打入中国本土，大周倾全国之力以焦土抗战，河北残破，国威重重受伤，故仁杰之议是提出于正北一敌（契丹）方平，一敌（东突厥）又起之时。因此，他的提议毋宁是国策性的检讨和主张，主旨在反对唐太宗以来的扩张国策与及因此而构划的大战略；只是大家都被他主张放弃四镇的说法吸引住，而转移了问题的焦点。狄仁杰意见的展开如下：

首先，他从中国本部与方外的概念，说明"天生四夷皆在先王封域之外，故东距沧海，西隔流沙，北横大漠，南阻五岭，此天所以限夷狄而隔中外也"。现在领土已经远超周、汉，前代所不能臣之远裔也已兼包在内，如果尚要消耗人力资财以向荒外开拓，则实有违此分隔中外的天限。

其次，他认为因国家不断拓展，已出现如此问题：

近者国家频岁出师，所费滋广，西戍四镇，东戍安东，调发日加，百姓虚弊。闻守西域，事等石田，费用不支，有损无益。行役既久，怨旷亦多。今关东饥馑，蜀汉逃亡，江淮以南，征求不息。人不复业，则相率为盗；根本一摇，忧患不浅。所以然者，皆为远戍方外，以竭中国，争蛮貊不毛之地，乖子育苍生之道也。

亦即扩张政策已经严重影响了人民的幸福和社会的安全，再下去将会忧患不浅。

根据上述两点，他提出了他的构想和建议：

第一，效法唐太宗让李思摩复国的策略，以斛瑟罗为西突厥可汗，"委之四镇，使统诸蕃，遣其御寇，则国家有继绝之美，荒外无转输之役"。

第二，采取守势国防，捐弃四镇及安东都护府，西线退防西州，东线退守辽西，若非对手自败，绝不出击开拓。

第三，以边地决战为战争指导原则，"聚军实，畜威武，以逸待劳，以主御客，坚壁清野"，诱敌深入，歼灭之或逼退之；"如此数年，可使二虏（吐蕃和东突厥）不击而服"。

也就是从"民为贵"与及"先中国而后四夷"的儒家传统思想出发，反对扩张性的国策，建议分在西北、东北两边协助已亡之国复国，让复国政权处理该地区冲突的问题，而中国则以养民及保存国力为主，以机动迎敌、边地决战为战略指导。

尖锐的相反意见来自右史崔融，他拥护唐太宗所订的国策及大战略，并使焦点集中讨论西北和西边，力主不弃守四镇，建议展开如下：

一是他认为应确认"北地之为中国患者久矣，五帝不能臣，三王不能制，兵祸连结，无代不有"的事实，而且是中国一个长期性国防威胁的事实。

二是基于要解除此威胁，他肯定了唐太宗的远程防御、国外决战的战略构想是长策远算，相对地指出高宗放弃四镇事实上已经危害了国家安全，所以他说："太宗方事外讨，并南山至葱岭尽为府镇，烟火相望。至高宗务在安人，命有司拔四镇，其后吐蕃果骄，大入西域，焉者以西，所在城堡无不降下；遂长驱而东，蹦高昌壁、历车师庭、侵常乐界、当莫贺延碛，以临我敦煌"，造成国防上的重大威胁。即使主上（指武则天）命韦待价迎击，却因上述经略基地已经丧失，因此致败；亦即认为高宗放弃四镇，让吐蕃更能东进威胁中国，万一必须出征，就会因为补给线太长，而致战败国危。

三是恢复四镇不易，"今若拔之，是弃已成之功，忘久长之策。小慈者大慈之贼，前事者后事之师"；如果四镇无守，则会让吐蕃取得西域霸权，更加盛兵控制西域诸国，并连兵压逼河西，届时"河西危则不得救矣。方须命将出师，兴役动众，向之所得，今之所劳；向之所劳，今之所逸，可不谓然乎？而议者忧其劳费，念其险远，曾不知蹙国灭土，春秋所讥；杜渐防萌，安危之计"。

四是现今中国在西域有属国及军队部署，就战略地缘而论，支持西域则必须控制莫贺延碛。"莫贺延碛者，延袤二千里，中间水草不生焉，此有强寇则难以度碛，汉兵难度，则碛北、伊、西、庭、安西诸蕃无救，无救则疲兵不能自振，必为贼吞之，又焉得悬军深入乎？有以知通西域艰难也"。上述之地若不救，则吐蕃与东突厥下一步势将交侵河西走廊，是则凉州以西势必危矣。

因此，他认为，拔旧安西之四镇，委难制之西蕃，求绝将来之端"，实属不可。

明显的，这次争议是因武则天此前的战略不稳定所引起，战略不稳定则是因其国策不明确坚定所造成。所谓国策不明确坚定，是指武则天内有政变、外有强敌之时，国家的定位与方针——要维持世界盟主地位的扩张型国格抑或务在养民的内敛型国格——不明确坚定。若要扶植西突厥二可汗各复其国，则中国不必再以将军、都护之官羁縻之，否则作为天朝的中国必有无穷的义务；若要负此义务，则实不必罢弃安西四镇，然后待其沦陷时再来争夺。

武则天要"国家有继绝之美，荒外无转输之役"，显然是模棱两可的决定，是两面不讨好的思考。为此，她匆匆忙忙地选择了两个不适任的可汗人选，复不待将他们扶植好即匆忙罢弃四镇，及至他们被内外所侵又不予以及时而积极的救援，等到二汗沦没、兵临国门，则又劳更多民、伤更多财地起而挽救危机。在于显示了武则天思考——反应的失算、被动、犹豫与失措，既未认真贯彻唐太宗的政策，也未能达成垂拱养民的初衷。

武则天被推翻前的西域，实际上是正置于吐蕃、突骑施、东突厥和大周四角势力交互激荡之下，突骑施乌质勒在崔融上疏后两年遣子来朝，武则天厚加慰抚，勉强成为大周稳定西域的重要助力。大周不能全力解决西域问

唐代宫女塑像

题，当然也与东突厥、契丹的崛兴有密切的关联。

大唐经略北边最早，但是建立都护体制，以政军实力监领辖内诸蕃国府州的，则以安西都护府最早。安西都护府置于贞观十四年（640）平高昌之时，其后贞观二十一年（647）平漠北铁勒诸部，始置燕然都护府（治今河套之北，内蒙乌拉特中后旗）；永徽元年（650）灭东突厥残余政权车鼻可汗，分其地置单于、瀚海二都护府；总章元年（668）平高丽，于平壤置安东都护府。于是由西北而至东北，大唐三边都护系统初步形成。

降至调露元年（679）单于都护府突厥叛唐为止，各都护府治所辖区已屡有调整变动，这时安西都护府已移治龟兹国。燕然都护府已移治回纥部落而改名瀚海都护府，又改为安北都护府（治今蒙古哈尔和林西北）；旧瀚海都护府则移至云中古城（今内蒙托克托县），改名云中都护府，寻复称为单于都护府，仍以碛为界，碛北属瀚海，碛南属单于。

安东都护府亦在上元三年（676）内移于辽东故城，翌年更移新城。至于安南都护府则于突厥叛唐前两个月始置于交州（今越南河内），算是最新设置的一个都护府了。由此都护系统可知，影响大唐安全与利益的属国属部多在三边，尤以正北边为最；其中安北都护府以监护漠北铁勒诸府州为主，单

于都护府则以漠南的突厥为主，此时的安东都护府其实也对契丹与奚兼有监护的责任。

当年李靖破颉利可汗后，命东突厥王室的姻族阿史德氏统领数百帐居于金河流域，其后部众渐盛，上表请以亲王为可汗，天皇乃以幺儿殷王旭轮为单于都护，并为此而升此府为单于大都护府，可见此府的突厥人原对大唐相当友善；相对的，也显示他们渴望重新拥有自己的可汗。然而大唐似乎未正视此心理，故在北边和平三十年之后，调露元年（679）十月，单于大都护府的阿史德温傅和奉职两部突然叛唐，拥立阿史那氏的泥熟匐为可汗，府辖二十四州皆一时叛应，有众数十万。

唐朝命鸿胪卿、单于大都护府长史萧嗣业率军讨击大败，叛众且说服了契丹与奚配合侵略营州，情势一度相当危急。唐朝乃改命四个月前新平西突厥阿史那都支的名将裴行俭为定襄道行军大总管，统程务挺等三十余万众征讨。这是唐军有史以来为单一作战出动的最庞大兵力。翌年三月，唐军大捷于黑山，奉职被俘，泥熟匐为部下所杀，裴行俭遂引军还；然而还师不久，余众又拥立颉利可汗堂侄阿史那伏念为可汗，而阿史德温傅也复振，裴行俭奉命再统定襄道行军征讨，最后至开耀元年（681）闰七月始擒伏念与温傅而旋，斩于东市。

伏念当初是来降的，故裴行俭曾许以不死。但因部将程务廷、张虔勖争功，认为伏念等人是因其逼逐始来投降，宰相裴炎则妒嫉裴行俭之功，也以此为言，所以伏念等人才被处斩。裴行俭为此曾叹惜杀降不祥，徒然逼使余众不再来降而已。果不其然，大约一年左右余众再起，遂成此下大患。

永淳元年（682）年底，余众在颉利可汗疏属阿史那骨咄禄（又作骨笃禄）领导下复起，稍后据黑沙城，声势迅速壮大，截至次年年底高宗死前，一年之间曾先后进攻如下各地。

骨笃禄初起第一年的前半年即能对唐发动五次攻击，目标遍及今内蒙、山西、河北，并杀两刺史、一司马、一都督；且当进攻蔚州，唐都督战死时，朝议竟欲废丰州（治今内蒙五原县南），将居民迁徙至灵（治今宁夏灵武县西南）、夏（治今内蒙白城子）以避其锋，显示战力相当强劲。丰州司马唐休璟反对的原因，是因为此地区是尤宜耕牧的战略要地，从贞观末募民移殖以来，西北国防才得安宁，如今若弃守，则河套等地必定沦陷，北边国防线遂退至灵、夏一线，使附近州民势不安业，非国家之利。

也就是说，大唐自消灭东突厥第一汗国以来，本土边防从未被突破过，如今正北边州一再被攻，守将一再战死，此边的"远程防御、国外决战"战略体系遂面临失效，故欲撤守丰州都督府，改采"近程防御、本土决战"的构想。因此，东突厥第二汗国之初起，很快就带给大唐极大的国防威胁。

此下进入武则天临朝称制的时期，基本上互有攻守。突厥曾先后攻略过朔（治今山西朔县）、代（治今山西代县）诸州，尤其朔州位于单于府之南，更是一再被侵。武则天对此相当重视，也曾先后派遣淳于处平、韦待价、黑齿常之等反攻，皆无决定性战果。值得注意的一役是，垂拱三年（687）黑齿常之在朔州反击突厥，大捷于黄花堆（今山西山阴县东北），追奔四十余里，突厥散走碛北；但稍后爨宝璧率精兵万余出塞，穷追二千余里，反为其重臣阿史那元珍所败，全军覆灭，宝璧轻骑遁归，坐罪伏诛。

武则天为此大怒，改骨咄禄名为"不卒禄"，可见其怒。此役的真正意义不能因骨咄禄蒙改恶名而被忽视，它显示了东突厥第二汗国已经足够强大，重新拥有了漠北以为战略腹地，不再仅是边族叛乱的性质。

从高宗以后，败军之将极少或者说没有被诛的纪录，何以武则天此次如此之怒，以致诛将改名？或许应从她为了长期称制，国内正大事整肃，以树立威望的角度作观察才能体会吧。可能为此之故，一年多后武则天竟想分攻吐蕃和东突厥，同时开辟两个战场。

永昌元年（689）元正，武则天以"圣母神皇"的新身份，首次大享新落成的"万象神宫"。这年五月，她先命右相韦待价为安息道行军大总管西征吐蕃，几天后又命情夫薛怀义——此时已因建明堂之功官拜左威卫大将军、梁国公——充新平道行军大总管北伐突厥。薛怀义一行来至单于都护府，不见敌踪，乃于单于台刻石纪功而还；四个月后复命怀义为新平道行军大总管，统兵二十万往讨突厥，亦无结果。显示薛怀义此两次行军，应属于耀武扬威的性质居多，因为一年之后武则天即实行登基，万物维新了。

登基期间，武则天忙着内部事宜，不仅对吐蕃和东突厥不主动开战，抑且对西突厥的两位可汗也没有全力扶植，不妨就让他们失国归周，以陪衬万邦来仪吧！当此之时，吐蕃松赞干布和文成公主先后新丧，东突厥可汗骨咄禄也在登基稍后病死，东亚获得短暂的和平。

骨咄禄死后，弟默啜继为可汗，要迟至延载元年（694）腊月——登基后第四年——才首次寇灵州，要试探这位新的"金轮圣神皇帝"。三月，武则天第三度命薛怀义为大总管，以宰相李昭德为长史、苏味道为司马，率十八总管前往迎战，双方未遭遇而还。我到敌退，神威显赫，于是在五月"金轮圣神皇帝"又被尊为"越古金轮圣神皇帝"。

又过了一年多，诸国君长筹建的"大周万国颂德天枢"落成，似乎印证了《大云经》悬记所谓女主"以佛教正法治国，阎浮提中所有国土悉来奉承，无拒违者"的情事，于是武则天加号"天册金轮圣神皇帝"。加号的翌月——天册万岁元年（695）十月，默啜似乎也想凑此热闹，突然遣使来请降。武则天大喜，册授左卫大将军、归国公。又过了两个月——即万岁登封二年（696）腊月，武则天封禅神岳嵩山，改元为万岁登封，以彰天子威望与天下太平。就在万邦来仪，武则天表面声势如日中天的此时，大周立即面临国际情势前所未有的恶化局面。

此年三月新明堂落成，号"通天宫"，武则天为此又改元为万岁通天。就在此月，王孝杰和娄师德被吐蕃大败于素罗汗山。五月，契丹反周，攻陷营州都督府，所向皆下，武则天大发兵以迎战。当大周情势紧急之时，九

释迦殿内的唐代

236

月，吐蕃遣使来议和交涉，要求割让安西四镇之地；同月东突厥先寇凉州，执都督许钦明，寻又遣使来，要求以归还河西降户作条件，换取出兵助国讨契丹，东突厥要重新取得国际地位与影响力的时刻已经来临。

北狄系统的契丹居于潢水（今辽河上游）流域，本为东突厥属国，唐初来降，唐太宗置其地为府州，号松漠都督府，赐姓李氏。由于右武卫大将军兼松漠都督李尽忠与其妻兄右玉钤卫将军、归诚州刺史孙万荣，屡被营州（治今辽宁朝阳市）都督侵侮，故二人举兵攻杀都督，据营州反周，有众数万，自号无上可汗。

对于刚才封禅告天、示天下太平的武则天来说，真是是可忍孰不可忍，乃下制改尽忠的名为"尽灭"，万荣为"万斩"，以泄心头之怒！接着命曹仁师、张玄遇、李多祚、麻仁节等二十八将进讨，另命春官尚书、梁王武三思为安抚大使、宰相姚璹为副使以备之。李尽忠则以孙万荣为前锋，七月攻至檀州（治今北京密云）。八月，张玄遇、曹仁师等与契丹会战于西硖石谷，一再大败，全军尽没，玄遇、仁师等被俘。

九月，自大唐开国以来史无前例的，武则天征发天下系囚和家奴为兵，并令太行山以东近边诸州置武骑团兵，又命建安王武攸宜为清边道行军大总管往讨。十月，李尽忠死，孙万荣代领其众。此时东突厥默啜乘间袭击其松漠根据地，使孙万荣军势一时受挫。

稍后契丹复振，孙万荣令别帅骆务整、何阿小为前锋，攻陷冀州（治今河北冀县），杀刺史陆宝积，并屠居民。又攻瀛州（治今河北河间县），兵锋深入，河北震动。

至翌年（697）三月，与王孝杰军十七万会战于东硖石谷，周军大败，王孝杰殉阵，契丹乘胜攻入幽州（今北京）境内，杀掠百姓，武攸宜不能克。四月，武则天以右金吾卫大将军、河内王武懿宗为神兵道行军大总管往击契丹，翌月又以宰相娄师德为清边道副大总管统兵二十万往援。

六月，武懿宗至赵州（治今河北赵县），闻骆务整率领的数千骑兵将至冀州，惧而南退相州（治今河南安阳市），委弃军资器仗甚众，契丹遂屠赵州。也同在此月，东突厥默啜又乘孙万荣进攻幽州的时候，再次袭击他的后方基地，使孙万荣军心恐惧动摇，所部奚人叛变，与周军夹攻孙万荣。万荣大败而逃，中途被部下所杀，传首神都，余众和奚、霫皆降于东突厥。至九

月河北大定，武则天大宴通天宫，改元为神功，以示庆祝。

武则天真的有"神功"吗？契丹反周虽因边地长官用人不当所引起，但是契丹毕竟是仅有数万兵力的小国，为何能一再重创四五十万的周军，使三个宗王、两名宰相、一位故相（王孝杰）和数十员副将束手无策？揆诸上述战况的发展，周军让契丹长驱直入，破军屠民，使社会创夷，几乎危及神都，是名副其实的本土防卫战，为贞观以来所未曾有，武则天的"神功"何在？万国来朝、封禅告天而虚有其表的武则天，轻易地被一个小国所戳破，若非东突厥出手援助，战况和结果恐怕不堪想象！那么，东突厥在此次大周被攻事件中，究竟扮演了什么角色，对当时及往后有何影响？

前面提到万岁登封二年（696）五月契丹反，所向皆下，武则天发兵迎战；九月吐蕃遣使来交涉四镇之地，东突厥则乘机先寇凉州，执都督许钦明，寻又遣使来，要求归还河西降户以换取出兵助国讨契丹。当此之时，大周可谓被三国交侵，国家安全处于危机状态，而默啜同时以军事行动和外交交涉的方式对周施压，毋宁是乘人之危，志在必得。

武则天斟酌利害，可能认为多树一敌不如以夷制夷，故同意所请，遂命阎知微、田归道往册默啜为"迁善可汗"。十月，因默啜如约袭击契丹松漠根据地成功，武则天乃进拜他为特进颉跌利施大单于、立功报国可汗。

去年默啜遣使来朝时，武则天仅授以左卫大将军、归国公，地位尚在契丹所封的郡王之下。此次虽授以正二品的特进宫及承认其可汗地位，但观武则天用"迁善""立功报国"诸名，则知她仍视此复兴强权为臣属，只是能改过迁善、立功报国的助顺君长而已。显然，武则天朝廷对北亚新情势及东突厥的大战略，有严重的认识不足。

东突厥复国运动的领袖里，除了骨咄禄和默啜此二可汗，与王室姻族阿史德氏之外，阿史那元珍也扮演着重要的角色。当初阿史那泥熟匐和伏念两可汗相继复国失败后，元珍"习中国风俗，知边塞虚实"，原在单于府检校降户部落。当他率部乘隙投奔骨咄禄时，骨咄禄大喜，用为阿波达干，专统兵马，可见其人之被知名与器重。他协助骨咄禄由五千余众起家而发展，收集部落，渐渐壮大。

东突厥稍后对周策略有所改变，不再攻击中国，维持两国表面的和平；反而趁武则天专心登基的前后空当，先向漠北发展，重新臣服铁勒诸部；又向西突厥发展，开拓更大的生存空间。于此发展期间，武则天的新政权已经稳定，仍不惜遣使称臣，保持外交低姿势：凡此东突厥复国大战略的构想与执行，都可以见到元珍参与甚至主导的身影。

其实在契丹反周之前，东突厥北征西讨，早已茁壮。西突厥两可汗先后内徙，不敢归蕃，东突厥的西进是原因之一；漠北铁勒诸部被东突厥攻伐，余部逃至甘凉，逼使武则天在垂拱元年（685）侨置安北都护府于同城（在凉州，今地不详）以作安置，东突厥的北进更是其主因。

故契丹反周期间，东突厥趁机掠夺胁取，先寇凉州而执其都督，又遣使来要求归还河西降户，武则天能不给吗？稍后，东突厥连寇灵、胜二州，恐怕也是觊觎州内的突厥降户而来，并非是要配合契丹反周。默啜真正因契丹内侵而坐大，应与以下两事有关。

第一，默啜两次袭击契丹根据地和基地，获得其部众与物资甚多。契丹败亡后，与奚、霤等国都先后臣属于东突厥，甚至连安东都护府内原属高丽的人民，也多逃散入突厥，故使默啜逐渐恢复了当年第一汗国时的大国架构。

第二，在战事吃紧之时，默啜因侵略灵、胜二州而遣使来谢罪，并进行称臣后的第二次交涉，提出三项要求：请与武则天结为母子，请将女儿嫁与诸王以结和亲；请将六州降户、单于府之地以及农器、种子赐予东突厥。武则天初不许，但因默啜态度大变，以周使田归道长揖不拜为由，要囚而杀之，幸元珍不欲两国立即决裂，说不可杀大国使节，才改为拘留。武则天恐怕又生一敌，乃同意所请，东突厥的国际地位与国力遂因此而跃升。

同意之后，于是尽驱六州降户——指高宗中期安置于丰、胜、灵、夏、朔、代六州数千帐的突厥降附部落，与及种子四万斛、农器三千事、铁四万斤、杂彩五万段以与默啜。并许其婚。默啜获得六州部众和物资，由是更加强盛，且对大周有轻视之意，故透过和亲之事暴露出来。

圣历元年（698）五月，武则天改单于都护府为安北都护府，在六月间不理凤阁舍人张柬之"自古未有中国亲王娶夷狄女者"的劝谏，派阎知微等赍金帛巨亿，送侄孙淮阳王武延秀前往迎亲。八月抵达黑沙南庭，不料默啜竟对知微大言说："我女拟嫁与李家天子儿，你今将武家儿来，我突厥积世以来降附李家，闻李家天子种未总尽，惟有两儿在，我今将兵助立！"乃收武

延秀拘于别所，立阉知微为南面可汗，移书周朝责以五大罪：一是与我蒸谷种，种之不能生；二是金银器皆行滥，非真物；三是我与使者绯、紫官服皆夺之；四是缯帛皆疏恶；五是我可汗女当嫁天子儿，武氏小姓，门户不敌，罔冒为婚。遂发兵攻周，动员兵力达十余万。

武则天在国家危急之时，一再接受默啜的外交勒索，以换取其不称兵来犯或军事援助，无论基于战略或外交的考虑，均是势不得已；不料却也换来了对方的轻视，乃至对大周武氏如此的侮辱，真是始料未及！就此而论，错不在她。但是，观默啜两次交涉的内容，事实上是公然乘人之危——当然，竞争国家也许该乘对方之危以谋求己国的利益——等同要挟武则天割地、赔款与和亲，表面上是天朝赐赏蕃国，实质上则是逼她接受屈辱外交。武则天之错，错在对北亚新情势不了解，而且低估了默啜的实力和东突厥复国争霸的意图；此又与她——天册金轮圣神皇帝——天枢颂德、封禅告功的自大自妄心态有关。

突厥原非蕞尔小国，兴起而与中国争霸已有一百五十年历史，如今重现世界舞台，绝非去年反周的契丹可比，于是河北诸州争相发民修城备战。

同月，武则天以司属卿武重规为天兵中道大总管，右武卫将军沙咤忠义为天兵西道总管，幽州都督张仁愿为天兵东道总管，统兵三十万迎战；又以左羽林卫大将军阎敬容为天兵西道后军总管，将兵十五万为后援。一次组成的天兵军，总兵力竟高达四十五万之多，除了留守神都以及其他地区必需的驻军外，全国可用的常备部队几乎都已动员，再创大唐以来迄今的新纪录，可见武则天的紧急与重视。

默啜由袭击周朝的靖难军、平狄军、清夷军，以至进攻妫、檀、蔚、定、赵等河北诸州，所至烧杀掳掠，武则天闻报大怒，购斩默啜者封王，并改其名为"斩啜"。翌月——圣历元年九月，武则天重立废帝庐陵王为皇太子，皇嗣退位为相王，两日后命太子为河北道行军大元帅，挂名募兵以击突厥，本来应募者不满千人，及是募者云集，未几盈五万。太子其实不出征，武则天另命宰相狄仁杰为河北道行军副元帅、知元帅事统兵赴敌，并亲自送行。军未发，默啜尽杀赵、定等州男女八九万人而去，沿途杀掠不可胜计云。周军除狄仁杰统兵十万追之不及外，沙咤忠义等军但引兵蹑敌，不敢逼近，故使默啜能全军而退。

默啜回国后，对其国家和军队作了一些改革，称雄北亚，又立其子为拓西可汗，此时国家战略以西进为主，后来元珍也就是死于西征突骑施之役。当此之际，大周北边仅止于不时被寇掠，并无重大军事行动；当然，大周也未掉以轻心。

这时若以两京为椭圆的两个心，其正北偏西则与突厥以黄河为国界，较有天然的国防线；正北则天兵军在太原以北有长驻化的倾向；稍后正北偏东的河北沿边诸州也建置了防御军系统。

此时大周的国防态势是，北边退守至高宗前期的第一道军事防御线，沿边全线严阵以待，随时迎敌。武则天且让相王遥领安北都护，用"李家天子儿"来堵默啜之口，又不时派遣大臣如魏元忠等北使备边，甚至更两度派遣相王为行军元帅，统兵迎击入寇的突厥。

武则天显然吸取了契丹和突厥入侵，导致不得不进行本土决战，使人民沦丧、社会残破的教训，虽然不能立即在正北边恢复"远程防御、国外作战"的战略体系；但是用心于正北国防，建立"近程防御、边地决战"的国防线，其努力仍然具有正面的价值。这个价值当然不能从"上承贞观之治、下启开元之治"的角度作比较，然而仍不失为立国的中策。或许默啜的西进，也与考虑到不能轻易大举突破这道防线有关。

无论如何，武则天在付出惨痛代价之后，终于认清了东突厥复国以及北亚新情势的事实，毕竟守住了中国本部。突厥劫略性的机动骚扰，对双方国防俱无重大的影响，反之让西进的东突厥更怕周军乘机北上报复。东突厥可汗默啜当然不知道年迈的武则天毫无此意，所以最好最安全的方式就是重提和亲，以免后顾之忧，遂继吐蕃求婚后的四个月——长安三年（703）六月，遣使向武则天重提当年的婚约，

唐代纯银托盘

请以女儿妻皇太子之子。

两国和亲意谓两国透过婚姻而和睦相亲，只是五年前武则天的许婚竟然引起战争，固为始料所不及。如今武延秀未还，曾经自认儿子的默啜又来提亲，而且直接指定女儿要嫁给太子之子，比张柬之当年不宜让中国亲王娶夷狄之女的劝谏要求更高，诚然是史无前例的无礼之举。

年将八十的武则天，显然不愿大战重开，故不仅再次答允婚事，而且还破例地命太子两儿——平恩郡王李重福、义兴郡王李重俊——立见突厥来使，这是罕见的皇帝被人选婿！这两人都是太子的庶子，但是由于太子妃所生的嫡长子李重润，已在两年前与其妹妹永泰郡主夫妇同时被处死，故这两人之中未来必有一人是太子，甚至是皇帝。未来太子和番或皇帝和番是史无前例之事，如今武则天已不顾这些，太子武显更在母皇威权之下而不敢异议。十一月，默啜遣使来谢许婚，武则天在宿羽台举行盛宴，太子仓皇奉令参加，相王及所有在都三品以上官员陪席，然后重赐来使而遣还。

这种种举动——容忍不礼，隆重款待——皆象征着武则天对默啜的重视与小心，但不表示她对东突厥的安心。翌年（长安四年，704）八月，默啜遣送武延秀归周，两国理应自此和平；不过武则天却在翌月命宰相姚崇出充灵武道行军大总管，几天后转充灵武道安抚大使，一方面是因首都里政潮汹涌而姚崇避嫌；另一方面则未免是武则天恐怕默啜有诈而命重臣北镇。既然有过以前因和亲而引起大战的经验，所以双方互信的基础是值得怀疑的。和亲，对武则天、太子和默啜来说，无疑是各怀鬼胎的事。

大唐领土辽阔，由本部与羁属两大部分组成。本部是指实质统治的直辖领土，至贞观十四年（640）平高昌时已大定，东至于海，西至于焉耆，南尽林邑，北接薛延陀。本部以外，大唐还有形式统治的羁属领土，行使形式统治权的对象是臣属诸蕃。他们各依国部大小列置为府州县——即与直辖正州不同的羁縻府州县，分属边州都督、都护所领，前后有纪录者凡六百五十六个府州，数目几乎是正州的一倍。

大唐羁縻府州如此之多，他们事实上是大唐的自治属国或属部，都督和刺史就是他们的君主或酋长，因此他们与宗主国的关系可以说是准国际关系，也可视为单一的国际组织，共同构成了大唐世界圈。此外，亚欧诸不臣属于大唐的国家，就是唐人所习称的诸蕃国。

广大的直辖和羁属领土，其实是从贞观四年（630）唐太宗平定东突厥后逐渐扩张而来，此又与大唐为了维持国际秩序而经常用兵的结果有关；显然这是大势所趋，宜非单纯的穷兵黩武。例如，林邑国（在今越南中部）曾因言语不恭，有人劝唐太宗遣兵讨伐。唐太宗答道："自古以来，穷兵极武，未有不亡者也，岂得辄即发兵？但经历山险，土多瘴疠，若我兵士疾疫，虽克翦此蛮，亦何所补？言语之间，何足介意！"

显示他能自制，深知用兵是不得已之事。唐太宗一生戎马，最大的败笔是亲征高丽，但却与他屡次以宗主身份调停三国纠纷不果，故不得已出兵有关。他所扮演的角色，调停语气，乃至持续用兵，后来皆被高宗所沿袭。

代天理物的万国之主，若苦口婆心调停不果，能不为维持颜面与国际秩序而出兵吗？大唐皇帝一度作为万国之主，国家也的确万邦来朝，大唐声势因此远扬，世界的文化、经济从而加强，应该是值得大唐子民肯定而自豪的事。当每州诸蕃使至京朝集，或者不臣属于大唐的诸蕃国使节来唐交聘之时，真是极一时之盛况。

大唐外交惯例：西蕃诸国通唐使处悉置铜鱼，雌雄相合各十二只，皆铭其国名，雄者留在内，雌者付本国。如其国使来，正月则持第一鱼，二月持第二鱼，如此类推，校其雌雄合，乃依常礼予以接待。接待机关是相当于外交部的鸿胪寺，此寺在武则天临朝时改官称为司宾寺，所属的客馆置有译语人，相当于外交宾馆。

到了大周证圣元年（695）九鼎和天枢先后落成，于是在举行合祭天地大典、加尊"天册金轮圣神皇帝"的同月，武则天更颁下九月五日敕令："蕃国使入朝，其粮料各分等第给，南天竺、北天竺、波斯、大食等国使，宜给六个月粮；尸利佛誓、真腊、诃陵等国（俱在南海）使，给五个月粮；林邑国使给三个月粮。"

显然有引诱万国来仪，以夸耀尊大之意，东突厥可汗默啜就是在翌月遣使入朝，被封为"归国公"的。降至武则天重立废帝庐陵王为太子，大举兴兵有效地抵抗了默啜入侵后的翌年——圣历三年（700）三月六日，复颁敕："东至高丽国，南至真腊国（在泰国、老挝间），西至波斯、吐蕃及坚昆都督府（在叶尼塞河流域），北至契丹、突厥、靺鞨（在黑龙江下游），并为入番；以外为绝域。其使应给料，各依式。"武则天以扩大供给程料的范围

唐朝武士俑

做手段，意图更广泛地招引各国来朝，恐怕是要用外交声势来稳住国内外的心理，以便维持她的个人声望。总之，武则天善于利用夸张性的外交以增加声望，增强威势，如同利用宗教一样，是毋庸置疑的。

明眼人一定看得出来，武则天的外交其实是一种变相的金钱外交。她的国内声望暂且不说，就以国际声望而论，她事实上远不能与前后两任丈夫——唐太宗和唐高宗——相比，所以要夸耀就得花钱。试想大食等国，连同五六百个羁縻蕃属朝集使团，来朝一次所需的经费和接待人力有多少？因此武则天政府的财政不紧张困窘才怪！这种劳民伤财、虚张声势的事情，显然是后来唐玄宗所要革新的项目之一。

唐玄宗即位之初，就在先天二年（713，即开元元年）十月下诏，委当蕃都督及管内刺史对此加以管制，限制"每年一蕃令一人入朝，给左右不得过二人"。开元八年十月更敕令"每年分蕃朝集，限一月二十五日到京，十一月一日见"。玄宗不满和否定武则天的作为，由此可见一斑。

万国来朝的外交盛况并不意谓国际以大周为首从此和平，甚至不意谓他国就不敢侵犯中国。在武则天统治之下，中国事实上是频年征战的。

败仗多了，最后连对残破之余而再起的东突厥、仅有数万兵力的小国契丹竟然也一输再输，且被直攻本土，而大唐自太宗后所未曾有，当然使人民对朝廷和战争丧失信心！后来宰相狄仁杰主张退守养民，以建设内敛型的国家为国策，无论从国防外交的情势和国内动员损耗的情况看，都很难说他思想保守迂腐。因为曾经力抗契丹与突厥入侵，如今重登庙堂之上，狄仁杰其实能了解此时的全局。

他的主张无异是要提供武则天另一类思考，一方面要抵制那些"贪夫之议"；另一方面则要打消武则天"黩兵"之思——称为"天册金轮圣神皇帝"的她，若无好大喜功之心，谁能让她点头实施金钱外交和穷兵黩武？尽管武则天没有采纳他放弃四镇的建议，然而狄相公显然也不能算失败，以他在神功元年（697）提出主张为分水岭，此后武则天基本上就在诸边以维持国际现状为准，正北甚至退守本土，同时答允吐蕃和东突厥的和亲，谅解突骑施的逼逐阿史那氏可汗；尤其在狄仁杰死——久视元年（700）九月前四个月，七十六岁的她终于觉悟，取消了"天册金轮圣神"的伟大尊号，回复一个寻常"皇帝"的角色。

虽说这种觉悟与她此时的思想信仰有了变化关系更大，但是国防外交的挫折，也不免是影响她放弃自我尊大的因素之一。两害相权，说服自我尊大、威权独任的武则天，让她追逐个人享福，总比让她继续追求夸张外交和国家征服好——何况西边和北边总是战败的多。狄仁杰被自大的武则天尊称为"国老"，让百姓推崇为贤相，要从这个角度去体会才成。

武则天晚年国策的转变当然值得重视，不过为何大周一再败仗，也值得进一步检讨。登基初左补阙薛谦光曾经上疏，检讨国防上出现了两个隐忧，一是因外交政策而埋下的；另一则是因国防政策和军队本身而产生的。

外交政策埋下了什么问题？

首先，武则天在刚临朝称制之时，就进行了官称与制度的改革。在国防外交方面，她自以为本着兴亡继绝的精神，以复立属国君长之后为己任；同时命令"其都护、汉宫及镇兵等，并悉放还"。西突厥两可汗就是在这种政策下复国的。匆促撤退这些国家的监护系统而无配套的措施，无异实质让他们迅速恢复独立，或许可以博得兴亡继绝的称誉，但对国家安全则是十分不利。诚如薛谦光的疏章所说，他以五胡之乱为例，顺着郭钦、江统徙戎的论点，提出如下的警告："窃惟突厥、吐蕃、契丹等，往因入侍，并叨殊奖。或执戟丹墀，策名戎秩；或曳裾庠序，高步黉门。服改毡裘，语兼中夏，明习汉法，睹衣冠之仪；目击朝章，知经国之要。窥成败于图史，察安危于古

今；识边塞之盈虚，知山川之险易。或委以经略之功，令其展效；或矜其首邱之志，放使归蕃。于国家虽有冠带之名，在夷狄广其从横之智；及归部落，鲜不称兵。边鄙罹灾，实由于此。"

他的说法或许未必全对，但是大周批准蕃人入居，其上封事者则多加封赏，的确一者可收他们的展效，但是另者却也埋下了国家安全的危机。像熟悉中国情况如阿史那元珍，一个人就足够让大周寝食不安；像了解武则天心态如阿史那斛塞罗，一个人就足以拖大周陷入战争的泥泞里，这是不容轻视的事实。

因此，薛谦光更进一步忧虑说，脱使"备守不谨，边防失图，则夷狄称兵，不在方外"，揆诸东突厥和契丹的起兵均在大周边疆发生，可证此言也非危言耸听。为此，他建议"愿充侍子者，一皆禁绝；必若在中国，亦可使归蕃，则夷人保疆，边邑无事矣"。

他的忧虑和建议没有被采纳，后来曾当武则天宰相而后又再任复辟皇帝宰相的李峤，则另从财政困窘的角度上书，干脆建议"远方夷人，不堪治国，向务抚纳而官之；非立功酋长，类糜俸禄，愿商度非要者，一切放还"。亦即武则天时期，因外交所引起的国家安全问题有二，一是国防的；一是财政的。

其次，国防政策和军队出现了什么问题？

武则天既然不是要调整国策为内敛化，不是真的要放弃属国和盟主地位，却要将兵力作战略性的撤退，无异是矛盾的思考，授敌以机，战火之起将是迟早之事，故吐蕃乘虚大入安西，然后破我焉耆，逼我敦煌，能不烧及本土则已是大幸。闻鼓思将，用兵求精，但这两个项目恰是武则天的弱项。

先论将才的选用。大唐有如此高度的国际地位，与他的大战略卓越和战果辉煌有密切关系。如果以唐太宗、李靖、李勣为一流大统帅的标准——即能综览全局，善于统率指挥大兵团，却又能以最小的兵力歼灭强敌大军，迅速获得最大战果，达成国家最大利益者，则侯君集、苏定方、裴行俭、刘仁轨等只能算是二流统帅，至于薛万彻、薛仁贵、王方翼、程务挺、张虔勖、王孝杰、黑齿常之等仅能算是战将或勇将。不过无论如何，大唐早期各种将帅都有，济济一朝，共成厥功。

随着一流大统帅的凋零，二流统帅也在唐高宗晚期和武则天临朝初年相

唐代佛光寺

继谢世。李勣死后一年，薛仁贵就有大非川之被歼；又六年，复有李敬玄青海之丧败，丧师辱国莫此为甚！稍后朝议有攻势和守势国防的辩论，唐高宗衡量"宿将旧人多从物故"，感慨"李勣已后，实无好将。当今以张虔勖、纪及善等差为优耳！"而来恒也答以"今无好将，诚如圣旨"。

显然早在一流大统帅相继凋谢之时，唐高宗已感觉到继起将才缺乏的压力，曾于显庆二年（657）六月特颁《采访武勇诏》，令京官五品以上及诸州牧守各举勇冠三军，智兼百胜，有谋略，能治军等人才。这时统帅人才缺乏的问题就已经突显出来。其后太学生魏元忠赴东都上封事，详论命将用兵之道，就更指出此问题的重要性，兼论及军纪军风的问题。

他首先指出朝廷未用良将，说方今"论武者以弓马为先，而不稽之以权略。才生于代，代实须才，何代而不生才，何才而不生代。故物有不求，未有无物之岁；士有不用，未有无士之时。汉文帝时，魏尚、李广并身任边将，文帝不能大任，反叹其生不逢时。臣请历访内外文武职事五品已上，得不有智计如羊祜、武艺如李广，在用与不用之间，不得骋其才略"者。接着推崇李勣、李靖的等公统帅之才，引古语"兵无强弱，将有能否"，而质疑当今的统帅不适任，认为"大将临戎，以智为本。假有项籍之气，袁绍之

基，而皆泯志任情，终以破灭，何况复出其下哉！当今朝廷用人，类取将门子弟，亦有死事之家而蒙抽擢者。此等本非干略见知，虽竭力尽诚，亦不免于倾败，若之何使当阃外之任哉？"最后论赏罚不明、军纪败坏，已经严重影响了士气，有关这方面所论有四点：

一是不杀败军之将如薛仁贵等，显示军纪疏亏，无以劝来者；二是"今罚不能行，赏亦难信，故人间议者皆言'近日征行，虚有赏格而无其事'比者师出无功，未必不由于此"；三是"自苏定方定辽东，李勣破平壤，赏绝不行，勋仍淹滞，数年纷纭，真伪相杂，纵加沙汰，未至澄清"；四是"今之将吏，率多贪暴，所务惟口马，所求惟财物，纵使行军，悉是此属。臣恐吐蕃之平，未可旦夕望也"。

武则天这时参与朝政，根据所著《臣轨》特列《良将》一章，论述良将的素质与条件，显示她是重视将帅人选的；但是却并未帮助高宗改善此方面的缺点，到了她独治时情况更糟。

例如，她将已算是三流统帅而威镇突厥的程务挺、王方翼杀死或流放而死了，张虔勖、黑齿常之后来也被酷吏诬构而死，可谓自毁长城。登基前她命素无统领大军经验的韦待价率三十六道总管远征吐蕃，遂致大败；又三度命和尚情夫薛怀义统大军北征东突厥，幸好未遭遇敌军，否则后果将不堪设想。

这时乔知之在同城的侨置安北都护府任监军，上表批评当前的军队，说"臣比来看国家兴兵，但寻常轨。主将不选，士卒不练，徒如驱市人以战耳。故临阵对寇，未尝不先自溃散。遂使夷狄乘利，轻于国威，兵愈出而事愈屈。盖是国家自过计于敌尔，故非小丑能有异图"。

因此他颇为悲观地说："陛下今日不更为之图，以激励天下忠勇；但欲以今日之兵、今日之将，冀收功于异域，建业于中兴，则臣之愚蒙必以为未可得也！"稍后薛谦光亦上疏论时政，其中指出当今取士，"才应经邦之流，惟令试策；武能制敌之例，只验弯弧。至如武艺，则赵云虽勇，资诸葛之指伪；周勃虽雄，乏陈平之智略。斗将长于摧锋，谋将审于料事"，希望慎选能谋之统帅人才。

他们的建议显然引不起武则天的重视，所以后来契丹入侵，武则天竟命武三思统兵安抚；败绩传来，再命武攸宜统兵往援；二帅挡不住，复命武懿宗、娄师德赴敌，几道大军兵力逾四五十万，不但仍挡不住几万兵力的契丹，连王孝杰也因败殉阵，最后竟因东突厥助战才能平定契丹。诸武只是纨绔子弟，委以大军统帅重任，如何能胜其任？如此"主将不选"，难怪"兵愈出而事愈屈"。统帅人选如此，尽管军号为新平、清边、神兵、天兵、天罚之类，也不过是武则天取来好听，自我壮胆欺罔罢了，简直有点儿戏！宰相如娄师德、狄仁杰、魏元忠，乃至后起的唐休璟，虽然都有参与军旅的经验，然而充其量仅是守土持重之人，接敌指战终究非其所长，而郭元振则尚未被武则天委以统帅大任。

武则天的统帅人选既然如此，那她的军队又怎样呢，为何至于"兵愈出而事愈屈"？

大唐自唐太宗即位以来，亲自训练军人战技并决行赏罚，故培养出一时劲旅，迅速平灭东突厥。此后战时除了征调正规的府兵组成行军以赴战外，也颇招募临时的兵募及允许义征参战，如青年时的薛仁贵就曾因为不合募格而自携武装参战的，士气极为高昂。

然而诚如太学生魏元忠的封事所说，在唐高宗中期远征朝鲜三岛之时，军人已因赏罚不明、军纪败坏，而严重影响了士气。他的指陈在刘仁轨所上的朝鲜军情报告书中，可以得到充分的印证。刘仁轨当时勒兵镇守百济，据他的报告，大唐远征兵募有如下的情况：他们手脚沉重者多，勇健奋发者少，兼有老弱，衣服单寒，惟望西归，无心展效。今日官府与往昔不同，人心又别，战死者更不借问，有功勋者不被记录，而有钱人家却可以逃脱征役。出征之初悬以高官重赏，百般引诱，俟到战地则惟闻枷锁推禁，夺赐破勋；而且勋官优先被征，牵挽辛苦，与白丁无别。征调时原谓只出征一年，故兵募仅带一年资装，今已离家两年，故装备单露，加上补给线长而不易充分补给，使兵募困顿。因此刘仁轨请求改善，以鼓舞士气。

刘仁轨的请求虽然被唐高宗采纳，但已显示了大唐远征军的一般状况。低落的士气大大影响百姓从军的意愿和斗志，唐初那种自告奋勇、自费参战之风，乃至尚武精神和武艺，在此状况下当然日渐衰退，因此唐军对外征战屡败，实与此有关。

又据史载，武则天登基初期曾拿出金银财宝悬赏，令从宰相及文武官之中选择善射者五人共赌，汉官不胜，第一名的高丽裔将领泉献诚为此启奏

说："陛下令简能射者五人，所得者多非汉官，臣恐自此已后，无汉官工射之名，伏望停寝此射。"

武则天嘉而纳之。将校虽然不一定能成为善谋的大军统帅，但却是率兵战斗的骨干，由此一例，可以验证当时汉裔将校武艺日降、军中战将素质日下的概况，所以魏元忠批评"论武者以弓马为先"，薛谦光批评"武能制敌之例，只验弯弧"之说，其实是不得已的补救措施。这些被选出来的弓马弯弧之士，武艺显然仍是比不上蕃将的，例如契丹骁将李楷固、骆务整，每陷阵则如鹘入鸟群，所向披靡，为周军将士所惧，后来因孙万荣死而投降，遂成为大周骁将，反靠他们才平定了契丹余党。

为此，唐高宗从中期开始，就一再下诏搜访人才，"武勇"即是其中的重要项目，例如仪凤元年十二月的《访孝悌德行诏》、二年十二月的《京文武三品每年各举所知诏》均是其例，二年十二月同月的《求猛士诏》则更是显案。

《求猛士诏》为征吐蕃而颁，谓吐蕃夺吐谷浑领土，唐军往征失利，"今欲分命将帅，穷其巢穴；克清荒服，必寄英奇。但秦雍之郊，俗称劲勇；汾晋之壤，人擅骁雄。宜令关内河东诸州，广求猛士。在京者，令中书门下于庙堂选试；外州委使人与州县相知。有膂力雄果，弓马灼然者，咸宜甄采，即以猛士为名"。

翌年正月更又遣将"分往河南、河北以募猛士"。可见唐军已不如当年劲勇骁雄，的确是屡败的原因之一。进士出身而时任监察御史的娄师德，就是在此时抗表自请为猛士，因频有战功而崛起的。

中国军队将士的武艺和士气竟然低落如此，所以唐高宗晚年出征兵力经常高达二十万、三十万人，武则天更高达四十万以上，欲以"人海

唐代铜鎏金麒麟

250

战术"致胜，这是唐太宗所不能想象的，然而虽多奚以为？尤其当武则天所用统帅不是情夫就是侄子之时！试以迎抗契丹的战争为例吧。

李尽忠以数万兵力攻占营州，武则天命张玄遇等二十八将往讨，并命武三思以安抚大使名义为统帅。李尽忠以军队饥寒的假情报欺敌，张玄遇等抢功冒进，大败于东硖石谷，张玄遇等将被生擒，周军将士之不济事由此可见。

武则天为此下制征发天下系囚和家奴为兵，并令山东近边诸州置武骑团兵，正应验了乔知之所说的"主将不选，士卒不练，徒如驱市人以战耳"。

武则天又命武攸宜为清边道行军大总管往讨，而曾统大军收复安西四镇的王孝杰则仅为其前锋。当时辽东都督高仇须接敌，败其军十一阵，捉得一百人。这不过只是小胜，但是报到武攸宜那里则变成了大捷。攸宜一面致书给他，称赞他捉得生口一千人，并指示敌情和交付任务；一面也令陈子昂上表，向朝廷报捷。武攸宜指示的敌情和交付的任务是这样的："今贼饥饿，灾瘥日滋。天降其殃，'尽灭'已死；人厌其祸，'万斩'方诛。营州士人及城傍子弟，近送密款，准待官军。某令蕃汉精兵四十万众，克取某月日百道齐驱；分五万蕃汉精兵，令中郎将薛讷（薛仁贵之子）取海路东入。请都督励兵秣马，以待此期。共登丸山，看殄凶房！"夸张轻敌之情溢于言表。

朝中得报，不但没有警告武攸宜轻敌，反而同样的情绪也盈于朝廷，宰相等上表称贺，亦骂契丹为"妖徒"，赞美高仇须败"孙万斩"之役有天助，说"城中出兵与其贼拒战，则有飞廉作气，回禄扬熛"云云。

宰相们在朝中谄媚好符瑞、妄天意的"天册金轮圣神皇帝"也就罢了，更有甚者，这种虚妄的文化的确也渗入了军中，益长军中轻敌之意。如武攸宜令前军总管王孝杰进军平州，行次渔阳界，白昼有金精白鼠入营，为王孝杰捕得，"将士同见，皆谓贼降之征"，故笼送于武攸宜。

武攸宜立令陈子昂上表，说"臣闻鼠者，坎精孽胡之象，宵行昼伏。今白日归命，素质伏辜，天亡之征，兆实先露！自孝杰发后，再有贼中信来，不谋同词，皆云'尽灭'病死，亲离众溃，匪朝即夕。今圣威远振，白鼠投营。休兆同符，实如灵契。凡在将士，孰不欢欣；执馘献俘，期在不远"！又令子昂报书王孝杰说："使至，辱书，知初出黄龙，即擒白鼠。凶贼灭

兆，事乃先发。贼降之象，理必无疑！近再有贼中信来，亲离众溃，期在旦夕。尚书（孝杰曾为夏官尚书）宜训兵励士，秣马严威，因此凶乱之机，乘其败亡之势；事同破竹，无待蒉茅。坐听凯歌，豫用欣慰！"

将帅既一再误判情报，又迷信骄妄如此，故素无大军指战经验的武攸宜，乃在兴奋之余，下了两道命令：第一道说："契丹逆丑，天降其灾；尽病水肿，命在旦夕。营州饥饿，人不聊生；唯待官军，即拟归顺！某此训励兵马，袭击有期；六军长驱，此月将发。恨不得与诸公等共观诸将斩馘献俘！契丹破了，便望回兵，平殄默啜。与诸公等相见有日，预以慰怀！"第二道是："比贼中频有人出来，异口同词，皆云逆贼'李尽灭'已死，营州饥饿，人不聊生；诸蕃首领百姓等，唯望官军，即拟归顺。前后继至，非止一人。某先使人向营州，昨回，具得父老密状，云贼势蹙；去正月上旬，有妖星落'孙万斩'营中，其声如雷，贼党离心，各以猜贰。天殃如此，人事又然；平殄凶渠，正在今日。大军即以二月上旬，六道并人，指期克翦，同立大勋！请公等训励兵马，共为掎角；开国封侯，其机在此。幸各勉力，以图厥功！"不料王孝杰军翌月即大败于西硖石谷，连己身也殉阵了。

王孝杰之败，应与将帅骄妄轻敌有关，但当契丹诱敌于死地而回兵薄战之时，副大总管苏宏晖竟然先遁，引起全军崩溃，此关系似乎更大。武攸宜为此令张说代撰失利请罪表，请求更换统帅和回京待罪，而事竟不果；苏宏晖本来已被武则天处斩，然因另立军功亦能得免。

苏宏晖上表向武则天谢恩和谢罪时，述及当时战况，竟推诿说是"前军挫衄，士卒奔亡。臣复继驱驰，战斗交合。川谷地险，客主势殊；步马相悬，左右受敌。决命争先，力尽涂穷。遂以貔貅之师，衄于犬羊之众"。无论如何，周军统帅无指战之才，将帅骄妄轻敌，军士无斗志，军纪不严明，仍是致败的原因。

败报传来，武则天未改前非，另命一个也无大军指战经验的武懿宗率兵赴敌。待他得悉契丹骆务整兵团数千骑将攻冀州，即仓皇后撤至相州，委弃军资器仗甚众。及至东突厥参战，契丹军心大乱，奚人背叛，周军乘时夹攻，才使契丹大败而亡。稍后，被时人讥为临敌畏遁的武懿宗奏上《平冀州贼契丹等露布》，竟将他畏敌避战说成是有意的"但合围而持重，未轻挑而即战"的战略计划，并说明他的战场部署是："广开形势，大振声威；移告郡邑，金汤固守；传檄诸军，掎角相应"。

大周军队似乎不是"天册金轮圣神皇帝"所想能挥舞伏魔降妖的金轮；它基本上是一支军纪不严明、统帅无能、将领骄安、士卒怯战的军队。难怪大周会被吐蕃、东突厥和契丹所交侵，想协助西突厥两可汗复国也力不从心。

契丹平后，武则天曾在科举考试中亲自出了一道策问，"问：东胡逆命，北海为墟，朝廷循修复之功，边境乏折冲之寄，辽水东西，城池不复；丸山左右，职贡犹迷。其使三圣（指大唐高祖李渊、唐太宗和唐高宗）遗黎，九州故地，飘然零落，可不痛哉！今欲示以威惠，申诱约束，选众之举未睹于今，出群之略何必是古。指明其要，无大简焉。"显示她其实自知"神功"出了问题，致使国防外交产生了危机，成就大大不如大唐三圣。

武则天最后找到了原因和解决的办法没有？根据以下措施显示，显然是有的。

上面的策略显示她将危机归因于"乏折冲之寄"，与及选举非有"出群之略"。为此，她展开了四个对策：

第一是留心选拔高水平的将相，例如武则天晚年发现唐休璟熟悉西域战略情势，判断准确，乃叹"恨用卿晚！"遂在长安三年（703）拜他为夏官（兵部）尚书、检校凉州都督、同三品；又谓群相说："休璟谙练边事，卿等十不当一也。"

唐墓壁画观鸟捕蝉图

第二是在长安二年首创史无前例的武举考试，遂成定制，以选拔武勇之士为基层军官。翌年又令天下诸州宜教人武艺，每年准明经、进士例申奏，以扩大武举的基础。

第三是于万岁通天元年（696）为了抵抗契丹，开始在山东创置武骑团兵；至圣历元年（698）更将之推广，令河南、河北也置武骑团以备默啜，并规定每一百五十户共出兵十五人，马

一匹。

希望组织此保家卫乡而有民兵性质的兵团，以分担怯战逃役之正规府兵的军事责任。

第四是申明赏罚、整顿军纪。

武则天为何要规定民户每一百五十户出马一匹？这与她认识大周战力衰退的因素和战马缺乏有关。

根据开元十三年（725）时任宰相的张说所撰的《陇右群牧使颂》记述，贞观初年官牧仅有马三千匹，其后徙至陇右牧场，命太仆卿张万岁主持马政，至麟德（664—665）中约四十年间，马匹多至七十六万六千匹，机关增为八使、四十八监，牧场跨越陇右、金城、平凉、天水，以至扩及河曲，幅员有千里以上。当此之时，天下以一缣易一匹马。可见唐高宗时官马之多。不过，根据夏州群牧使安元寿所奏，从调露元年（679）九月以后至永隆二年（681）二月五日以前，死、失的马有十八万四千九百匹。

这三年大唐分别与东突厥、吐蕃打仗，牧场也曾被他们所掠，故马匹颇

神骏图部分

有损失。然而至武则天临朝以后，马匹损失更多，所以颂文说"张氏中废，马官乱职；或夷狄外攻，或师围内寇，垂拱之后二十余年，潜耗大半，所存盖寡"。

开元初即因缺马，乃出现鼓励于六胡州买马，每买三十匹即酬予游击将军官的建议。要等到天宝末，官牧才恢复至六十余万匹马的盛况。

马匹严重缺乏发生在武则天统治的时期，当然大大影响军队的战斗力，所以当武则天命武懿宗迎击契丹之时，即已敕令京官出马一匹供军则酬以五品之官，至于规定每一百五十户出马一匹，显然已是将对京官的鼓励措施扩大为对民间的强迫剥削，可见其严重性。

武则天时期严重缺乏马匹的原因，张说已经指出有马官乱职、夷狄外攻和师围内寇三个因素。其实还有一个武则天自己的个人因素，即是收括官牧的良马以供御用，使战斗部队因此缺乏良好的战马。原来大唐已有六厩以掌御马，当契丹起兵入侵之年，武则天又另置仗内六闲，将官牧的良马收归御马，由殿中省主领。武则天为何要那么多良马？说穿了就是为了她自己。她夺权成功是因为掌握了北门禁军，所以要扩充北军以加强自卫。

北军的主力兵种是骑兵，内外六厩就是他们马匹的来源。其次，她自己乃至子女、诸王也因乘御游幸需要大量的御马，故在她被推翻后的翌月，复辟皇帝下诏："厩马数多，皆须秣饲。食人之粟，日费兹深。殿中诸闲厩马量支留以外，抽送外州马坊及本监牧；其东宫、诸王、公主等马应官供者，亦令随事减省。"可见他们用马之多。是则官牧所能提供给战斗部队的战马只能有限，不仅影响骑兵战斗力；更重要的是，良马供应的不足，对精骑的编组影响太大。

唐初，中国骑兵就已全面模仿突厥轻骑兵的编组与战术，精骑的编组在唐军手中，则更具有快速打击的战略作用。当年唐太宗以精骑奔击开国，李靖以精骑三千夜袭颉利，又以精骑一万再度奇袭而亡其国，后来李勣也以精骑三千追歼薛延陀二十万骑兵，所仰赖的就是有良马，才能收此长程奔袭、快速打击的战略效果。如今大周精骑编组困难，则是李靖、李勣二人的战绩遂成绝响的奇功。武则天为自己而收括官牧的良马，显然也是她的国防弊政之一，此乃无疑。

巩固边疆

应该指出，对边疆少数民族的怀柔抚慰政策不是在什么情况下都能奏效的。由于有时在执行怀柔政策时存在着一些问题，尤其是有些少数民族贵族受传统的影响较深，不以安居为意，常欲虏掠纵欲。因而，他们入侵内地，烧杀掠抢的事件也多次发生。这不仅严重扰乱了内地人民的正常生活，妨害了社会经济的发展，而且削弱了国防力量，影响了帝国的安全。

因此，武则天在实行怀柔政策的同时，对少数民族贵族的入侵深恶痛绝，坚决反击。为了巩固边防，武则天除实施怀柔政策外，还采取了许多措施。

〔收复安西四镇〕 "安西四镇"是唐王朝设在西域的四个军事重镇。初为龟兹（今新疆库车）、于阗（在今新疆和田南）、焉耆（在今新疆焉耆县西南）、疏勒，后以碎叶（在今中亚吉尔吉斯北部托克马克附近）代替焉耆。安西四镇统辖天山南北的广大地区，对于畅通"丝绸之路"和巩固西北边防具有重要意义。高宗以后，由于突厥的再起和吐蕃的强大，安西四镇陷于吐蕃，朝廷几次废置，西域局势动荡。

武则天临朝之初，安西四镇仍为吐蕃所有。当时高宗新崩，国有大故，不能征。永昌元年（689），形势有所好转，武则天即命文昌右相韦待价为安息道大总管，安西大都护阎温古为副总管，讨伐吐蕃。韦待价等至寅识迦河，逗留不进，败于吐蕃，加之遇上大雪，"士卒冻馁，死亡甚众。"武则天闻知大怒，"待价坐流绣州（治所常林，在今广西桂平县南），温古处斩。"

翌年，更以文昌右相岑长倩为武威军大总管征讨吐蕃。但因武则天即将称帝，军队没有出发。武周政权建立后，西州都督唐休璟"上表请复取四镇"。武则天鉴于前几次军事上的失利，在统帅人选上特别慎重。有一个将领叫王孝杰，京兆新丰（今属陕西临潼）人，高宗时随军征讨吐蕃，大非川战败被俘。吐蕃赞普（国王）看其貌像他父亲，厚加礼遇，久在吐蕃中，知其虚实，后放归。武则天看到休璟表奏后，立即任命王孝杰为武威军总管，唐休璟和左武卫大将军阿史那忠节为副总管，率军直逼西域。

长寿元年（692）十月，经过激烈的战斗，终于驱逐了吐蕃入侵者，"克复龟兹、于阗、疏勒、碎叶四镇而还"。

捷报传到神都，武则天极为高兴，对侍臣说："昔贞观（627—649）中具竣得此蕃城，其后西陲不守，并陷吐蕃。今既尽复于旧，边境自然无事。孝杰建斯功效，竭此款诚，遂能裹足徒行，身与士卒齐力。如此忠恳，深是可嘉。"遂拜王孝杰为左卫大将军。明年，迁夏官尚书、同凤阁鸾台三品，荣任宰相。

〔派兵驻守边疆〕"边疆"是与"内地"相对而言的。没有"边疆"，也就无所谓内地。但是一些著名的大臣，往往看不到这一点，而认为"边疆"是无补于国家的不毛之地。太宗时的名相魏徵持这种观点。武则天的大臣持此说者也不止一人。武则天是十分注意纳谏的，但对于这种言论，则一概弃而不用。

史载，王孝杰收复安西四镇以后，鸾台侍郎狄仁杰请罢而不守。他上书说：

臣闻天生四夷，皆在先王封域之外。故东距沧海，西隔流沙，北横大漠，南阻五岭，此天所以限夷狄而隔中外也。自典籍所记，声教所及，三代不能致者，国家兼之矣。陛下今日之土宇，过于周汉前朝远矣。若使越荒外以为限，竭资财以骋欲，非但不爱人力，亦所以失天心也。近者，国家频岁出师，所费滋广。西戍四镇，东戍安东，费用不支，有损无益。如臣所见，请捐四镇以肥中国，罢安东以实辽西。况绥抚夷狄，盖防其越逸。苟无侵侮之患则可矣，何必窥其窟穴，与蝼蚁计较长短哉！伏愿陛下弃之度外，无以绝域未平为念。但当敕边兵谨守，以待其自败，然后击之。

虽然狄仁杰是一位很有作为的政治家，但他在这份奏章中，仅仅看到了守四镇的艰难，而没有看到弃四镇的危害；仅仅提出敕边兵谨守，而没有看到四镇对"守边"的作用。因而"请捐四镇以肥中国"的建议显然是错误的。狄仁杰的建议一提出，右史崔融立即上书表示反对。他在回顾了唐虞（尧舜）以来"北狄"与中原王朝的关系之后说：

至唐，太宗方事外讨，复修孝武旧迹，并南山至于葱岭为府镇，烟火相望焉。其在高宗，励精为政，不欲广地，务其安人。徭戍繁数，周度减耗，复命有司拔四镇。其后吐蕃果骄，大入西域，焉耆以西，所在城堡，无不降下，遂长驱东向，逾高昌壁，历车师庭，侵常乐县界，断莫贺延碛，以临我敦煌。伏赖主上神鉴通幽，冲机测远，下严霜之令，兴时雨之兵，乃命右相韦待价为安息道行军大总管、安西都护阎温古为副问罪焉。至王孝杰而四镇复焉。今若拔之，是弃已成之功，忘久安之策。

显然，崔融在这个问题上的见解比狄仁杰高明得多。如果轻率地将安西四镇废弃，确实是"弃已成之功，忘久安之策"，不仅会丧失数千里江山，而且吐蕃等得寸进尺，将会带来更多的麻烦，甚至会使边疆地区为"绝域"所占，其后果是不堪设想的。因此，武则天毅然采纳了崔融的意见，保留安西四镇。而且，移安西都护府于龟兹，"用汉兵三万人以镇之"。

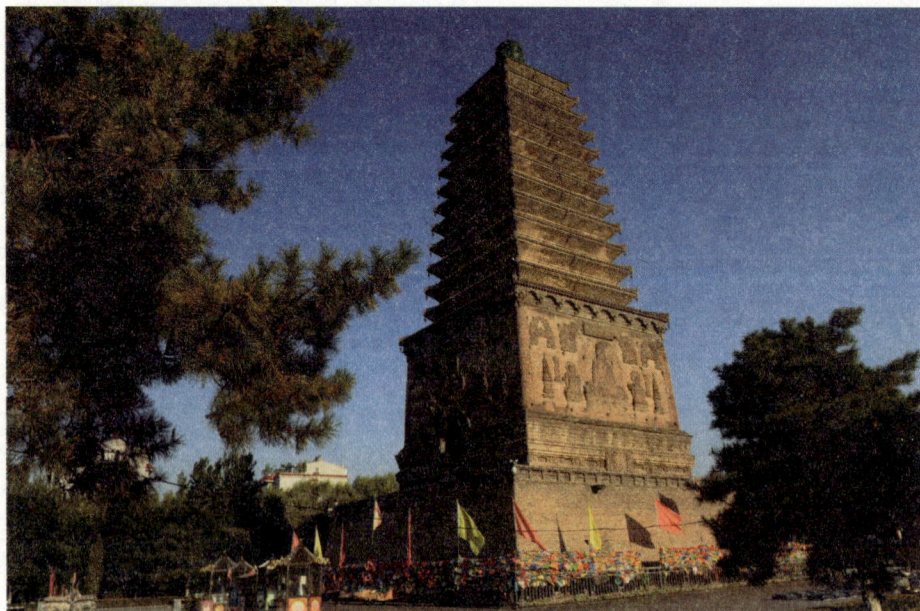

朝阳北塔

圣历元年（698），蜀州刺史张柬之上书，请罢姚州都督府。姚州都督府始置于麟德元年，治昆明之弄栋川（今云南姚安）。每年由四川派兵五百人戍守，指挥云南部落联合抗击吐蕃。天授中，武则天遣监察御史裴怀古安抚西南各民族。延载元年（694）六月，洱海地区首领董其率部落二十余万户内附。

接着，武则天又在姚州增设七镇，派兵驻守。而在这时，张柬之却上疏要求罢掉姚州都督府和云南的一切军事设施，认为保留姚州都督府是空竭府库而受役蛮夷，建议"省罢姚府，使隶府，岁时朝觐，同之蕃国。泸南（金沙江以南）诸镇，亦皆悉废，于泸北置关，百姓自非奉使人蕃，不许交通往来"。武则天断然拒绝了这种错误主张，从而维持了武周政权对"南中"的统治。

〔建立第二道边防线〕为了防止边疆少数民族贵族侵扰内地，造成边疆危机，武则天注意在与少数民族政权接近的地区设置第二道"边防线"。

首先，继续发挥各都护府的作用。登基之初，安东、单于、安北、安西等都护府依然存在，只是安东治所由平壤迁至辽东地区，各府辖境稍有变化而已。圣历二年（699），合并安北、单于二都护府为安北都护府。

长安二年（702），分安西都护府北境，置北庭都护府于庭州（今新疆吉木萨尔北破城子）。各都护府仍然设都护、副都护之职，以抚慰诸蕃，缉宁外敌。

其次，选用良将，镇守边陲。要想保卫边疆，克敌制胜，没有良将是不行的。武则天很早就认识到了这一点。在《臣轨》一书中，武则天就曾列《良将》一章，提出良将要有五材四艺。

所谓"五材"，指"智而不乱，明不可蔽，信不可欺，廉不可货，直不可曲"。

所谓"四艺"，即"受命之日，忘家；出家之日，忘亲；张军鼓宿，忘主；援枪合战，忘身"。此外，还要懂御众之术、攻守之法，有先见之明。登基称帝以后，武则天所招揽的人才中，就有不少文武兼备之士。

为了选出良将，武则天还曾专门令文武七品以上荐举。对于那些英谋冠代，走若追风之类的人，都要予以搜拔。为了选拔能征善战之士，长安二年正月，武则天还创设了武举。考试内容有七：

射长垛。试射长垛三十发，不出第三院为第，入中院为上。入次院为次上，入外院为次。

骑射。发而并中为上，或中或不中为次上，不中为次。

马枪。中三板四板为上，二板为次上，一板及不中为次。

步射。射草人中者为次上，虽中而不符合射击要求或虽符合要求而不中，皆为次。

材貌。身长六尺以上者为次上，以下为次。

言语。有神采堪为统领者为次上，其余为次。

举重。亦称翘关。以能举五次者为上第。

长安三年，武则天又令天下诸州教人武艺。每年准明经进士申奏，从而使武举成为科举制度的一个重要组成部分。

通过这些办法，培养了不少军事人才。其中守边最有名的大将当数娄师德、唐休璟、张仁愿、郭元振等人。史载，娄师德任大将在河陇，"前后四十年，恭勤不息，民夷安之"。唐休璟熟知边事，"自碣石西逾四镇，绵亘万里，山川要害，皆有记之。"

张仁愿先后任幽州都督、并州都督府长史，善用兵，"号令严，将吏信伏、按边抚师，赏罚必直功罪。"郭元振"善于抚御，在凉州五年，夷夏畏慕。令行禁止，牛羊被野，路不拾遗"。此外，解琬、薛讷等人也比较突出。解琬熟习边事，安抚乌质勒及十姓部落，以功擢御史中丞、兼北庭都护、西域安抚使，"多为长利，华虏安之。"

薛讷是已故左武卫大将军薛仁贵的儿子，前后摄左武威卫将军、安东经略、幽州都督兼安东都护、并州大都督府长史等职，"久当边镇之任，累有战功。"

再者，优待军属，广置屯田。设置第二道防线，必然需要重兵。能否照顾军属利益，对于边防能否巩固是十分重要的。武则天坚持不向军属征收租调。这一点不见于史书，但在《敦煌资料》和《吐鲁番出土文书》中有原始记载。不仅不征租庸，而且命令州县"劝课殷有之家，助其营种，勿使外人侵欺"，时时"加意抚存"。为了减轻内地人民的军费负担，减少转运之劳，特别是保障边兵的供给，武则天还鼓励边将广开屯田。

如前所述，娄师德在丰州、河源等地，郭元振在凉州等处，垦荒种粮，积谷甚丰，对经济的发展，对西北边防的巩固，起到了积极的作用。

此外，还在沿边地区建立民兵组织。万岁登封元年（695）令山东近边诸

唐三彩驼载乐俑

州置武骑团兵。圣历元年（698）复令大河南北置武骑团。所谓武骑团兵，就是不脱产的武装骑兵，敌来即上马拒战，敌退则解甲耕田。

从总的情况看，武则天所建立的第二道防线是比较完整的。当然，各地的情况不尽一致。西北地区，可谓之强大。东北地区，则相对薄弱这主要是因为要集重兵于西北，以防御强大的吐蕃和突厥。

〔坚决打击侵扰者〕武则天虽然刻意设置第二防线，但仍不能完全消弥某些少数民族的侵扰，吐蕃、突厥、契丹等少数民族仍常常入侵。对于这些侵扰者，武则天毫不留情，坚决打击。试以对吐蕃、契丹、突厥的战争为例加以说明。

吐蕃。吐蕃自论钦陵兄弟统帅兵马以来，自恃强大，威震诸蕃。长寿元年，王孝杰率军收复安西四镇以后，吐蕃怀恨在心，伺机报复。

延载元年春，吐蕃首领勃论赞勾结突厥伪可汗。阿史那馁子入侵冷泉、大岭，为武威道行军总管王孝杰所破，死伤万余人，狼狈而退。碎叶镇守使韩思忠趁机攻破泥熟没斯城。证圣元年七月，吐蕃寇临洮。武则天立即任命王孝杰为肃边道行军大总管以讨之。

次年一月，复遣娄师德为副总管以助讨。三月，双方大战于洮州素罗汗山。官军失利，损失惨重。王孝杰被免为庶人，娄师德被贬为原州员外司马。吐蕃论钦陵遣使请和，以撤去安西四镇守兵，索取十姓之地（即西突厥

故地）为条件。

武则天闻听大怒，拒绝所提苛刻条件。圣历二年，论钦陵兄弟及其党羽为赞普器弩悉弄所杀。赞婆率所部千余人来降：武则天遣羽林飞骑迎接，授赞婆为特进、辅国大将军、归德郡王，令率所部镇守河源。久视元年，吐蕃麹莽布支攻凉州，围昌松县城，则天命左肃政台御史大夫魏元忠为陇右诸军大总管，率陇右诸军大使唐休璟出击。唐休璟与麹莽布支战于洪源谷，"被甲先陷阵，六战皆捷，吐蕃大奔，斩首二千五百级。"

长安二年，吐蕃赞普亲自出马，入侵悉州（四川茂汶羌族自治县西北）。悉州都督陈大慈沉着应战，四战皆克。至此，吐蕃终于无力再战。"于是吐蕃遣使论弥萨等入朝请和。"

契丹。契丹是东北地区的少数民族之一。居于辽河上游，"东与高丽邻，西与奚国接，南至营州（辽宁朝阳），北至室韦。"唐初以来，时叛时降。武周初期，其酋长李尽忠任松漠都督，其内兄孙万荣任归城州刺史。孙万荣曾"以侍子入朝，知中国险易"。李尽忠颇有政治野心。万岁登封元年（695），二人以受营州都督赵文翙侮辱为口实，举兵攻陷营州，杀赵文翙，公然发动叛乱。

李尽忠自称无上可汗，以孙万荣为将，纵兵南下，进逼檀州（北京密云一带）。武则天怒其叛乱，下诏改李尽忠为"尽灭"，万荣为"万斩"，遣

捣练图

曹仁师、张玄遇、李多祚、麻仁节等二十八将率军讨伐。接着，又以春官尚书武三思为榆关道安抚大使，姚璹为副使以防契丹西进。八月，李尽忠等闻官军将至，施展毒计，释放攻破营州时所获官兵数百名，诈言契丹兵少食尽，官军至即降，引诱官军上当。由于缺乏统一指挥，诸将贪功冒进，结果中途遭到契丹伏兵截击，伤亡惨重。

败讯传来，武则天乃以右武卫大将军武攸宜为清边道大总管，募天下士庶家奴等随军以击契丹；同时诏山东近边诸州设置武骑团兵，以防契丹南下。

九月下旬，突厥默啜请为武则天之子，归还河西降户，然后率部以讨契丹。武则天令阎知微、田归道册授默啜为左卫大将军、迁善可汗。十月，李尽忠死，孙万荣代领其众。默啜乘官军吸引契丹主力之机，袭破松漠都督府，俘李尽忠、孙万荣的妻子而归。

孙万荣收拾余众，军势复兴，遣别将骆务整、何阿小攻陷冀州（河北冀县），进逼瀛州（河北河间县一带），河北震动。于是，武则天起用王孝杰为清边道总管，与羽林卫将军苏宏晖率兵十七万以讨之。

史载，"孝杰军至东峡石谷遇贼道隘，虏甚众。孝杰率精锐之士为先锋，且战且前，及出谷，布方阵以捍贼。后军总管苏宏晖畏贼众，弃甲而遁。孝杰既无后继，为贼所乘，营中溃乱，孝杰坠谷而死，兵士为贼所杀及

奔践而死殆尽。"

王孝杰跳崖自尽后，孙万荣更加猖狂，攻入幽州（今北京市西南部），杀人放火。武攸宜遣将救城，不克。武则天又命右金吾卫大将军武懿宗为神兵道大总管，右肃政台御史大夫娄师德为清达道大总管，右武威卫大将军沙吒忠义为清边中道前军总管，将兵二十万以赴之。当时孙万荣"甚锐"，鼓行而南，"残瀛州属县，恣肆无所惮。"

与此同时，也遇到地方州县的顽强反抗。如叛军进攻河北文安县时，县令王德表"励声抗节，誓志坚守"；进攻枣强时，县官裴同"率疲弊之卒，当勇锐之师，悬门以拒攻"。这说明叛军的种种暴行，已激起了河北军民的强烈反抗。

官军在屡败之后，正发愤雪耻，形成强大的攻势：大总管武攸宜出镇蓟门，切断孙氏归路；总管沙吒忠义、王伯礼、安道买兵出易水，御史大夫娄师德、总管高再牟、薛思行出于中山，长史唐奉一出洛魏，前军总管杨元基等出契丹之东北，总管李宏颜等略其西南，将契丹叛军团团围住。经过激烈的决战，前后九阵，打败契丹，斩获何阿小、马行尉、杨奉节等"魁首巨蠹三百余人"，又俘虏骁将李楷固、骆务整，缴获大批军用物资。

孙万荣率千余名骑兵败逃，契丹军大溃。前军总管张九节设伏兵拦截，孙万荣无计可施，与家奴逃至潞河东，在树下休息时，被其奴斩首。"九节传之东都，余众溃"。时在万岁通天二年六月三十日。孙万荣死后，契丹不能自立，东北复定。

突厥。突厥在则天登基之后，仍分为东西两部。西突厥衰微，武则天抚而扶之。史载，"则天临朝，（西突厥）十姓（即五咄陆和五弩失毕）无主数年，部落多散失。"垂拱初，遂擢授阿史那弥射之子左豹韬卫翊府中郎将阿史那元庆为左玉钤卫将军兼昆陵都护，令袭封为兴昔亡可汗，押五咄陆部落；授阿史那步真之子阿史那斛瑟罗为右玉钤卫将军兼蒙池都护继往绝可汗，押五弩失毕部落。后为东突厥所逼，继往绝可汗收其余众人居内地，则天封其为"竭忠事主可汗"。

此时的东突厥，亦被称为北突厥或后突厥，自恃强大，时叛时降。延载元年（694），骨笃禄死，诸子年幼，其弟默啜自立为可汗。此人颇具智算，狡诈异常。"负胜轻中国，有骄志，大抵兵与颉利时略等，地纵广万里。"

这年春天，默啜率军入灵州，"杀掠人吏"。武则天以薛怀义为朔方道行军大总管，内史李昭德为行军长史，同凤阁鸾台平章事苏味道为司马，率朔方道总管契苾明、雁门道总管王孝杰、威化道总管李多祚、丰安道总管陈令英、瀚海道总管田扬名等十八将军讨之，不遇敌而还。后慑于官军兵势，默啜不得不暂时收敛其野心。

天册万岁元年十月，默啜遣使请降。则天不咎既往，"册授左卫大将军、归国公"，且多方予以帮助。而默啜阳奉阴违，并无诚意。圣历元年三月，默啜遣使为其女求婚。六月，武则天命淮阳王武延秀入突厥，纳默啜女为妃，遣豹韬卫大将军阎知微等送之。

八月，武延秀一行至黑沙南庭，默啜拘之别所，以"与我蒸谷种，种之不生"；"金银器皆行滥，非真物"；"武氏小姓，门户不敌，罔冒为昏（婚）"为借口，立阎知微为南面可汗，自率十万骑兵南向击静难、平狄、清夷等军，围困妫、檀二州。

武则天以司属卿武重规为天兵中道大总管，左武卫将军沙吒忠义为天兵西道总管，幽州都督张仁愿为天兵东道总管，率兵三十万击之。又命左羽林卫大将军阎敬容为为天兵西道后军总管，将兵十五万以后为后援。

这时，默啜已破飞狐、定州，进围赵州（河北赵县）。九月，武则天又命太子李显为河北道元帅以讨突厥。百姓"闻太子为元帅，应募者云集，未几，数盈五万"。

武则天又以狄仁杰为河北道行军副元帅，知元帅事，并亲自为之送行。看来，武则天是下决心要击败东突厥。但狡猾的默啜闻听狄仁杰率大军将至，"尽杀所掠赵、定等州男女万余人，自五回道去"，沙吒忠义等引兵蹑其后，不敢进逼。狄仁杰统十万兵追之。

默啜还漠北后，拥兵四十万，"甚有轻中国之心"，复立咄悉匐为左察，默矩为右察，各统兵二万，又立子匐俱为"拓西可汗"，自典大军，伺机南下。武则天"乃高选魏元忠检校并州长史，为天兵军大总管，娄师德副之，按屯以待"。默啜见东部壁垒森严，乃剽掠陇右牧马万匹而去。武则天诏魏元忠为灵武道大总管以备之。次年，默啜复侵盐、夏等州，掠夺羊马十万。

武则天再次调兵遣将，"以雍州长史薛季昶为持节山东防御大使，节

度沧、瀛、幽、易、恒、定、妫、檀、平等九州之军。以瀛州都督张仁宣统诸州及清夷、障塞军之兵，与季昶犄角，又以相王（李旦）为安北道行军元帅，监诸将"。默啜见官军大集，无机可乘，乃退。长安三年六月，遣使复请和亲，直到武则天之世，不复入侵。

从上述情况来看，武则天是绝不允许少数民族贵族入侵的。

〔对将士严明赏罚〕为确保国家边疆的安全，有效抵抗少数民族贵族的侵扰，提高军队的战斗力，武则天在建立第二防线、坚决打击侵扰者的同时，特别注意培养将士的忠君爱国思想。这主要表现在对将士赏罚严明。投敌者严惩不贷；立功者给予奖赏。

武则天对投敌者的惩罚是无情的。例如对阎知微的处理就是如此。阎知微是唐初建筑家阎立德的孙子。圣历元年（698）六月，武则天令其以豹韬卫大将军摄春官尚书的身份护送武延秀往突厥纳默啜之女为妃。默啜拘延秀，阎知微即屈膝投降，接受其伪南面可汗之号。默啜侵恒、定，围赵州，阎知微随军为之招降。当时将军陈令英等守赵州城西面，阎知微引诱说："陈将军何不早降下？可汗兵到然后降者，剪土无遗。"甚至无耻地在城下与侵扰者携手唱什么《万岁乐》。陈令英谴责说："尚书，国家八座，受委非轻，翻为贼踏歌，无惭也？"阎知微仍唱道："万岁乐，万岁年，不自由，万岁乐"。

后来阎知微被默啜抛弃，乃还。对于这样一个卑鄙无耻，丧失国家尊严和民族气节的败类，武则天怒不可遏，"命磔于天津桥南，使百官共射之，既乃剐其肉，剉其骨，夷其三族。"

对于在巩固边疆过程中涌现出来的英雄人物，武则天则予以重赏和表彰。如王孝杰收复安西四镇，武则天对其作了高度评价，她说："贞观中，西境在四镇，其后不善守，弃之吐蕃。今故土尽复，孝杰功也。"并且迁孝杰为左卫大将军，复擢夏官尚书、同凤阁鸾台三品，封清源县男。孝杰跳崖牺牲后，武则天又追赠孝杰夏官尚书，封耿国公，拜其子为朝散大夫。唐休璟镇守西陲，屡有战功，武则天擢为右武威、金吾二卫大将军，对他说："恨用卿晚！"进拜夏官尚书、同凤阁鸾台三品。

妇女有功也一视同仁地封赏。如突厥南侵时，平州刺史邹保英妻奚氏，助夫作战，"率家僮及城内女丁相助固守"抵抗叛将李尽忠的围攻。武则天闻讯，优制封她为诚节夫人。古元应妻高氏助夫守飞狐县城，功绩卓著，武则天下制书褒奖说："顷属默啜攻城，咸忧陷没。丈夫固守，犹不能坚；夫人怀忠，不惮流矢。由兹感激，危城重安。如不褒升，何以奖劝，古元应妻可封为徇忠县君。"

对于那些表现出民族气节的忠烈之士，亦大加褒扬。如契丹寇河北定州，义丰、北平二县坚守不降。武则天改义丰为立节，改北平为徇忠。监察御史裴怀古随阎知微入突厥，默啜欲授以伪官，怀古不受，遂为所囚。以后寻机逃离魔掌，历尽千辛万苦，返回洛阳。武则天引见，迁祠部员外郎。田归道使突厥，面对默啜威胁，"辞色不挠"，归来后武则天重之，擢为夏官侍郎"甚见亲委"。

在与孙万荣作战时，龙山军讨击副使许钦寂兵败被俘，叛军将围安东城，令钦寂劝说守城者投降。时安东都护裴玄圭在城中，钦寂高喊："狂贼天殃，灭在朝夕，公但谨守励兵，以全忠节。"慷慨激昂，遂为叛军所害。武则天下制褒美，赠蕲州刺史，谥曰忠。

严惩叛徒，厚奖烈士，无疑是在提倡忠君爱国思想。而在当时历史条件下，这样赏罚分明，对于鼓舞士气、巩固边防是有积极作用的。

武则天是一个女子，但她目光远大，有胆有识。她重视处理国际关系和民族关系。继续推行唐太宗的民族亲近政策和"降则抚之，叛则讨之"的策略，坚决反对各民族之间的侵扰，并为此进行了长期艰苦的斗争。

虽然由于历史条件的变化，吐蕃、突厥、契丹数十来年迅速发展，人马精强，而中原"久属太平，多历年载，人皆废战，并悉学文"，军队作战能力下降，因此似乎没有取得像唐太宗时期那

唐代三彩双龙尊

267

样威震四海的赫赫战功。但是，由于她采取了上述一系列有力措施，保卫了国家的辽阔版图，甚至使帝国的影响比唐初还要有所扩大。

就此而言，武则天在军事外交方面也是颇有作为的。在她统治期间，国力是很强盛的。这是中华民族历史上值得骄傲的一页。

振兴文化

文化与政治、经济等密切相关，是社会生活的一个重要组成部分。武则天在发展经济、巩固边防的同时，还采取了一些振兴文化的措施。早在参与朝政时期，她就大集诸儒，著书立说。

改朝换代以后，更加注意振兴文化。由于以周代唐引起了社会意识形态的一系列重大变化；由于广开仕途，取人以才，养成了读书学艺的风气；加之武则天对文化的重视，武周时期的文化呈现出一派绚丽多姿、繁荣兴旺的景象。

〔经学〕经学自汉武帝罢黜百家、独尊儒术以后，受到历代统治者的高度重视，成为传统文化的重要内容之一。《旧唐书·儒学传》载，经学"可以正君臣，明贵贱，养教化，移风俗"，作用甚大；唐高祖、太宗都很重视经学，而高宗、武则天轻视儒学，武周时期经学废弛。

其实，武则天并不完全轻视经学，她只是轻视不利于自己统治的部分，而对于有利于自己统治的部分，则是一贯倡导、支持的。载初元年，武则天诏大儒邢文伟讲解《孝经》。"后问：'天与帝异称云何？'文伟曰：'天、帝一也。'制曰：'郊后稷以配天，祀文王于明堂以配上帝，奈何而一？'对曰：'先儒执论不同，昊天及五方总六天帝。'后曰：'帝有六，则天不同称，固矣。文伟不得对'"。

这说明武则天本人对经学也有相当的造诣。武则天还举行过拜洛受图、大享明堂、登封中岳、祭郊祀天的仪式，而这些都与经学有关，都是对经学所追求的理想境界的实践。武则天重科举，而科举制的重要内容之一，就是对经学有所了解。武则天还重视儒生和礼官。王绍宗以精通儒学著称，当时朝廷官吏，都很敬慕他，武则天便擢他为春宫侍郎。

由于这些原因，经学较前有了发展。除了表现在经学研究的一些成果被应用到社会政治生活中之外，还表现在出现了一些修正儒家经典的著作。

《旧唐书·儒学传》载：王元感以儒学见称，武则天祭南郊、享明堂、封嵩岳，元感皆受诏同诸儒撰定仪注。凡所立仪，诸儒皆赞成，转任四门博士。长安三年，上其所撰《尚书纠谬》十卷、《春秋振滞》二十卷、《礼记绳愆》三十卷。

武则天令弘文、崇贤两馆学士及成均博士详议可否。学士祝钦明、郭山恽、李宪等"皆专守先儒章句，深讥元感"。而凤阁舍人魏知古、司封郎中徐坚、左史刘知几、右史张思敬等都联合上表推荐。于是武则天下诏称赞王元感，"是为儒宗，不可多得"，命为太子司议郎，兼崇贤馆学士。魏知古曾称其所撰书是"五经之指南"。

《尚书纠谬》《春秋振滞》《礼记绳愆》等书，对经书采取了分析的态度，不是墨守前人章句，而是"捃前达之失，究先圣之理"。这种敢于创新的精神，受到学者魏知古、徐坚、刘知畿和武则天的高度评价，同时也标志着经学发展到了一个新的水平。

〔史学〕中国史学自司马迁作《史记》、班固著《汉书》之后，纪传体通史、断代史著作层出不穷。到了唐初，又先后完成了北周和隋梁陈齐《五代史》及南、北史，重修了《晋书》，使史苑出现了新的繁荣。这就是说，著名的"二十四史"中有八部史书是这个时期撰写的。唐初的统治者之所以重视史学，是因为人们认识到了史学的重要性。

武则天通文史，知道"以古为镜，可以知兴替"。对史学的重要性也有足够的认识。早在辅佐高宗的日子里，就特别注意历史研究。在她所主持修纂的千余卷书籍中，《列女传》《孝女传》《古今内范》，等等，都属于史书。临朝称制后，她加强了图书管理。文明元年十月敕："两京四库书，每年正月，据旧书闻奏。每三年，比部勾覆具官典，及摄官替代之日，据数交领，如有欠少，即征后人。"

登基称帝之后，武则天依然重视修史。当时史馆体制与贞观时期基本相同。由于前代史大都完成，所以武则天首先组织文人学士，修成多达一百卷的《高宗实录》。此后，又着手撰修《唐史》。长安三年正月勒令特进武三思、纳言李峤、正谏大夫朱敬刚，司农少卿徐彦伯、凤阁舍人魏知古、崔融、司封郎中徐坚、左史刘知畿、直史馆吴兢等人修唐史，"采四方之志，

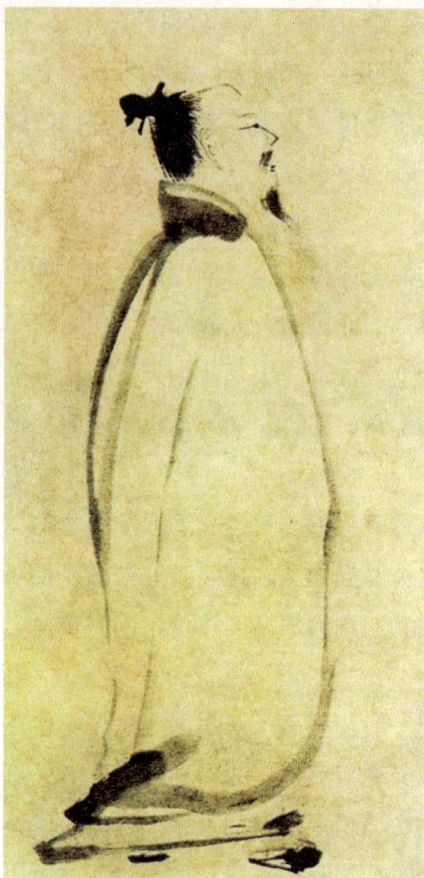

太白行吟图

成一家之言，长悬楷则，以贻劝诫"。可惜事未竟而武则天就驾崩了。但《长安四年十道图》已经完工。

当时的私家撰述十分丰富。据《旧唐书·经籍志》和《新唐书·艺文志》记载，仅王方庆一人所著，就有《文贞公故事》一卷、《南宫故事》十二卷、《宫卿旧事》一卷、《尚书考功簿》五卷、《尚书考功状续簿》十卷、《尚书科配簿》五卷、《五省迁除》三十卷、《友悌录》十五卷、《王氏尚书传》五卷、《王氏列传》十五卷、《王氏训诫》五卷、《魏文贞故事》十卷、《王氏女记》十卷、《王氏王嫔传》五卷、《续妬记》五卷、《三品官祔庙礼》二卷、《王氏家牒》五卷、《家谱》二十卷，《王氏著录》卷、《九嵕山志》十卷。应当特别指出的是，当时已经开始撰写第一部专记军国机密大事的《时政记》和第一部史学理论专著《史通》。

史载，长寿二年（693），姚璹迁文昌左丞、同凤阁鸾台平章事。"自永徽以后，左、右史虽得对仗承旨，仗下后谋议，皆不预闻。璹以为帝王谟训，不可暂无纪述，若不宣自宰相，史官无从得书。乃表请仗下所言军国政要，宰相一人专知撰录，号为时政记，每月封送史馆。宰相之撰时政记，自璹始也"。《时政记》的编修，对于保存第一手资料和历史研究，无疑具有重要意义。

《史通》完成于唐中宗景龙四年（710），但此书的准备则在武周时期。作者刘知幾，"长安中累迁左史、兼修国史。擢拜凤阁舍人，修史如故。"

在此期间，他阅读了史馆丰富的历史典籍，并对这些典籍进行了深入细致的研究，开始着手撰写《史通》。《史通》凡二十卷，分为内篇、外篇。

内篇论述史家的治史态度、经验教训和史书的源流、体制、编撰方法，等等；外篇论述史官的建置沿革和史书的得失优劣，等等。

刘知幾指出："良史以实录直书为贵"，应"不虚美，不隐恶"；历史学家必须具备才、学、识"三长"，不能盲目崇古，轻信鬼神；史评应"考兹胜负，互为得失"；史书应"文约而事丰"。这些见解都是极为深刻的，对后世有很大的影响。因而《史通》具有很高的价值，被誉为我国第一部系统的史学评论专著。

此外，当时还出现了一部巨大的类书——《三教珠英》。武则天比较重视类书的编纂，参政时令北门学士所辑《玄览》便是一部类书。圣历（698—700）中，武则天认为唐所撰《御览》及《文思博要》等书"聚事多未周备"，逐令麟台监张昌宗召集李峤、阎朝隐、徐彦伯、薛曜、员半千、魏知古、于季子、王无竞、沈佺期、王适、徐坚、尹元凯、张说、马吉甫、元希声、李处正、高备、刘知幾、房元阳、宋之问、崔湜、常元旦、杨齐哲、富嘉慕、蒋凤等二十六人修撰《三教珠英》，而以徐彦伯、李峤为主编。史载"武后撰《三教珠英》，取文辞士，皆天下选，而彦伯、李峤居最"。

"三教"，指儒、佛、道。实际内容类似于今天的百科全书。大足元年（701）十一月二日，书成，凡一千三百卷。此书鸿篇巨制，资料丰富，对唐代文化的发展曾发挥过重要作用，可惜没有流传下来。

〔文学〕唐初以来，文学渐盛，但受六朝影响很深，成就并不显著。高宗以后，随着社会经济的发展和意识形态的变化，文学逐渐冲破六朝藩篱。武则天是中国历史上少有的女文学家，"以文学、书法、著述而论，才调之高，古今更罕有其匹"。她提倡诗赋，科举以文才取士，遂使武周时期的文学界面貌焕然一新，呈现出空前的繁荣景象。

诗歌在当时的发展最为迅速。

这首先表现在，朝野上下许多人都会作诗。史载，武则天本人颇善吟咏，其诗有《大享天乐章》十二首，《享明堂乐》十二首，《大享拜洛乐章》十五首等，流传至今者尚有四十六首，其中一些诗篇具有较高的水平。除前述《如意娘》外，《游九龙潭》也算得上佳作。

山窗游玉女，涧户对琼峰。

岩顶翔双凤，潭心倒九龙。

酒中浮竹叶，杯上写芙蓉。

故验家山赏，惟有风入松。

武则天不仅自己吟诗作赋，而且常常要求臣僚奉和。久视元年（700）五月十九日，武则天游石淙，自制《石淙》诗一篇：

三山十洞光玄录，玉峤金銮镇紫微。

均露均霜标胜壤，交风交雨列皇畿。

万仞高岩藏日色，千寻幽涧浴云衣。

且驻欢筵赏仁智，珢鞍簿晚杂尘飞。

令侍游诸臣奉和。皇太子李显、相王李旦、梁王武三思、内史狄仁杰、奉宸令张易之、麟台监张昌宗、鸾台侍郎李峤、凤阁侍郎苏味道、夏官侍郎姚崇、给事中阎朝隐、凤阁舍人崔融、奉宸大夫薛曜、守给事中徐彦伯、右玉钤卫郎将左奉宸内供奉杨敬述、司封员外郎于季子、通事舍人沈佺期等十六人各赋七言一首。

有时还开展一些诗歌竞赛。"龙门夺袍"就是著名的一次。史载："则天幸洛阳龙门，令从官赋诗，左史东方虬诗先成，则天以锦袍赐之。及（宋）之问诗成，则天称其词愈高，夺虬锦袍以赏之。"

由于武则天规定进士科以诗赋取士，本人又带头吟诗，因此诗歌进一步普及，上自朝廷大吏，下至五尺孩童，都有会作诗的。史称武则天"君临天下二十余年，当时公卿百辟，无不以文章达，因循日久，寖以成风"。如天授二年（691），武则天发十道存抚使，以抚慰天下，临行，令百官赋诗送行。这些诗后来被辑为《存抚集》而行于世，达十卷之多，足见赋诗者之众。百官如此，仕子也多以习诗为务，甚至八九岁的少女也会作诗。《唐诗纪事》卷七八载，如意（692）年间，有一位九岁少女，善作诗，武则天诏而试之，皆应声而就。其兄将归故乡，武则天令赋诗送之，即作诗云：

别路云初起，离亭叶正稀。

所嗟人异雁，不作一行飞。

　　意境颇高，感情逼真。可见这位小姑娘也算得上知诗之人。其次，一些著名的诗人发展了诗歌理论，为唐诗的鼎盛开辟了广阔的道路。唐初诗歌虽为数不少，但大都没有摆脱宫体诗的巢臼。武周时期，涌现出了李峤、苏味道、崔融、杜审言、沈佺期、宋之问、杨炯、卢照邻、陈子昂等著名诗人。其中沈、宋、杨、陈在文学界有较高的地位。沈佺期"善属文，尤长七言之作"。宋之问"弱冠知名，尤善五言诗"。二人写了不少优秀的诗篇，使诗歌的格律渐趋完备。因此"学者宗之，号为沈宋"。

　　由于沈、宋在诗律声韵方面做出了较大贡献，因而极为历代文艺批评家所推崇。杨炯与王勃、卢照邻、骆宾王俱以文辞齐名。他们开始突破宫体诗的范围，扩大诗歌的题材，充实诗歌的内容，写出了一些声律与风骨兼备的佳作。

　　大诗人杜甫称赞说："王杨卢骆当时体"，"不废江河万古流"。陈子昂学识渊博，"经史百家，罔不该览。尤善属文，雅有相如子云之风骨"他提倡诗歌革新，主张诗歌要有"兴寄"和"风骨"，批评"齐、梁间诗，彩丽竞繁，而兴寄都绝"，竭力推崇"汉魏风骨"。在诗歌创新的理论和实践上都做出了重要贡献。杜甫称赞他："有才继骚雅"，"名与日月悬"。

　　由于武周时期形成了吟诗风气，沈宋杨陈等人又开创了一代诗风，因此，可以说，武周时期是诗歌发展史上

春庭行乐图

的重要里程碑。《旧唐书》的作者说："高宗、武则天，尤重详延，天子赋横汾之诗，臣下继柏梁之奏，巍巍济济，辉烁古今。"这并非虚美之词。

文章在当时也有了新的起色。一方面，文章的各种体裁趋于完备：赋颂杂咏、公私文牍、碑铭墓表，应有尽有；另一方面，出现了许多著名的作家。

杜审言、李峤、崔融、苏味道为"文章四友"，世称"崔李苏杜"。杜审言虽文不如诗，但清越可爱。李峤文思泉涌，久掌诏制。崔融为文典雅，冠绝一时。苏味道九岁能属文，被称为一代文宗。王勃、杨炯、卢照邻、骆宾王以诗见称，亦长于作文。海内称"王杨卢骆"，亦号为"四杰"。杨炯听说后对人说："吾愧在卢前，耻居王后。"其后，崔融、李峤、张说俱重四杰之文。崔融说："王勃文章宏逸，有绝尘之迹，固非常流所及。炯与照邻可以企之，盈川之言信矣。"张说评价说："杨盈川文思如悬河注水，酌之不竭，既优于卢，亦不减王。耻居王后，信矣；愧在卢前，谦矣"。

此外、韦承庆、王勮、刘允济、陈子昂、卢藏用、富嘉谟、员半千、张鷟等也以文章著称。韦承庆"辞藻之美，擅于一时"，"属文迅捷，虽军国大事，下笔辄成，未尝起草。"王勮构思无滞，词情英迈。长寿中为凤阁舍人，"时寿春王成器、衡阳王成义等五王初出阁，同日授册。有司撰仪注，忘载册文。及百僚在列，方知阙礼，鷟勃立召书吏五人，各令执笔，口占分写，一时俱毕，词理典赡，人皆叹服"。张鷟的文章，亦较杰出。员半千对人说："张子之文，如青铜钱，万选万中，未闻退时。"

唐代箕形砚

由此张鷟被称为"青钱学士",天下知名,"无贤不肖,皆记诵其文",邻国"每遗使入朝,必重出金贝以购其文。其才名远播如此"。至于陈子昂,力扫六朝陈旧文风,"卓立千古,横制颓波,天下翕然,质文一变",尤为后代学者所重。上官婉儿"天性韶警,善文章。年十四,武后召见,有所制作,若素构"。由于武则天的重用,她得以施展才华,内掌草制多年,临宴赋诗,代中宗、韦后操笔,辞采艳丽。后来虽为玄宗所诛,但玄宗却命朝臣收集她的诗文,编成文集二十卷,并命张说作序。序文称她"开卷海纳,宛若前闻;摇笔之飞,咸间宿构",对其文才极为推崇。

这些作者大都有自己的文集。如《刘允济集》二十卷,《乔知之集》二十卷,《崔融集》六十卷,《李峤集》五十卷,《韦承庆集》六十卷。武则天的文章后来也被编为《垂拱集》一百卷,《金轮集》二十卷。这两个文集曾经流传于社会,后来还传到了日本,可惜今已失传。

此外,小说也开始成熟,除盛行于佛教寺院的"经变"小说外,还出现了一部结构完整,构思奇特,情节细腻的传奇小说——《游仙窟》。《游仙窟》是"青钱学士"张鷟的作品,描写作者夜游"仙窟",与仙女赋诗猜谜、嬉戏狎乐的故事。这篇小说对中唐传奇文学的兴起,具有开创之功,只是目前尚未受到应有的重视。

〔数学〕武周时期,数学得到了很好的传播。唐初国子监设算学馆,明算被列为科举制中的一科。唐政府规定,算学馆诸生和参加明算考试的人要学习"算经十书",即《周髀算经》《九章算术》《孙子算经》《五曹算经》《夏侯阳算经》《张丘建算经》《海岛算经》《五经算术》《缀术》和《缉古算经》。但由于明算科时废时兴,加之这些"算经"比较深奥,学生不易掌握,因而传播不广。高宗时,太史令李淳风与算学博士梁永及太学助教王真儒等给算经十书作了注。

武周时国子监坚持设置算学馆,科举之科有明算,以李淳风等所注算经十书为教材,从而扩大了数学的传播。此外,数学也被广泛的应用于社会生活之中。前述筑明堂、铸九鼎、立天枢等工程都要求有很高的精度,在这种情况下,设计者若无深邃的数学知识,根本是无法完成的。而明堂、九鼎、天枢等工程毕竟是竣工了,这就充分说明,当时建筑家已掌握了丰富的数学知识。

〔医学〕唐代医学在高宗时有了较大发展。鉴于前代陶弘景所撰本草"事多舛误"，显庆四年（659），高宗组织人力，撰写国家药典。监撰人为英国公李勣、太尉长孙无忌、兼侍中辛茂将，参加修撰的有太子宾客弘文馆学士许敬宗，礼部郎中兼太子洗马弘文馆大学士孔志约，尚药奉御许孝崇、胡子彖、蒋季璋，尚药局直长蔺复珪、许弘直，侍御医巢孝俭，太子药藏监蒋季瑜、吴嗣宗，丞蒋义方，太医令蒋季琬、许弘，丞蒋茂昌，太常丞吕才、贾文通，太史令李淳风，潞王府参军吴师哲，礼部主事颜仁楚，右监门府长史苏敬等人。书成，凡五十四卷，文图并茂，"大行于代"。

在此前后，"药王"孙思邈也相继完成了医学巨著《千金方》三十卷、《千金髓方》二十卷、《千金翼方》三十卷，广辑前代各家方书及民间验方，在妇、儿、内、外诸科疾病的诊断、治疗和预防方面提出了一套比较完整的理论。

武周时期，最有名的医学家是张文仲。文仲初为侍御医，后任尚药奉御，"论风与气尤精"。"尤善疗风疾"。据他研究，"风有一百二十四种，气有八十种"。武则天召王方庆集诸医与文仲著书，撰成《新本草》四十卷、《药性要诀》五卷、《袖中备急要方》三卷、《岭南急要方》二卷、《针灸服药禁忌》五卷、《随身备急方》三卷及《四时轻重术》等，凡十八种。

长寿二年（693）一月，有人诬告皇嗣谋反，武则天让酷吏来俊臣审讯，皇嗣身边的人不胜荼毒，皆欲自诬。太常人安金藏大呼一声，对来俊臣说："公既不信金藏之言，请剖心以明皇嗣不反。"即引佩刀自剖其胸，五藏皆出，流血满地。武则天听说后，令抬入宫中，使医内五藏，以桑皮线缝之，傅以药，并亲临视之，令来俊臣停推，睿宗由是捐免。

史载，安金藏"景云时，迁右武卫中郎将。玄宗属其事于史官，擢右骁卫将军。"能使"五藏皆出"的人恢复健康，且担任武职，可见当时的外科医术已相当高明。

〔天文学〕武则天颇重天文学家。尚献甫，精于天文历算，初出家为道士，武则天召见，拜太史令，尚说"不能屈事官长"，武则天乃改太史局为浑仪监，不隶秘书省，以尚献甫为浑仪监，可见武则天对他的器重。武则天数顾问灾异，事皆符验。严善思，"尤善天文历数及卜相之术"，武则天时为监察御史，兼右拾遗、内供奉。"数上表陈时政得失，多见纳用"。

另外，从一些资料中亦可看出武则天对天文学的重视。武周时期日食凡十三次："垂拱二年二月辛未朔、四年六月丁亥朔、天授二年四月壬寅朔、如意元年四月丙申朔、长寿元年九月丁亥朔、三年九月壬午朔、延载元年九月壬午朔、证圣元年二月己酉朔、圣历三年五月乙酉朔、久视元年五月己酉朔、长安二年九月乙丑朔、三年三月壬戌朔、九月庚寅朔。"月食一十九次："文明元年二月丁巳望、八月甲午望、垂拱二年七月癸丑望、三年十月乙巳望、四年六月辛巳望、永昌元年十月甲子望、载初元年四月辛酉望、天授二年十月乙酉望、长寿二年二月乙亥望、证圣元年七月辛酉望、通天二年六月乙酉望，圣历

枯木寒鸦图

二年正月辛未望、三年正月丙寅望、九月辛卯望、大足元年九月乙酉望、长安二年九月庚辰望、三年八月癸酉望、四年正月壬寅望、九月辛卯望"。

这些系统的资料，至少说明当时对天象的观测活动一直没有停止，对天文学的研究没有放松。还有，"则天如意中，海州进一匠，造十二辰车。回辕正南则午门开，马头人出。四方回转，不爽毫厘。"。可见，当时的一些工匠，对天文学也有深刻的研究。

〔雕刻塑像〕武周时期的雕塑艺术有很大起色。当时雕石塑像，寝成风气。敦煌、龙门等地石窟及佛教寺院，成为雕塑中心。据考古工作者统计，敦煌地区武周时期开凿的佛窟多于武德、贞观、上元各时期的总和，各窟几乎都有雕塑的佛像。其中延载二年（695）彩塑的善跏座"北大佛"，高达三十三米，被视为彩塑艺术中的珍品。

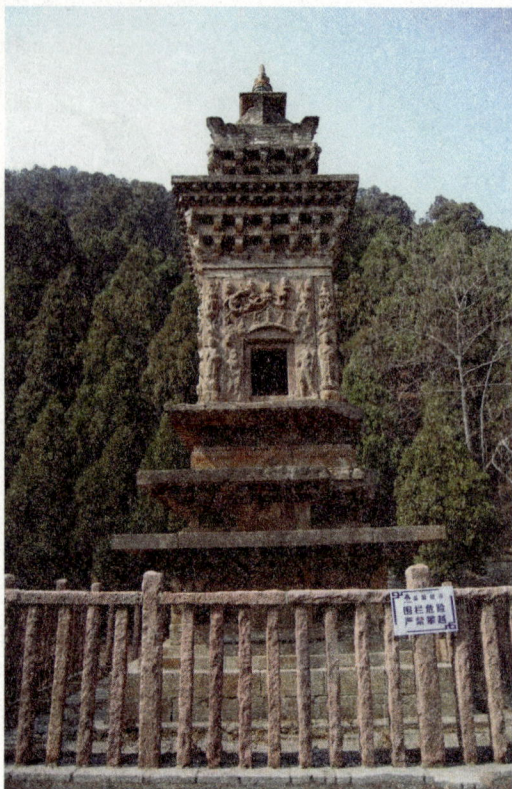

唐代龙虎塔

在龙门，开凿的洞窟也不在少数，计有摩崖三佛龛、极南洞、八作司洞、擂鼓台中洞等等。其中万佛洞最负盛名。该洞西壁中央，塑有阿弥陀佛趺坐像，高四米，波浪高髻，脸庞丰润，静穆安祥。两边四力士，刚健雄武。南北壁一千五百万尊小坐佛，各呈其趣。飞天、菩萨、乐伎也都栩栩如生，十分动人。闻名世界的乾陵，主要是在武周时期修建的。矗立在南司马道两旁的雕群像，共一百一十三件，长达一公里，堪称一座古代的石雕艺术长廊，充分显示出当时雕刻技术的精湛。

〔书法绘画〕书画是我国一门古老的艺术。隋末唐初，曾出现过欧阳询、虞世南、褚遂良、阎立德、阎立本等著名书画家。唐太宗本人也是一位书法爱好者。唐高宗时，习书学画者亦不乏其人。武周时，书画艺术仍在继承和发展之中。

武则天本人擅长书法，尤精于飞白和行书。所谓"飞白"，是指一种笔画中丝丝露白的具有特殊风格的书法，书写难度极大，但看上去十分高雅。据现存资料，武则天曾为荐福寺、崇福寺飞白书额，还曾飞白书写大臣姓名以赐之。

对于武则天的书法成就，当时人有口皆碑。有的大臣上表说："蒙恩作飞白书，题臣等名字垂赐。跪承宝贶，仰戴琼文，如披七曜之图，似发五神之检。冠六文而首出，掩八体而孤骞。眇乎若游雾之拂春林，霭乎似轻云之上秋汉。固已工逾悬帐，妙尽刻符。钟繇竭力而难比，伯英绝筋而不逮。则知乃神乃圣，包众智而同归；多艺多才，总群方而兼善。"此表虽属颂歌，但多少反映出武则天在飞白书方面具有较深的造诣。

"行书"是介于草书和正楷之间的一种字体，遒劲潇洒。武则天学二王行书，又有自己的特点。这一点亦可从当时人的言谈中得到证实。

　　有大臣上表说："臣于梁王三思处，见御书杂文尺牍，凡九十卷，跪发珍藏，肃承瑶检。天文景烁，璧合而珠连；圣理云回，鸾惊而凤集。究黄轩鸟迹之巧，殚紫府结空之势。偃波垂露，会宝意而咸新；半魄全曦，象天形而得妙。固已奇踪绝俗，美态入神，掩八体而擅规模，冠千龄而垂楷法。实可谓天下之妙迹，域中之奇观者焉。"此表亦有溢美之处，但确也道出了武则天行书的功力和特点。《宣和书谱》的作者对武则天横加指责，但也不得不承认，"其行书浸浸稍能，有丈夫胜气。"

　　武则天的书法以碑刻保存下来。武则天的碑刻在嵩山附近较多。其中《升仙太子庙碑》，题"大周天册金轮圣神皇帝御制御书"，至今尚在河南偃师县缑山，武则天所书碑文公认为书法艺术中的珍品。

　　武则天还注意对古代书画的整理和保存。神功元年，她询问王方庆对其祖先王羲之等人墨迹的保存情况，王方庆进其十一代祖王导以下二十八人书法作品十卷。"则天御武成殿示群臣，仍令中书舍人崔融为《宝章集》，以叙其事，复赐方庆。当时甚以为荣。"此后，武则天还批准张易之的请示，召天下书画家整理内库书画，"锐意模写，仍旧装背，一毫不差。"

　　"上有所好，下必甚焉。"由于武则天爱好书法，善书又被列为入仕的重要条件，当时出现了不少书法家。如陆柬之、贺知章、孙过庭、李邕、王知敬、薛曜、贾膺福、韩景阳、徐峤之、王绍宗、钟绍京等人。相王李旦亦颇善书。陆柬之是书法家虞世南的外甥，初学虞体，后"擅出蓝之誉"。

　　贺知章善草书，"当世称重"，人争求其墨迹，常于燕闲游息之所，"具笔砚佳纸候之"。李邕"精于翰墨，行草之名尤著"，"初变右军（王羲之）行法，顿锉起伏，既得其妙，复乃摆脱旧习，笔力一新"。孙过庭作草书，"咄咄逼羲、献，尤妙于用笔"，往往能以假乱真。与此同时，一些关于书法的专著也应运而生。

　　王方庆著《王氏八体书范》四卷、《王氏工书状》十五卷，孙过庭著《书谱》一卷。其中《书谱》论正草诸体书法，是一部见解精辟的书法理论作品，历来为书法家所重视。

　　武周时期在绘画方面也有许多成就。武则天喜爱并提倡绘画。张易之、

张昌宗曾命画工图写武三思及纳言李峤等十八人形象，号为"高士图"。当时的大画家薛稷、殷仲容、曹元廓、李思训、吴道子、李嗣真等人，都有一些绝妙的作品。薛稷"善花鸟人物杂画，而犹长于鹤"。所画《啄苔鹤图》和《顾步鹤图》天顶项之浅深、毛之黲淡，啄之长短，胫之细大，膝之高下，皆极其妙，故有"鹤必称稷"之说。殷仲容"善书画，工写貌及花鸟，妙得其真。或用黑色，如兼五彩"，曹元廓"工骑猎人马山水，善于布置"。所画九鼎山川物产，"时称绝妙。"

《后周北齐梁陈隋武德贞观永徽等朝臣图》《高祖太宗诸子图》《秦府学士图》《凌烟图》亦名噪一时。李思训"画技超绝，工山石林泉，笔格遒劲，得湍濑潺缓烟霞缥渺难写之状。"吴道子后来居上，更是大名鼎鼎，"其变态纵横，与造物相上下，则僧繇疑不能及也"，时人誉为"画圣"。

在唐代古墓和敦煌石窟之中，至今仍残留着一些武周时期的壁画。这些壁画，多非名家手笔，但观者莫不啧啧赞赏。

武周时期绘画艺术的发展，固然与绘画艺术自身的承继和画家的勤奋努力有关，但与武则天的提倡也不无关系。她令书画家整理内库书画，就是一个很好的证明。正因为唐初以来绘画艺术有较大发展，加以社会的安定及武则天的提倡和画家的用功，武周时期的绘画艺术同书法艺术一样，继承了前代的成果，发展到了一个较高的水平。

〔音乐舞蹈〕贞观永徽之后，朝廷乐舞渐备。据祖孝孙、张文收所定，有雅乐、燕乐、散乐等等。"雅乐"，是指皇帝祭天、祀祖、朝觐、宴享时使用的乐曲"中正和平"、歌词"典雅纯正"的乐舞。有十二和，即："豫和""顺和""永和""肃和""雍和""寿和""太和""舒和""昭和""休和""正和""承和"，又有"七德""九功""上元"等乐舞。其中，"七德""九功"最为著名，主要歌颂唐太宗的文治武功。

"燕乐"是宫廷中日常饮宴、娱乐时演奏的乐舞。主要有十部，即："燕乐""清商""西凉""扶南""高丽""龟兹""安国""疏勒""康国""高昌"。还有《英雄乐曲》《景云河清歌》《白雪歌》《一戎大定》《六合还淳》，等等。分别由坐部伎和立部伎演奏。"散乐"即所谓"百戏"，有"跳玲""掷剑""戏绳""缘杆""巨象行乳""神龟负岳"等。武则天喜爱音乐，擅长文艺，登基之后，音乐舞蹈又有所发展。

一方面，朝廷乐舞有所调整，燕乐大大增加。改《十二和》内容，废《七德》《九功》之舞，而代之以《大享明堂乐章》及《祀昊天上帝乐章》。作《圣寿乐》等舞，属立部伎；作《长寿乐》《天授乐》《鸟歌万岁乐》等，属座部伎。《圣寿乐》"舞者百四十人，金铜冠，五色画衣"，舞时分裂"圣超千古，道泰百王，皇帝万年，宝祚弥昌"十六个字，难度极高，规模宏大，别具一格。《长寿乐》，系长寿年间所制，舞者十二人，穿画衣，戴画冠，是祝武则天长寿的乐舞。

《天授乐》，天授年间所制，舞者四人，皆穿五彩画衣，歌颂武则天当武则天。《鸟俄万岁冻》，系三人舞蹈，"绯大袖，并画鹦鹆冠作鸟像"。据说当时宫中所养吉了鸟能说话，曾称万岁，"故为乐以像之"。此外，长寿二年（693）正月初一，武则天还在明堂导演了《神宫乐》，舞蹈演员多达九百人。至于"散乐"，也有一些绝技。张楚金《楼下观绳伎赋》说：有"掖庭美女，和欢丽人，身轻体弱，绝代殊伦。其綵绿练也，横亘百尺，高悬数丈，下曲如钩，中平似掌。初绰约而斜进，竟盘姗而直上。或徐或疾，乍俯乍仰。近而察之，若春林含耀吐阳葩；远而望之，若晴空回照散流霞。还回不恒，踊跃无数，惊骇疑落，安然以住。"而且"节应钟鼓，心谐律吕"。

《透撞童儿赋》云："云竿百尺，绳直规圆，惟有力者，树之君前。

唐代龙虎塔

傅傅就日，亭亭柱天。鬼魅不敢傍其影，鹓鸾不敢翔其颠。此儿于是跂双足，戟两肩，踊身而直上，若有其翅；尽竿而平立，若余其地。倒轻躯，坠高竿，如更赢之雁下空里，似蒲且之鸽落云间。屹然中驻，余勇不尽。"可见，某些"散乐"已达到了很高的水平。

此外，当时还有所谓"四夷乐"，如高丽乐二十五曲。宰相杨再思即善跳高丽舞。前朝古代的许多古典名乐多已失传，当时亦曾尽力发掘，所得计有《白雪》《巴渝》《明君》《子夜》《团扇》《春江花月夜》等六十三曲。

另一方面，加强了对音乐理论的研究，久视元年前后，武则天组织人力，写成《乐书要录》十卷。这是一部系统的音乐理论专著。惜国内久已失传，日本仅存第五、第六、第七三卷。第五卷论述乐律，第六卷论述律吕，第七卷论述宫调。从这三卷的情况来看，比较注重实践。如在第五、第七章中，批驳"变徵、变宫出自周武"的陈旧观点，指出七声："出于自然"。认为"变声之赞五音，亦犹晕色之挥五彩"；乐律度数可以口授文载，"然不如耳决之明"等。这说明，当时对音乐理论的研究，较前有所深入。

移风易俗

武则天以女主君临天下，"移风易俗"，使社会生活领域发生很大变化，不仅"万物维新"，风俗习惯展现出新的姿态，而且提高了妇女在社会上的地位。

武周地域广大，各地风俗不一，实难备述。这里仅略谈中原婚丧服饰节日活动概况。

〔婚丧〕当时在婚姻方面与唐初所不同的是严格要求按时嫁娶，禁止"别宅夫人"，力图使"内无寡女，外无旷夫"。至于婚礼，则与唐初并无多大差异。在丧葬方面的变化是，严禁"富族豪家"丧葬逾礼，铺张浪费。坟墓形制趋于规整，随葬明器与唐初变化较大，镇墓兽日渐高大凶猛，"唐三彩"大量出现。

〔服饰〕武周时期百官服饰略同上元、文明之制，稍有改作。即文武三品以上服紫，金玉带；四品服深绯，五品服浅绯，并金带；六品服深绿，七品服浅绿，并银带；八品九品服碧，并镶石带。文武京官五品以上及七品清官，每入朝，常服裤褶。都督刺史及京官五品以上皆佩龟袋。其袋三品以上饰金，四品银，五品铜。天授二年二月，朝集使刺史赐绣袍，各于背上绣成八字铭。

长寿三年四月，敕赐岳牧金字铭袍。延载元年五月，则天内出绯紫单罗铭襟背衫，赐文武三品以上另外，武则天临朝，贵臣内赐高头巾子，呼为武家诸王样。至于百姓之服饰，除以上百官朝服外，皆随其所欲。唯一度"禁天下锦"，官吏百姓皆不得私存。

〔节日〕当时的节日活动颇为丰富。"元日"（正月初一），祭祀迎神，鸣放鞭炮，丰食痛饮。"人日"（正月初七），做七莱羹，剪彩为人，贴于屏风或其他醒目之处。"十五"（正月十五）祭门神。"月晦"（正月三十），临水会饮。"寒食"，禁火，斗鸡，打毬，踏青，荡秋千。"上巳"（三月三），郊游，作流杯之饮。"端午"（五月五），作粽，悬艾，竞渡，踏青。"伏日"，进汤饼。"七月七"，妇人穿针乞巧。"七月十五"（浴佛节），进盂兰盆，浴佛行善。"九月九日"（重阳）作野餐，佩茱萸，饮酒。"岁除"，击鼓驱鬼，守岁迎新。此外，时人喜欢养花。武则天曾作腊月幸上苑诗：

> 明朝游上苑，火速报春知。
> 花须连夜发，莫待晓风吹。

据说果真百花齐放，群臣惊叹不已。当时是否已经采用温室养花，不得而知；腊月花开是否可靠，姑置勿论。但武则天喜欢赏花则是完全可信的。有关洛阳牡丹的动人传说，恐怕多少也是有些根据的。

妇女在社会中的地位如何，是社会生产力解放程度的反映，也是文化是否发达的标尺之一。在封建时代，妇女的社会地位历来都是比较低下的。夫权观念是禁锢人们思想的四条绳索之一。《唐律疏议》就竭力保护男尊女卑、一夫多妻的"秩序"。武则天为提高妇女地位做了不少努力。

首先，她特别强调妇女在社会生活中的作用。在辅佐高宗的日子里，她就为"父在，为母服止朞"的现象打抱不平。她上书说："窃谓子之与母，

慈爱特深。非母不生，非母不育。推燥居湿，咽苦吐甘。生养劳瘁，恩斯极矣。所以禽兽之情，犹知其母。三年在怀，理宜崇报"。要求父母同样看待，并且争得了父在为母服丧三年法规的颁布。

其次，她还组织"北门学士"，为妇女树碑立传，歌功颂德，撰《列女传》一百卷，《古今内范》一百卷，《内范要略》十卷，《保傅乳母传》一卷。这在以往都是罕见的。

再者，对于原来限制妇女社交活动的种种清规诫律，也予以放宽。例如，凡大朝会，允许命妇与百官杂处等。

在妇女的服饰问题上，也作了很大改革，规定妇人出行，不必著幂罗，戴帷帽即可。还允许妇女参加有益的社会活动。如明堂初成，令东都妇女自由参观，"久之乃罢"。

当时妇女骑马、射箭、打毬、穿男人服装，也是常见的事。神功元年，突厥入侵，古元应的妻子助夫守城，颇有功绩。武则天下制褒奖："顷属默啜攻城，咸忧陷没。丈夫固守，犹不能坚；妇人怀忠，不惮流矢。由兹感激，危城重安。如不褒升，何以奖功！古元应妻可封为徇忠县君。"万岁通天元年以后，使上官婉儿"内掌诏命，群臣奏议及天下事皆与之"，成为活跃宫中的"女强人"。

所有这些，都在一定程度上改变了妇女的面貌。形成唐代女子相对自由解放，唐代婚姻的开放风气。而这种风气的形成，是与武则天提高妇女地位的努力分不开的。

唐代仕女玉器

以上史实充分说明，武周时期在文化方面也是颇有成就的，在唐代辉煌灿烂的文化史册中，占有极其重要的一页。武则天为振兴文化所做出的贡献，是不可磨灭的。

　　综观武则天在独掌政权的二十一年内，不仅充分利用了贞观以来唐王朝在政治、经济、军事、文化诸方面所取得的成就，而且进一步采取了一系列有利于社会发展的措施。她任贤纳谏，励精图治，不仅维护了帝国的尊严和强大，而且在一定程度上开创了新的局面，为后来的开元盛世奠定了坚实的基础。

第十章　治理国家

第十一章　退位前后

谁来继承皇位

皇位继承问题是关系到王朝前途和命运的重要问题。因此，历代帝王莫不慎之又慎。在立嫡以长，父死子继已成为金科玉律的封建社会中期，皇位继承问题对男皇帝来说是比较容易解决的。而武则天是位女皇帝，对此感到十分棘手。

如果以儿子为皇位继承人，则自己"千秋万岁"之后，"大周"政权便不能维持下去；如果以侄儿为皇位继承人，"大周"国号倒是可以维持下去，但侄不如子亲，将来自己的儿孙定会沉沦。

"大周"建立之初，武则天就认识到皇位继承问题的严重。不过，当时她还健康，所以没有在这个问题上下功夫。她在"正名"的过程中，封诸侄为王，享有特权，而以第四子睿宗李旦为"皇嗣"，令徙居东宫，"其其仪一比皇太子"。

一方面，提高武氏"宗室"的政治地位；另一方面给李姓儿子以"接班候选人"的空名。表面上看，皇位继承人已经确定。实际上，问题仍然悬在空中。武则天这种临时性的安排，显然是为了稳定政局，集中精力巩固政权，开创局面。同时，也是为了控制子侄，以便将来比较权衡，正式安排。

但是，由于李氏在改朝换代的过程中遭受重大损失，元气大伤，一蹶不振；由于武氏诸侄在武则天称帝后取得了"宗室"的地位，势力急剧增长，因而，刚刚放下的皇位继承问题又被提了出来。

天授二年（691），魏王武承嗣自以为"大周革命"，自己有很大功绩，又在"宗室"中年龄最大，曾袭封周国公，与天子最为亲近，应当代皇嗣李旦而为皇太子，故"密谕后党凤阁舍人张嘉福，使洛州人上书请立己为皇太子，以观后意"。《大唐新语》卷九记载说：

洛阳人王庆之，希旨率浮伪千余人诣阙，请废皇嗣，而立武承嗣为太子。召见，两泪交下，则天曰："皇嗣我子，奈何废之？"庆之曰："神不享非类，今日谁国，而李氏为嗣也？"则天固谕之令去，庆之终不去，而覆地以死请。则天令遣之，乃以内印印纸谓之曰："持去矣，须见我以示门者，当闻也。"庆之持纸，去来自若，此后屡见，则天亦烦而怒之，命李昭德赐杖。

从这段记载来看，武则天尚无立武承嗣为皇太子之意。长寿二年（693）一月，发生了前尚方监裴匪躬及内常侍范云仙等人"私谒皇嗣"的事件。这一事件对武则天震动极大，使她对皇嗣的信任有所削弱，甚至对皇嗣是否忠诚产生了怀疑。她杀死裴匪躬、范云仙，禁止公卿大臣与皇嗣相见，降低皇孙以下李氏诸王爵位。有人诬告皇嗣阴有异谋，即令酷吏来俊臣审讯他身边的人。后来虽然打消了皇嗣谋反的疑虑，但对他仍不放心，使他处于被软禁的地位。这时武承嗣、武三思之徒营求皇太子的活动又频繁起来。武则天深知武承嗣亦无统御之才，对他也不大放心。从此，她在皇位继承问题上陷于举棋不定的状态。

在这种情况下，武则天的大臣们也都在考虑储君问题，他们的政治倾向是举足轻重的。武则天手下的将相大臣，绝大多数都是武则天的支持者。但是，他们支持武则天，只是支持由太宗开创，由她继承并且发展的事业。他们认为，武氏诸王，非天下属意，并不希望形成武氏子侄继位的政治格局。所以，当武则天在传子还是传侄的问题上举棋不定的时候，他们相继上书，反对传位武氏，要求以李氏为皇太子。

唐代银鎏金

最先出来劝说武则天的是宰相李昭德。天授二年（691）十月，王庆之再次固请立武承嗣为太子，武则天大怒。李昭德杖杀了王庆之，并对武则天说："天皇，陛下之夫；皇嗣，陛下之子。陛下身有天下，当传之子孙，为万代业，岂得以侄为嗣乎！自古未闻侄为天子而为姑立庙者也！且陛下受天皇顾托，若以天下与承嗣，则天皇不血食矣！"听完李昭德这段话，武则天也感到讲得有道理，认识到了立侄为皇太子的不利因素。

长寿元年（692）六月，李昭德又向武则天密奏："魏王承嗣权太重。"武则天亦有所警觉。立子，不妥；立侄，亦不妥！怎么办才好呢？武则天苦思冥想，找不到妥善的办法。于是，又将这一棘手的问题搁置起来。

圣历元年（698）春，武承嗣、武三思又有营求皇太子之举，多次派人对武则天说："自古天子未有以异姓为嗣者，请求由武氏接班。"但宰相狄仁杰等表示反对。《通鉴》卷二百〇六载：

狄仁杰每从容言于太后曰："文皇帝栉风沐雨，亲冒锋镝，以定天下，传之子孙。大帝以二子托陛下。陛下今乃欲移之他族，无乃非天意乎！且姑侄之与母子孰亲？陛下立子，则千秋万岁后，配食太庙，承继无穷；立侄，则未闻侄为天子而为姑立庙者也。"太后曰："此朕家事，卿勿预知。"仁杰曰："王者以四海为家，四海之内，孰非至亲，何者不为陛下家事！君为元首，臣为股肱，义同一体，况臣备位宰相，岂得不预知乎！"又劝太后召还庐陵王。王方庆、王及善亦劝之。太后意稍寤。他日，又谓仁杰曰："朕梦大鹦鹉两翼皆折，何也？"对曰："武者，陛下之姓，两翼，二子也。陛下起二子，则两翼振矣。"太后由是无立承嗣、三思之意。

此后，宰相吉顼及张易之、张昌宗兄弟亦请以李氏为储。上书同卷载：

吉顼与张易之、昌宗皆为控鹤监供奉，易之兄弟亲狎之。顼从容说二人曰："公兄弟贵宠如此，非以德业取之也，天下侧目切齿多矣。不有大功于天下，何以自全？窃为公忧之！"二人惧，流涕问计。顼曰："天下士庶未忘唐德，咸复思庐陵王。主上春秋高，大业须有所付；武氏诸王非所属意。公何不从容劝上立庐陵王以系苍生之望！如此，非徒免祸，亦可以长保富贵矣。"二人以为然，承间屡为太后言之。太后知谋出于顼，乃召问之。顼复为太后具陈利害，大后意乃定。

李昭德、狄仁杰、王方庆、王及善、吉顼都是武则天的亲信大臣，二张也是武则天的心腹。他们从封建宗法、伦理观念出发，详细分析了立子立侄的利与弊，反对立侄，主张立子。武则天由此进一步认识到武氏诸王不得人心，立侄弊多利少，不仅身后有陵庙无享祭、子孙被陵夷的可能，而且眼下就会造成与臣僚的隔阂，有丧失人心的危险。因此，她打消了立侄的念头，决意立子。

圣历元年（698）三月九日，武则天借口庐陵王李显有病，遣职方员外郎徐彦伯赴房州召李显回都治病。

皇嗣李旦在都，本来即可立为太子，何以又要召回李显？对此，史书没有明文记载。从当时的情况分析，武则天召还庐陵王，绝非一时头脑发热，而有其深刻的政治用心。一方面，要传位于子，就必须逐渐扩大李氏的势力。而要扩大李氏的势力，召还庐陵王便是首要的问题。因此，当大臣要求召回庐陵王时，她毫不犹豫地做出决策，这样有利于形势的发展。

另一方面，要以李氏为太子，必须在皇嗣李旦和庐陵王李显之间做出选择。李旦本来可以依靠"皇嗣"地位充当皇太子，但由于接受大臣私谒，降低了武则天对他的信任，武则天禁止臣僚谒见李旦，并杀掉了他的妃子刘氏和窦氏，母子二人在感情上壁障较多，因而对李旦不大放心。李显的情况虽与李旦有相似之处，但毕竟是不相同的。他不是无辜被幽，而是以罪被废的。被废之后，先居均州，后徙房州，多少年来，一直在生活上享受亲王待遇，并没有受到多少冲击。虽然对武则天的改朝换代十分不满，但与李旦相比，母子之间的隔阂还不是那么深刻。

按照封建时代的惯例，皇太子被废，不是被诛杀，就是永远被贬为庶人，很少有人能够东山再起。李显被废后，虽然仍旧保有"庐陵王"之号，但已失去了太子地位，按照常规，不可能再恢复帝位，因而对重新进东宫，登皇位连想也不敢想。

在这种情况下，若将他召回神都，使其摆脱困境，重继大统，他必然会感恩戴德，释前嫌而尽孝理。再说，"立嫡以长"，李显长于李旦，召回李

显而立为太子，从宗法观念上说，也不是讲不通的。若召回李显，而以李旦为太子，则将来皇位之争，也可能重演。若以李显为太子，这种可能性就会大大缩减。因此，可以推断，武则天召回庐陵王的目的，是为了顺应大臣的请求、百姓的愿望，扩大李氏势力，付以太子之位。

庐陵王李显还都以后，武则天并没有马上册封他为皇太子，只是让他尽情地欣赏神都的繁华景象，适应一下武周王朝的崭新环境。半年以后，皇嗣李旦揣到了武则天的意思，几天不吃饭，"数称疾不朝"。用绝食的办法坚决请求"逊位于庐陵王"。武则天见时机已到，便顺水推舟答应了李旦的请求，降皇嗣为相王，而以李显为皇太子。至此，棘手的皇位继承问题才算初步解决。

化解矛盾

〔明堂立誓〕皇位继承问题初步解决，并没有消除李氏子孙与武氏诸王之间的矛盾。由于武则天先是举棋不定，后来倾向于李氏，遂使李氏势力大增；武氏诸王很不得志，魏王武承嗣眼巴巴地得不到皇太子地位，气得一病身亡。

武承嗣虽死，其他诸王尚在。为了使李氏继位得以顺利实现，也使武氏免除灭顶之灾，武则天煞费苦心，采取了一系列措施，企图消弥太子兄弟与武氏诸王之间的矛盾。

其中一条，就是令子、侄立誓明堂，永言和好。史载圣历二年（699）四月，壬寅（18日），武则天"命太子、相王、太平公主与武攸暨等为誓文，告天地于明堂，铭之铁券，藏于史馆"。可知参加发誓的有太子李显、相王李旦、太平公主、梁王武三思、千乘王武攸暨等人。宣誓地点在明堂，也就是"通天宫"。誓文曾铸于铁券，藏于史馆，可惜未流传下来，但其中心意思肯定是向天神地灵保证他们永远和好，绝不争斗。此举可谓用心良苦，对于矛盾的双方来说，无疑是一种约束。

〔李武联姻〕婚姻关系是两性的结合，本来不具有政治目的。但在阶级社会里，特别是在统治阶级的上层中，婚姻关系却常常带有明显的政治色彩。西汉以来与少数民族政权之间的所谓"和亲"，绝大多数都是出于政治的需要，即通过婚姻关系融洽感情，达到缓和矛盾的目的。而且，这种方法在历史上有时也确实收到了良好的效果。唐初，高祖给武士彟做媒，后来太宗又纳武则天为"才人"，都具有君主关照功臣的政治因素。武则天对此当然非常熟

唐代女子服饰

悉。为了从感情上改善李武关系，武则天亲自出面，促使李氏与武氏通婚。除先前以武攸暨尚太平公主以外，又以皇太子之女新都郡主嫁武承业之子陈王武延晖，永泰郡主嫁武承嗣之子南阳王武延基，安乐郡主嫁武三思之子高阳王武崇训。这种姑表婚姻，不仅对调节缓和李武矛盾起了一定的作用，而且由此结合、繁衍出一个李武婚姻政治集团。

〔严禁李武摩擦〕立誓和通婚对李武两氏虽有约束，但并不能保证不发生摩擦。魏王武延基与邵王李重润及永泰郡主之间发生的严重争执，便是证明。对于这场严重的争执，今人往往不明真相，多有误解。实际上，事情始末是这样的：

大足元年（701）秋季某日，皇太子的长子邵王李重润到妹妹永泰郡主家作客。妹夫武延基正好在家。当他们谈到武则天的男宠张易之兄弟时，意见分歧，发生争执。三人皆血气方刚，不能克制自己，旧怨重提，纷争不已，惊动四邻。

武则天闻而大怒，认为他们违背了明堂誓约，有伤于李武和气，简直不成体统，令皇太子予以处罚。皇太子怕动摇自己的地位，遂"大义灭亲"，皆令自缢，将事情了结。武延基等人不是武则天下令杀死的，但他们的死却与武则天有直接的关系。这件事说明武则天是严禁李武摩擦的，不然，皇太

291

善导塔

子是绝不会轻易令子女自杀的。

〔提倡忠孝谦让〕采取强硬手段，禁止李武摩擦，固然能起到一些作用，但不能从根本上解决问题。要从根本上解决问题，还必须从思想上进行教化。为此，武则天晚年，特别提倡忠孝谦让和友爱。

圣历二年六月，也就是令子侄立誓明堂以后的两个月，武则天亲自撰写并书写了《升仙太子庙碑》。对此，后人多有非议，以为是吹捧张昌宗之作。然此碑犹存，细读碑文，可知事实并非如此。"升仙太子"字子乔，本是周灵王的太子，传说才高德隆，但不贪于宝位，主动让贤，漫游于伊洛之间。喜欢吹笙，作凤鸣之声，被道士浮丘公接上嵩山，又尝遇桓良于缑山。某年七月七日，乘白鹤立于山颠，举手谢时人而升仙。武则天在令子、侄立誓后为升仙太子修庙立碑，显然是教育子侄不要争权夺利。

大足元年（701）五月，武则天又撰写了《许由庙碑》。许由传说是陶唐时期的隐士，字武仲。为人正直，"邪席不坐，邪膳不食。"尧让天下于他，他拒不接受，偷偷逃走，耕于颍水之阳，箕山之下，"终身无矜天下色。"可见武则天撰写《许由庙碑》与撰书《升仙太子庙碑》具有相同的政治目的。大约与此同时，武则天还颁发了《停杨素子孙京官侍卫制》。制文说隋尚书令杨素，"感乱君上，离间骨肉"，"生为不忠之人，死为不义之鬼，身虽幸免，子竟族诛"，"其杨素及兄弟子孙已下，并不得令任京官及侍卫"。名为贬黜杨素子孙，实为提倡忠义，敬告王公百僚，不许在李武之间煽风点火，挑拨离间。

〔西返长安〕自决意以李氏为太子后，武则天便开始注意从感情上与之接近。召回李显，立为太子，以诸子为王，诸女为郡主，并以其第三女下嫁武氏；以李旦为相王，解除对他的软禁，授太子右卫率，复拜司徒、右羽林大将军，夏令其诸子出阁。每游宴，皆以太子、相王等相随，吟诗作赋，谈天说地。大足元年（701）十月，武则夫又率太子、相王及其诸子西返长安。

自永淳元年（682）以后，武则天一直驻跸神都，何以二十年后，以七十八岁高龄而率子孙西幸？在这二十年内，武则天从未忘记长安，那里是她的出生地，有她童年甜蜜的梦幻，有她当皇后的惬意，当然还有那感业寺里的辛酸。特别是，那里有李氏的宗庙和高宗的陵寝。

那宏伟庄严的长安宫殿，就是李唐江山的象征。从当时情况来看，武则天选择此时西返长安，主要是进一步从感情上缩短与李氏的距离，融洽与李显、李旦之间的关系。

西返途中，适逢大雪，天寒地冻，太子曾亲为武则天暖脚。至同州（今陕西大荔）刺史苏瑰进《圣主还京乐舞》。武则天与太子等御行宫观看，母子都很快乐。至京，长安令富嘉谟等人上《驾幸长安起居志》，长安城一下子改变了原来的气象。

武则天到达京师后，即大赦天下，改元长安。武则天在京师整整住了两年。这两年，她是在繁忙中度过的。当年十一月她下令改含元宫为大明宫，恢复该宫原来的名称，任命郭元振为凉州（今甘肃武威）都督、陇右诸军大使，以保障河西地区的安定。

长安二年（702）正月，她在长安创设武举。接着又调兵遣将，防御突厥。九月，她在大明宫麟德殿设宴招待吐蕃，使臣论弥萨，准其求和。十月，她又在麟德殿宴请日本国朝臣真人粟田，任命他为司膳卿。十一月，她准监察御史魏靖所奏，命苏颋复查来俊臣等所定旧狱，昭雪冤案。十二月，又做出在庭州设北庭都护府的决策。

长安三年（703）八月，京师遭受冰雹和暴雨袭击，神都留守李峤上表，请求武则天回驾神都。十月，武则天离开长安，抵达洛阳。长安四年，武则天又曾以吐蕃和亲欲二返长安，洛阳县尉杨齐哲等上书进谏，说："陛下今幸长安也，乃是背逸就劳，破益为损"。结果没有成行。

武则天之所以不顾年高体迈，亟亟于长安之行，从当时的情况来看并不是为了游玩，也不是由于西部边境吃紧，最主要的原因还是想解除李武之间的隔阂，缓和李武之间的矛盾。

宫廷政变

随着上述措施的实行，李武之间的关系逐渐有了好转，武则天本人与子孙之间的感情壁障也越来越小了。与此同时，武则天年事日高，加之积劳过度，身体越来越差。虽说如意元年（692）齿落更生，圣历二年（699）生八字重眉，但时光不饶人，积劳必成疾。八字重眉出现不久，武则天便身染沉疴。

在这种情况下，有人建议武则天传位太子。其中有代表性的人物，是武邑（今河北武邑）人苏安恒。大足元年（701）八月，苏安恒投匦上书说：

陛下钦圣皇之顾托，受嗣子之推让，应天顺人，二十年矣。岂不思虞舜褰裳，周公复辟，良以大禹至圣，武王既长，推位让国，其道备焉。故舜之于禹，是其族亲；旦与成王，不离叔父。且族亲何如子之爱？叔父何如母之恩？今大子孝敬是崇，春秋既壮，若使统临宸极，何异陛下之身！陛下年德既尊，宝位将倦，机务殷重，浩荡心神，何不禅位东宫，自怡圣体？

武则天召见了苏安恒，但并没有接受他的意见，只是"赐食慰谕而遣之"。长安二年（702）五月，苏安恒再次上疏，言辞十分激烈，说："陛下若以臣为忠，则从谏如流，择是而用；若以臣为不忠，则斩取臣头，以令天下。"武则天仍未采纳，不过亦不怪罪。

武则天之所以在年老多病的情况下仍不交出政权，并不是因为她贪于宝位。此时她对处理政务已经产生了厌烦情绪。从有关迹象分析，原因主要是，她感到李武之间根深蒂固的矛盾还没有真正消除，她担心交出政权后以李显为首的李氏集团能不能维护"革命"的成果，能不能真正与武氏诸王相容，因而常有后顾之忧。

为了确保身后子侄和睦，江山永固，武则天以张昌宗等人为助手，在晚年托着病体，继续处理朝政。她努力克制自己，一方面，抬高子孙的声望和地位；另一方面，不许有贬欺侄辈的行为。

圣历二年，天官侍郎同平章事吉顼曾在朝堂上与武懿宗争功，声气凌厉。武则天很不高兴，说："顼在朕前，犹卑我诸武，况异时讵可倚邪！"

有一次，吉顼奏事，援古引今，武则天恼怒地说："卿所言，朕饫闻之，无多言！"然后用她当才人时，在太宗跟前夸口能驯服西域烈马"狮子骢"的故事，训斥吉顼："今日卿岂足污匕首邪！"吓得吉顼连忙叩头请罪。后来吉顼因其弟冒官被贬。

临行时，武则天召见吉顼，他流泪说："臣今远离阙廷，永无再见之期，愿陈一言。"太后命之坐，问之，顼曰："合水土为泥，有争乎？"太后曰："无之。"又曰："分半为佛，半为天尊，有争乎？"曰："有争矣。"

吉顼顿首曰："宗室、外戚各当其分，则天下安。今太子已立而外戚犹为王，此陛下驱之使他日必争，两不得安也。"太后曰："朕亦知之，然业已如是，不可何如"。

此后武则天一直自掌大权，企图在李武之间搞平衡，欲在有生之年，进一步和睦子侄之间的关系。她认为，目前四海无事，天下升平，公卿用命，百姓乐业，只要自己再进一步改善子侄关系，将来子为天子，侄为贵臣，各安其分，社稷还是可以永固的。

因此，即使在重病缠身的时候，仍然致力于此，念念不忘。可是，她哪里知道，就在这时，一些朝臣正在酝酿着一场可怕的宫廷政变。

长安四年（704）秋冬，天气阴晦，雨雪相仍，一百余日，不见羲月。武

唐代建筑

则天病卧长生院，不让子侄、宰相供奉，只让张易之、张昌宗兄弟侍侧。

因此"屡有人为飞书及榜其书通衢，云'易之兄弟谋反'"。神龙元年（705）正月，"太后疾甚，麟台监张易之、春官侍郎张昌宗居中用事，张柬之、崔玄暐与中台右丞敬晖、司刑少卿桓彦范、相王府司马袁恕己谋诛之。柬之谓右羽林卫大将军李多祚曰：'将军今日富贵，谁所致也？'多祚泣曰：'大帝也。'柬之曰：'今大帝之子为二竖所危，将军不思报大帝之德乎！多祚因指天地以自誓。遂与定谋。（又）引（杨）元琰为右羽林将军，用彦范、晖及右散骑侍郎李湛皆为左、右羽林将军，委以禁兵。俄而姚元之自灵武至，柬之、彦范相谓曰：'事济矣！'遂以其谋告之。"

时太子于北门起居，彦范、晖谒见，密陈其策，太子许之。这就是说，张柬之等人迅速掌握了神都禁军的指挥权，并得到太子李显的批准。

此外，张柬之等人还争得了太子弟相王李旦、妹太平公主及洛州长史薛季昶的支持。政变者日夜谋划，而武则天卧病长生院，二张不出宫苑，加以缺乏警惕，竟一无所知。

神龙元年正月二十二日，神都洛阳依然笼罩在阴寒之中。张柬之等认为时机已到，便调兵遣将，以二张谋反为借口发动了政变。从史书记载来看，政变是按照计划进行的：一方面，由张柬之、崔玄暐率检校左羽林卫将军桓彦范，左羽林卫将军李湛、李多祚、薛思行、赵承恩，右羽林卫将军敬晖、杨元琰，左威卫将军薛思行，职方郎中崔泰之，司刑评事冀仲甫，检校司农少卿兼知总监翟世言，内直郎王同皎及左右羽林兵五百余人拥太子李显直逼禁苑；另一方面，由相王李旦、司刑少卿袁恕己统南牙兵、薛季昶统洛州（洛阳一带）兵马"以备非常"。

袁恕己派兵包围政事堂（宰相集体议事的地方），逮捕值日宰相韦承庆、房融和司礼卿崔神庆，切断了皇城后宫城的联系。张柬之等勒兵向玄武门（洛阳城北门）进发，遣李多祚、李湛和王同皎前往东宫迎接太子。

时殿中监田归道为玄武门镇守使，敬晖派人要他交出"千骑"皇帝卫队，归道拒而不与。张柬之等人至玄武门，为归道所阻；及太子至，归道不敢抵抗。张柬之命所部斩关而入，兵士大噪，直扑武则天所居之迎仙宫。时二张正在宫中，毫无准备，仓促之间，未及躲避，即被斩于殿庑之下。

二张被杀后，张柬之等人立即包围武则天养病住所。这时，武则天得到了兵变的消息。由于出乎意料，她感到十分吃惊，一骨碌从床上爬起来问道："乱者谁邪？"张柬之、李湛、崔玄暐等戎装而入。回答道："张易之、张昌宗谋反，臣等奉太子令诛之，恐有漏泄，故不敢以闻。称兵宫禁，罪当万死。"

武则天看到李湛，很不高兴地说："汝亦为诛易之将军邪？我于汝父子不薄，乃有今日！"李湛是李义的儿子，听到这句话"惭不能对"。武则天问崔玄暐："他人皆因人以进，惟卿朕所自擢，亦在此邪？"崔玄暐回答说："此乃所以报陛下之大德。"

这时太子李显进见，武则天十分伤心，强忍着悲痛与愤怒说道："乃汝邪？小子既诛，可还东宫！"话音未落，桓彦范上前一步道："太子安得更归！昔天皇以爱子托陛下，今年齿已长，久居东宫，天意人心，久思李氏。群臣不忘太宗之德，故奉太子诛贼臣。愿陛下传位太子以顺天人之望！"口气十分强硬。听到这话，武则天返回病榻，卧而不语。

于是，张柬之留部分人马监视武则天，派人分途缉拿二张的亲信，斩张昌期、张同休、张昌仪等人，与二张一起枭首于天津桥南。薛季昶建议乘胜扩大战果，因兵势诛武三思之属。由于天色已晚，特别是由于武氏诸王握有一定的兵权，具有较大的势力，而自身力量有限，张柬之、敬晖、桓彦等人未予采纳。但实行戒严，禁止政变者以外的任何人与武则天相见。

二十三日上午，张柬之等再次逼武则天传位。武则天思前想后，无可奈何。她深知在这种情况下，要反悔初衷，另立侄辈，显然是不可能的，而且，稍有这方面的表示，情况都会变得更糟糕。因此，她作出了同意李显监国的决定。于是，张柬之以她的口气，颁发了《皇太子监国制》：

鸾台：多难兴王，殷忧启圣，萧墙之祸，自古有之。朕以虚寡，宿承先顾，社稷宗庙，寄在朕躬，亲理万机，年逾二纪，幸得九玄垂祐，四海艾安。何尝不日昃忘食，夜分辍寝，战战而临宝位，虔虔而握圣图，忧百姓之不宁，惧一物之失所。但以久亲庶政，勤倦成劳，顷日以来，微加风疾。逆竖张易之、昌宗兄弟，比缘薄解调炼，久在园苑驱驰，锡以殊恩，加其显秩，不谓豺狼之性，潜起枭獍之心，积日包藏，一朝发露。皇太子显，无良守器，纯孝奉亲，知此衅萌，奔卫宸极，与北军诸将，戮力齐心，剿杀凶

渠，咸就枭斩。乃天地之大德。而幽明之所赞叶者乎？岂惟朕之幸，抑亦兆庶之福。朕方资药饵，冀保痊和，机务既繁，有妨摄理，监临之寄，属在元良。宜令皇太子显监国，百官总已以听，朕当养闲高枕，庶获延龄，可大赦天下。

就这样，武则天交出了行政大权。但是，张柬之等人并不以太子监国为满足，而是要求武则天传位。二十四日，武则天最终传于皇太子。二十五日太子李显复位于通天宫。至此，政变才告结束。

从上述情况来看，政变的发起人是张柬之。除了张柬之以外，政变的主谋还有桓彦范、敬晖、崔玄暐和袁恕已四人。参与谋议的还有杨元琰、李多祚、相王李旦及太平公主等人。

鹰鹊图

张柬之字孟将，襄州襄阳（阳湖北襄樊市）人，"少补太学生，涉猎经史"，永昌元年（698），制举第一，历任监察御史，凤阁舍人，荆州大都督府长史、秋官侍郎等职。长安年间，武则天向宰相求贤，狄仁杰、姚元之推荐了他。那时他年已八十，武则天登时召见，以为同凤阁鸾台平章事。不久"迁凤阁侍郎，仍知政事"。

敬晖，绛州太平人（山西侯马市西北）"弱冠举明经"，历任卫、泰等州刺史。大足元年（701）迁洛州长史。武则天西返长安时，任命他为神都副留守。"在职以清干著闻。玺书劳勉，赐物百段"。长安三年（703），敬晖复拜中台右丞，加银青光禄大夫。

崔玄暐"少以学行称"。举明经，历任库外郎，凤阁舍人等职。"长安元年（701），超拜天官侍郎。每介然自守，杜绝清谒，颇为执政者所忌，转文昌左丞。"经月余，武则天对他说："自卿改职以来，选司大有罪过。或闻令史乃设斋自庆，此欲盛为贪恶耳。今要卿复旧任。"又除天官侍郎，赐杂采七十段。三年，拜鸾阁侍郎，同凤阁鸾台平章事，兼太子左庶子。四年迁凤阁待郎，加银青光禄大夫，仍依旧知政事。

李多祚，本靺鞨后裔，"骁勇善射"，以功累迁右鹰扬卫大将军，预讨孙万荣之叛，以劳改右羽林大将军，遂领北门卫兵。太平公主，系武则天少女，"方额广颐，多权略，"武则天爱其类已，每预谋议。

从以上情况看，这些人都在不同程度上受到武则天的器重，有的还是武则天的亲信，亲骨肉。既然如此，他们为什么要乘武则天病重之机，发动政变，兵临禁苑，血染寝殿？

古往今来，少不史学家，认为张柬之等人之所以发动政变，是因为张易之兄弟谋反，但是，如果认真分析一下有关史料，就会发现里面存在着一些问题。

其一，武则天卧病，"宰相不得见者累月，惟张易之、昌宗侍侧"的说法并不完全可靠。这一点可以从两方面的材料中看出。

史载，长安四年（704）八月，武则天卧疾。九月，大雨雪，武则天令开仓赈恤；以宰相姚元之为录武道安抚大使。十月二十日，以秋官侍郎张柬之同凤阁鸾台平章事。二十三日，以相韦嗣立检校魏州刺史。三十日，以怀州长史房融为正谏大夫、同平章事。又命宰相荐举能够担任外郎的人。十一月五日，以天官侍郎韦承庆为凤阁侍郎、同平章事。二十五日，命宰相崔玄暐校太子右庶子。

十二月三日，敕大足（701）以来新置官并停。五日，罢韦嗣立为成均祭酒。二十日，许州人杨元嗣告张昌宗召术士占相，武则天命韦承庆等审问。这说明即使在卧病期间，武则天仍在坚持处理朝政，并非与宰相累月不见。

另外，《新唐书》卷一百二十《崔玄暐传》载：及武则天疾病稍有好转，宰相崔玄暐奏言："皇太子、相王皆仁明孝友，宜侍医药，不宜引异姓出入禁闼。"武则天慰而纳之。《旧唐书》卷九十一《桓彦范传》载，政变前，"皇太子每于北门起居。"这说明，武则天虽一度专以二张侍疾，但后

来接受了崔玄晖的建议，准许皇太子时常进谒。

其二，"张易之与弟昌宗入阁侍疾，潜图逆乱"的观点也不完全可信。二张入宫以后，作为武则天的男宠、侍卫和牵制外戚、大臣的工具，的确成了红极一时的显贵，以至长安二年（702）年八月，太子、相王、太平公主有上表请封昌宗为王之举。但是，乐极往往生悲，他们也曾受到过几次较大的冲击。

长安四年（704）年七月，其兄张昌仪、张同休等人坐赃下狱，御史台弹劾他们作威作福，亦被同鞫。十二月，有人写飞书于大街，说他们谋反，杨元嗣告张昌宗召术士占相，二张再次被鞫。在每次冲击中，二张都受到武则天的保护。第一次被鞫时，御史大夫李承嘉等奏请免除张昌宗之官。张昌宗不服，说他"有功于国，所犯不至免官。"武则天问宰相张昌宗是否有功，杨再思回答道："昌宗合神舟，圣躬服之有验，此莫大之功。"武则天乃舍其罪复其官。后来当有人飞书言二张谋反时，武则天"皆不问"，这在"《通鉴》"卷二百〇七中可以找到依据。二张第二次被鞫时，宋璟、崔玄晖等人请求逮捕，处以死刑。武则天又为其辩护，赦其罪。说二张在这种情况下要潜图谋逆，从情理上是讲不通的。

再者要说二张潜图谋逆，须有可靠的证据。而史书所载的证据只有一个，那就是长安四年（704）十二月中旬，张昌宗曾召术士李弘泰为自己占相；李弘泰说昌宗有天子相。在封建时代，私自召人看相虽有时为法律所限，但乃是极普遍的事。不过，术士妄言天命，被相者信以为真，想入非非，轻举妄动，都会被看作"谋反"而予以诛夷。张昌宗听了术士的话，可能也有一阵惊喜，但他很快便害怕起来，把李弘泰的话告诉了武则天。仅凭这一点，难说他们是"潜图谋反"。

其三，二张一直为武则天所宠信。而且，当武则天卧病之时，皆常入宫侍疾，假若他们真有不臣之心，要谋造反，暗害武则天还不简单？但事实上，从长安四年八月武则天卧病，到神龙元年正月政变以前，武则天并没有受到二张的威胁。假如二张果真潜图叛逆，当会留下种种蛛丝马迹，至少自身应当有所准备。

但事实上，除了前述占相以外，史书上没有二张叛乱的任何材料，相反，史书上明确记载他们是在毫无准备的情况下被杀于长生院的。因此，对于二张谋反之说，并不确实。

那么，张柬之等人发动政变的原因和目的究竟是什么呢？要弄清这个问题，还得从当时最高统治集团内部的矛盾开始分析。如前所述，武则天晚年最高统治集团内部的矛盾，主要是由皇位继承问题引起子、侄之间的冲突。

武则天曾采取了一系列有效的措施使子侄之间的隔阂逐渐减少，李、武二家趋于融合。但是由于李、武之间的矛盾根深蒂固，直接牵涉到各自的命运和前途，是难以完全调和的。为了确保身后李、武之间不发生流血的冲突，形成子为天子，侄作贵亲的政治格局，武则天在年迈多病的情况下引用二张，助理朝政，企图进一步调和子侄矛盾。

这样就形成了李氏诸子、武氏诸王和宠臣二张之间的三角关系。而朝臣见武则天年老，也根据自己的恩怨排列组合，相互比附，以为身后之谋，从而形成拥武派、拥李派和附张派。拥武派（这里指拥护武氏的诸王者），尤其是武氏诸王与拥李派之间存在着的一定矛盾。对武则天不以武氏为太子而以李氏为继承人的做法也很不满意。而李显被立皇太子，二张实有大功，故武氏诸王对二张的态度也发生了变化，由鼓吹变为不满。拥李派即拥护皇太子李显兄弟者，这部分人可分为两种。一种曾受武则天打击，反对女人专政，谋复辟李氏社稷者；另一种是曾经受到武则天的提拔和重用，但与武氏诸王和二张有矛盾者。附张派亦可分为两种，一种是势力小人，见二张贵盛，趋而附之，冀图升官发财；另一种是朝廷重臣，深受武则天信任，与二张关系密切。

在以上三派中，二张派势

鹰鹊图

力最盛。一则他们时常在武则天身边，多为武则天所宠爱；二则他们有劝武则天立太子、解决皇位继承问题大功，将来一旦武则天去世，他们必然会便吉顼所说那样，受"茅土之封"。这就引起了"拥武派"和"拥李派"的眼红。其中，"拥李派"与二张矛盾较深，他们担心将来二张派得到拥立之功，得势以后，自身利益受到严重的损失。因此，他们必然要铤而走险，与二张进行殊死的搏斗，抢夺拥立之功，以改变自己受排挤的不利处境，获得更多的富贵功名。张柬之等人，正是"拥李派"的代表。

张柬之"深厚有谋，能断大事"，颇有政治头脑和手腕。然而久在下位，制举及第时，已年七十，可以说是不得志的。到八十时，才当上宰相，必然要设法尽快施展其政治才能。当时武则天年老多病，二张得宠，他虽为宰相，总觉得没有用武之地。因此，他必然不满现实，而要另寻出路，由于他"涉猎经史，尤好三礼"，喜欢抱残守缺，不满女人参政，久以李唐为意。

因此，当他看到不少士人亦思唐德，即以发动宫廷政变为已任。入相不久，便开始密谋活动。这时宰相桓彦范、崔玄晖、姚元之等人皆与二张不合。桓彦范、崔玄晖还多次上疏，要求罢免二张之官，将他们统统处斩。若二张得势，他们的结局不堪设想。另外，二张得宠，武则天立太子而无禅位之意，也引起了皇太子兄弟的疑虑，在这种场合下，张柬之正好可以利用崔玄晖、姚元之及其他大臣与二张之间的矛盾，组织力量，联络太子，以诛二张为名而发动政变。于是，政变便一步步变成事实。

应当强调的是，张柬之政变的目的不只为了诛二张，更重要的是要废黜武则天，抢夺拥立之功。这一点从张柬之等人的言论和行动中表现的十分明显。史载"张柬之将诛二张以（李）多祚素感慨，可动以义，乃从容谓曰：'将军击钟鼎食，贵重当世，非大帝恩乎？'多祚泣数行下，曰：'死且不忘！'柬之曰：'今在东宫乃大帝子，而嬖竖擅朝，危逼宗社。国家废兴在将军，将军诚有意乎？舍

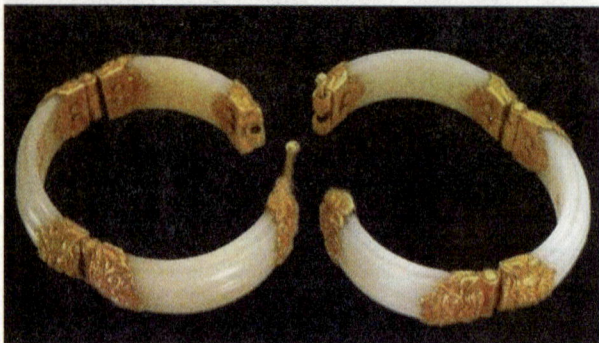

唐代玉器

今日尚何在？’

在张柬之入相以前，"柬之与荆长史阆乡杨元琰相代，同泛江，至中流，语及太后革命事，元琰慨然有匡复之志"。及张柬之为相，引杨元琰为右羽林将军，谓曰："君颇记江中之言乎？今日非轻授也。"政变开始时，张柬之遣李多祚、王同皎等赴东宫迎太子，"太子疑，不出。同皎曰：'先帝以神器付殿下，横遭幽废，人神同愤，二十三年矣，今天诱其衷，北门、南牙、同心协力，以诛凶竖，复李氏社稷，愿殿下暂至玄武门以孚众望。"及二张被杀，武则天令太子返回东宫，桓彦范等又逼武则天"传位太子，以顺天人之望。"可见，张柬之政变的目的，是要武则天退位，以夺拥立之功，这与姚元之（即姚崇）等人是不同的，姚与二张有矛盾，只欲杀二张，并不想对武则天实行"兵谏"。

由于张柬之等人巧妙地利用了最高统治集团内部的各种矛盾，掌握了禁军，进行了严密的组织；由于武则天及二张派缺乏警惕，毫无准备；由于太子李显、相王李旦、太平公主皆参加了政变；加之武氏诸王与二张的矛盾，按兵不动，政变得以顺利进行。

政变的直接后果是：二张被杀，武则天被废，中宗复位，张柬之等人成为显赫一时的权贵。政变宣告了"大周"政权的覆亡，同时也宣告了武则天政治生涯的终结，其影响是极为深远的。

幽居深宫

张柬之政变之后，武则天还活了三百天。这三百天是武则天生命的最后时期，也是她有生以来最痛苦的时期。

神龙元年正月二十五日，中宗复位。二十六日，武则天即被押送上阳宫。上阳宫在洛阳皇城之西，南临洛水，西距穀水，北连禁苑，有观凤、仙居、甘露、麟趾、丽春等殿，又有浴日楼、七宝阁及双曜、神和、芙蓉等亭，本来是一个景色宜人的好地方。但现在却变成了幽禁武则天的"文明监狱"。武则天被安置在观凤殿，由左羽林将军李湛看管。

武则天晚年积劳成疾，加上病重之际，又遇宫廷政变，身遭软禁，健康状况急剧恶化。史载"太后善自饰，虽子孙在侧，不觉其衰老。及在上阳

宫，不复栉颒，形容羸悴。""不复栉颒"，即不再梳头选面，说明她心情很坏的。"形容羸悴"，当然不只是不再梳洗的结果，还说明政变对她精神打击很大。虽然正月二十七日中宗曾率百官到上阳宫，尊武则天为"则天大圣皇帝"，但是，对武则天来说，这是没有任何实际意义的。她历尽沧桑，争强好胜，每当想起正月二十二日那屈辱的时刻，心里总不是滋味。而最使她伤心和担忧的，还是中宗复位以后动荡的政局。

中宗李显是一个平庸的皇帝。他看到张柬之等人发动政变有功，即位后立即委以大政，以张柬之为夏官尚书、同凤阁鸾台三品，封汉阳郡公；以崔玄暐为守内史，封博陵郡公；以袁恕己行中书侍郎、同凤阁鸾台三品，封南阳郡公；以敬晖为纳言，封平阳郡公；桓彦范亦为纳言，封谯郡公；五人皆为宰相，"并加银青光禄大夫，赐实封五百户。"又以李多祚为辽阳郡王，王同皎为右千牛将军、琅琊郡公，李湛为左羽林大将军、赵国公。

而张柬之等人为维护既得利益，除了严厉贬逐房融、崔神庆、崔融、李峤、宋之问、杜审言、沈佺期等"张易之党"外，亦极力鼓吹"中兴"。虽然没有完全采纳薛季昶"集百辟卿士，执武后献诸宗庙，数其过恶，取太宗黄钺斩之"，"诸武氏之在中外者，皆尽杀无赦"的建议，但无不绞尽脑汁，着手对"武周"进行全面的、彻底的否定。

神龙元年正月下旬，通过中宗下制，贬逐武周酷吏，遣夺其官爵，"其为周兴等所枉者，咸令清雪，子女配没者皆免之。"同时大崇李氏宗室，以相王为安国相王，太平公主为镇国太平公主，"皇族先配没者，子孙皆复属籍，诸王、妃、主、驸马为武氏所诛者，咸令州县以礼改葬"，"追复官爵，召其子孙，使之承袭，无子孙者为择后置之。"

二月五日，又通过中宗下制，国号曰唐。郊庙、社稷、陵寝、百官、旗帜、服色、文字，皆如永淳（682—683）以前故事。复以神都为东都，北都为并州，老君为玄元皇帝。同时"令贡举人停习《臣轨》，依旧习《老子》，令"诸州置寺、观一所，以'中兴'为名。"

就这样，武则天经营多年而确定的施政方针被很快地抛弃了。由此可见，所谓"中兴"，就是复旧。但是"永淳以前故事"并没有完全恢复，国家政治遂陷入混乱之中。

武则天在执政时期是很为作为的，因而，对于她的悲剧结局，当时许多人都是很同情的，就连预谋政变的姚元之也是如此，武则天徙上阳宫以后，信仆卿、同中书门下三品姚元之曾呜咽流涕。桓彦范、张柬之对他说："今日岂公涕泣时邪！恐公祸由此始。"元之回答："元之事则天帝久，乍此辞违，悲不能忍。且元之前日从公诛奸逆，人臣之义也；今日别旧君，亦人臣之义也，虽获罪，实所甘心。"结果被贬为亳州刺史。监察御史崔皎密奏中宗："则天皇帝在西宫（即上阳宫），人心犹有附会。"这就是说，同情武则天的人还不在少数。

所以当张柬之等弹冠相庆的时候，以武三思为首的的武氏诸王"以则天为彦范等所废，常深愤怨，又虑彦范等渐除武氏"，联络这些同情者和"附和"者，采取种种手段，与张柬之等明争暗斗，企图挽回自己的命运，"复行则天之政。"

当时，中宗的妃子韦氏是正宫皇后。此人颇有政治野心，热衷于干预朝政。而深受武则天宠爱的宫女上官婉儿被中宗收为婕妤，受到信任，专掌制命，活跃于宫中。她又与武三思勾结，"荐三思于韦后。"武三思之子武崇训娶中宗爱女安乐公主，被提拔为驸马都尉，太常卿兼左卫将军，与中宗

雪竹图

武则天传

懿德太子墓壁画局部

韦后有亲戚关系。由于张柬之等人控制朝纲，恃功自傲，反对韦氏参政，引起了中宗、韦氏的不满，因而上官婉儿一推荐，武三思即被韦后引入禁中，与中宗论政事，被任命为司空、同中书门下三品。武三思一参政，便着手援引武周旧臣魏元忠、韦安石、李怀远、唐休璟、杨再思等人，准备排斥政变者，"反易国政"。而张柬之等人大权在握，不肯后退一步。政变之初，薛季昶、刘幽求曾劝张柬之、桓彦范等诛杀武三思等，斩草除根，张等不听；此时见武氏势力复振，才劝中宗诛诸武，中宗不听。为缓和两派的矛盾，唐中宗"以张柬之等及武攸暨、武三思、郑普思等十六人皆为立功之人，赐以铁券，自非反逆，各恕十死"。然而，这种和稀泥的办法是不能解决问题的。此后张柬之等人与武三思一伙的斗争更加激烈了。

张柬之、敬晖一派为了稳操胜券，一方面以考功员外郎崔湜为耳目，窥伺武三思等人的举动；另一方面率群官上表，强烈要求削去武氏王爵。武三思等人则以退为攻，表面上情愿降爵，暗地里拉拢崔湜，以郑愔为谋主，"与韦后日夜潜晖等，云'恃功专权，将不利于社稷'"。建议"封晖等为王，罢其政事，外不失尊宠功臣，内实夺之权"。中宗采纳了武三思的建议，以敬晖为平阳王，桓彦范为扶阳王，张柬之为汉阳王，袁恕已为南阳王，崔玄暐为博陵王，"罢知政事，赐金帛鞍马，令朝朔望（初一、十五）"。于是，"三思令百官复修则天之政，不附武氏者斥之，为五王所逐者之，大权尽归三思矣。"

不过对于武三思的专权，唐中宗也是不能完全容忍的。他根本不愿使武氏重新强大起来，所以，过了不久，他又采纳了张柬之等"五王"的建议，"降封梁王三思为德静郡王，量减实封二百户，定王、驸马都尉攸暨为乐寿郡王，河内郡王懿宗为耿国公，建昌郡王攸宁为江国公，会稽郡王攸望为邺国公，临川郡王嗣宗为管国公，建安郡王攸宜为息国公，高平郡王重规为郐国公，继魏王延义为魏国公，安平郡王攸绪为巢国公，高阳郡王、驸马都尉崇训为酅国公，淮阳郡王延秀为桓国公，咸安郡王延祚为咸安郡公。"这样一来，武氏诸王又受到了限制，武三思"复则天之政"的设想没有能够真正实行。

由于唐中宗缺乏政治才能，政变者与武氏诸王处于激烈的矛盾斗争状态，使政局动荡不安，呈现出徘徊倒退的状态：官员日益增加，吏治逐渐废驰，尤其是由于无限制的大量平反所谓冤、假、错案，极力崇优宗室，扩大封户势力，大修寺观，度人为僧等，造成了财政经济的困难，开始动用备荒的义仓。

武则天虽然被幽系在深宫之中，对上述情况不完全清楚，但是由于中宗每月初一、十五率百官前来朝见，通过他们的言谈举止，她知道了形势的逆转。因而，埋藏在她心中的忧虑更加沉重。可是上阳宫的生活是孤独而枯燥的，除了朝看水东流，暮看日西坠之外，她又能做什么呢？也许她曾想起自己天真活泼的童年，依偎在父母的身边，观看巴山蜀水，袅袅炊烟，还有那江上竞渡的飞舟；也许曾想起辅佐高宗的日子，伴随唐高宗把握风云变幻，处理军国大事的场面，还有高宗那信任的目光，病态的脸；也许她曾想起酷吏的残杀，外戚的无能，还有可恨的宫廷政变，每当回首往事的时候，她有时也许会感到一些快慰，但她的心中始终充满了更多的愤恨和忧虑。她在上阳宫中凄苦难忍，度日如年，她的子女们却享受着因政变成功带来的欢乐。

中宗接受群臣的请求，尊曰应天皇帝，韦后曰顺天皇后，又给相王李旦、太平公主加实封，达到万户。

当隆冬到来时候，中宗御洛城南楼，观看"裸身挥水、鼓舞衢路"的"泼寒胡戏"，早把武则天忘得一干二净！就这样，武则天在孤独、寂寞、忧愤中打发着日子，发白齿落，病入膏肓，直到她生命的最后一刻。

临终遗制

神龙元年（705）十一月二十六日，寒风凛冽，天昏地暗，武则天死于上阳宫之仙居殿，终年八十二岁。

武则天临终时，头脑很清醒。她召来中宗、相王、太平公主及武三思等，叮嘱后事，留下了一份完整的"遗制"。遗憾的是这个遗制原文没有流传下来，后人只能从有关史籍中看出大概。《通鉴》卷二百〇八载："遗制：去帝号，称则天大圣皇后。王、萧二族及褚遂良、韩瑗、柳奭亲属皆赦之。"《新唐书·则天顺圣皇后武氏传》载："遗制称则天大圣皇太后，去帝号。"《旧唐书·则天皇后本纪》载："遗制祔庙、归陵，令去帝号，称则天大圣皇后；其王、萧二家及褚遂良、韩瑗等子孙亲属当时缘累者，咸令复业。"同书《袁恕已传》载："则天崩，遗制令复其所减实封。"《武三思传》载："则天遗制令复其减实封。"从这些记载来看，《遗制》的主要内容有以下几点：去帝号，称则天大圣皇后；祔庙、归葬乾陵；让王皇后、萧淑妃等人的子孙复业；恢复武三思的实封之数，为袁恕已增加实封。

显然，《遗制》的用意是十分深刻的，由此不难看出什么是武则天临死时最关心的问题。

中宗复位以后，恢

懿德太子墓地宫

复了李氏的宗庙、社稷；武氏的宗庙、社稷事实上已被废弃，"大周"已经宣告结束。在这种情况下，继续保留帝号是有害而无益的，去帝号，称号皇后，显得与李氏亲近；留帝号，则易使李氏子孙联想"武周"那段不愉快的经历，而增加对武氏的敌意。因此，取消帝号，显然是明智之举。"祔庙、归陵"是武则天最关心的事。

武则天从房州召回李显，立为太子，一个重要目的就是为了身后能够祔庙、归陵。武则天之所以一定要归陵、祔庙，大抵主要是出于两方面的考虑：一方面，她与唐高宗曾经是恩爱夫妻，希望"来世"能够继续在一起，并在李家的宗庙里占有一席之位，以便得到子孙的享祭；另一方面，深知李武之间的矛盾还没有完全解除，武氏有树倒猢狲散的危险，如果自己归陵，祔庙，李氏子孙或许对武氏能够采取较宽容的态度，这样将有利于江山社稷。毫无疑问，要求归陵、祔庙也是很有远见的。至于对王、萧二家缘累子孙职业及武三思、袁恕已等人实封问题的处理，也都是为了缓和身后可能加剧的矛盾。

但是，对于武则天的《遗制》尤其是其中归葬乾陵一条，有人坚决表示反对，建议不要贯彻执行。其代表人物是党附于张柬之等人的给事中严善思。

他上书说："则天太后卑于天皇大帝，今欲开乾陵合葬，即是以卑动尊"。建议于乾陵之傍，另择吉地，"别起一陵"。唐中宗看了奏折，心里有所动摇，诏令群臣详议。由于武三思等人通过上官婉儿及韦后反对严善思的意思，唐中宗才决定停止讨论，下诏，"准遗制以葬"。

神龙二年（706）正月二十一日，唐中宗护则天灵驾还京，着手准备埋葬事宜。在此期间，国家政治依然比较混乱。朝廷大置员外官，自京司及诸州凡二千余人，宦官超迁七品以上员外官者又将千人。又允许太平、长宁、安乐、宜城、新都、定安、金城是公主开府置官属。最高统治集团内部各派之间的实力也发生了一些消长变化；一方面以张柬之为首的"政变"派进一步失势。三月，光禄卿、驸马都尉王同皎被杀，敬晖被贬为郎州史，崔玄暐左迁为均州刺史，桓彦范左迁为亳州刺史，袁恕已左迁为郇州刺史。另一方面，韦后、武三思进一步掌握大权。中宗宠畏韦皇后，改赠其父韦玄贞为酆王，弟询、浩、洞、泚皆为郡王；武三思与韦后私通，关系十分密切。这

样，张柬之等"五王"被贬逐以后，实权便逐渐落入韦后和武三思之手。

唐中宗对武三思也极为信任，有人告三思"必为逆乱"，中宗却大怒，"命斩之"。武三思为了借助武则天亡灵庇护自己，劝韦后、中宗对武则天实行厚葬。韦后欲仿效武则天，也赞成武三思之计，中宗为了掩盖自己抢班夺权的真相，已修了圣善、报恩等寺，亦主张一切从优。虽然他们各自的目的不同，但都打算为武则天举行一个隆重的葬礼。

神龙二年五月十八日，庄严肃穆的梁山哀乐悠悠、哭声阵阵。武则天的灵柩沿着唐高宗灵柩经过的地方徐徐进入乾陵地宫。国子司业崔融撰写的《则天大圣皇后哀册文》也被放入。册文写道：

维神龙元年岁次乙巳十一月本丁丑朔二十六日壬寅，大行则天大圣皇后崩于洛阳宫之观象殿，旋殡于集仙殿之西阶。粤二年岁次丙午某月朔日，将迁祔于乾陵。礼也，祖庭火烬，攒宫月晓，云戴黼翠，风牵绛旗，俨天卫之苍苍，邈宸仪之窅窅。哀子嗣皇帝讳，慕切充穷，诚殷遣莫，瞻象服其如在，攀龙车而不见，阒慈范于长陵，戢晖于前殿。示人轨训，先王典则，爰命史臣，飏言圣德。其词曰：

天生后稷，飞鸟覆翼。天护武王，跃鱼陨航。施于成康，武子有光。丰沛之疆，河汾之阳，异气发祥，圣后其昌。穆穆皇皇，作合于唐。

至哉坤德，沉潜刚克。奇相月偃，惠心泉塞。蘋藻必恭，纮綖是则。训自闺阃，风行邦国。九庙肃祇，六官允厘，中外和睦，退迹清夷，家道以正，王化之基。

皇曰内辅，后其谋咨。谋咨伊俟，皇用嘉止。亦既顾命，聿怀代己。圣后谦冲，辞不获已。从宜称制，于斯为美。仗义当责，忘躯济厄。神器权临，大运匪革。宗祧永固，寰区掩宅。负扆肃清，垂旒光赫。

洸洸我君，四海无氛。英才远略，鸿业大勋。雷霆其武，日月其文。洒以甘露，覆之庆云。制礼作乐，还淳返朴。宗祀明堂，崇儒太学。四海慕化，九夷裹朔。沈璧大河，泥金中岳。巍乎成功。翕然向风。乃复明辟，深惟至公。

归闲于大庭之馆，受养于长乐之宫。品汇胥悦，讴歌载隆。鼎祚既穆，璇枢已肃。庶保太和，长介景福。如何靡怙，而降斯酷？后弄孙其未淹，人丧妣其焉速？嗣皇擗摽。列辟扶服，九族号咷，万姓荼毒。呜呼哀哉！

积忧劳而弗念兮，构氛沴而成灾；逢冰霜之惨烈兮，见草木之凋摧；感大渐之将逝兮，遗惠言而不回；付圣子其得所兮，顾黎元曰念哉；颁宠锡以留诀兮，节礼数以送哀；邈终天而一往兮，复何时而下来？呜呼哀哉！

光阴荏苒兮气序回互，泣尽冬霜兮悲生春露，攒涂云启兮同轨毕赴，湘川未从兮汉茔盖祔。古则礼阙，今也仪具。呜呼哀哉！

夜漏尽兮晨挽发，转相风兮摇画月。厌河洛兮不临。去嵩邙兮飘忽。指咸阳之陵寝，历长安之宫阙。旋六马兮须期，考三龟兮中歇，呜呼哀哉！

出国门兮林邱，览旧迹兮新忧。具物森兮如在，良辰阒兮莫留。当赫曦之盛夏，宛萧瑟之穷秋。山隐隐兮崩裂，水洄洄兮逆流，呜呼哀哉！

挂旌旐于松烟，即宫闱于夜泉。下幽翳兮无日，上穹窿兮盖天，隧路严兮百灵拱，殿垣虚兮万国旋。如有望而不已，怨西陵之茫然，呜呼哀哉！

轶帝皇之高风兮，钦父母之余懿。时来存乎立极，数往归乎配地。何通变之有恒兮，而始终之无愧。惟圣慈之可法，播徽音于后嗣。呜呼哀哉！

在这篇哀册中，崔融以神来之笔，概括了武则天的主要事迹，高度评价了武则天的历史功绩，深切表达了对武则天的悼念之情，当玄宫启闭，加上最后一锨泥土的时候，亲戚、大臣，乃至在场的小民，尽管心思不尽相同，却无不痛哭流泪。其中所谓"张易之之党"表现尤为悲痛。有人还写下了悲凉动人的挽歌：

无字碑

象物行周礼，衣冠集汉都。

谁怜事虞舜，下里泣苍梧。

这挽歌不仅描写了当时的情况，而且也寄托了人们对武则天的哀思。

武则天是以"则天大圣皇后"的身份葬入乾陵的。她最终达到了她所向往的归宿地，长眠于唐高宗的"御床"之左。当时在乾陵只给她立了一座"无字碑"，碑身是用一块完整的巨石雕成的，通高七点三五米，宽二点一米，厚一点四九米，重九点八吨，碑头刻着八条缠绕生动有力的螭首，碑身两侧各有升龙一条，龙的躯体像蜿蜒于冉冉上升的云层，舞抓飞跃。无字碑名副其实，只字未刻。据说武则天临终留下遗言："我死后，坟前的石碑上不要刻字，我的一生任由后人评说吧。"

武周朝代职官表

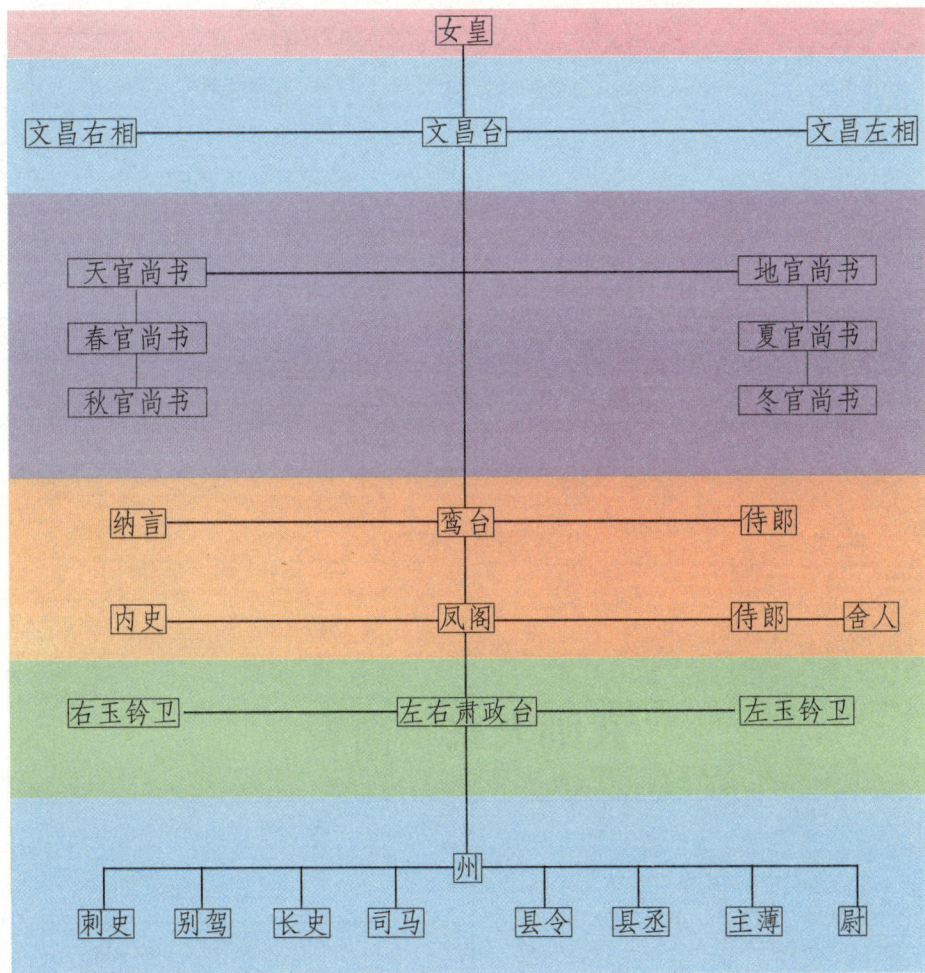

```
                              女皇
                               │
文昌右相───────────────────文昌台───────────────────文昌左相
                               │
        天官尚书───────────────┼───────────────地官尚书
        春官尚书               │               夏官尚书
        秋官尚书               │               冬官尚书
                               │
        纳言───────────────鸾台───────────────侍郎
                               │
        内史───────────────凤阁───────────────侍郎───────舍人
                               │
    右玉钤卫──────────────左右肃政台──────────────左玉钤卫
                               │
                              州
        ┌────┬────┬────┬────┼────┬────┬────┬────┐
      刺史  别驾  长史  司马   县令  县丞  主薄   尉
```

唐（武周）朝世袭表

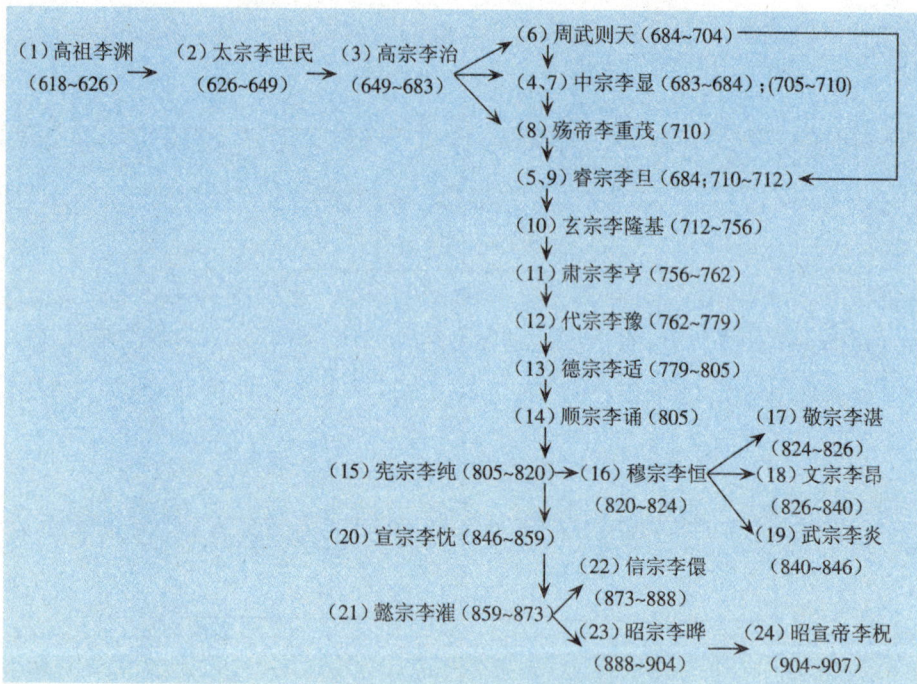

(1)高祖李渊　　　(2)太宗李世民　　(3)高宗李治　　→　(6)周武则天（684~704）
（618~626）　→　（626~649）　　→　（649~683）

(4、7)中宗李显（683~684）；(705~710)

(8)殇帝李重茂（710）

(5、9)睿宗李旦（684；710~712）

(10)玄宗李隆基（712~756）

(11)肃宗李亨（756~762）

(12)代宗李豫（762~779）

(13)德宗李适（779~805）

(14)顺宗李诵（805）

(15)宪宗李纯（805~820）→(16)穆宗李恒（820~824）

(17)敬宗李湛（824~826）

(18)文宗李昂（826~840）

(19)武宗李炎（840~846）

(20)宣宗李忱（846~859）

(21)懿宗李漼（859~873）

(22)信宗李儇（873~888）

(23)昭宗李晔（888~904）　→　(24)昭宣帝李柷（904~907）

武则天家属简表

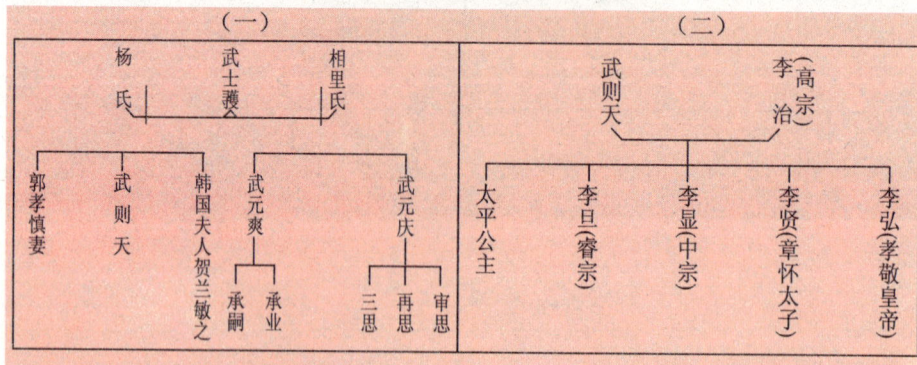

（一）

杨氏　　武士彟　　相里氏

郭孝慎妻　武则天　韩国夫人贺兰敏之　武元爽　武元庆

承嗣　承业　三思　再思　审思

（二）

武则天　李治（高宗）

太平公主　李旦（睿宗）　李显（中宗）　李贤（章怀太子）　李弘（孝敬皇帝）

武则天大事年表

624年　武则天生于长安。

637年　被唐太宗召入宫，立为才人，赐号"武媚"。

646年　唐太宗病重，诏军国机务并委皇太子李治处理。太子与武则天一见钟情。

649年　唐太宗卒。太子李治即位，是为高宗，武则天入感业寺为尼。

653年　太宗忌日，高宗往感业寺行香，见武则天，后在王皇后支持下召之入宫。

655年　被立为皇后。

661年　辅政高宗，进谏阻高宗亲征高丽。

664年　"垂帘听政"，与高宗并称"二圣"。

668年　李勣完全征服高丽。

675年　太子弘病死。

683年　唐高宗卒，太子显即位，为中宗。尊天后为皇太后，政事归之。

684年　废中宗，立豫王旦为皇帝，是为睿宗，改元文明。政事仍归太后处理。讨平李敬业叛乱。

688年　拜洛受图，为夺取皇位造声势。

690年　降睿宗为皇嗣，登上皇位，以唐为周，改元天授。

692年　王孝杰大破吐蕃，收复龟兹、于阗、疏勒、碎叶四镇。

695年　加号"慈氏越古金轮圣神皇帝"，赦天下，改元证圣。

697年　杀酷吏来俊臣。封狄仁杰为鸾台侍郎。

698年　立庐陵王李哲为太子，命太子为河北道元帅以讨突厥。

700年　平定契丹余党。狄仁杰卒。

703年　修唐史。令天下诸州教武艺，每处准明经进士例申奏。

705年　张柬之政变。传位于太子，夏为中宗。降武氏诸王为公。十一月二十六日卒，遗制去帝号，归陵，祔庙。